Entwicklungslinien der Grundschulpädagogik

Band 4

Diagnostik und Förderung im Elementarbereich und Grundschulunterricht

Lernprozesse wahrnehmen, deuten und begleiten

herausgegeben von

Ulrike Graf und Elisabeth Moser Opitz

2. überarbeitete Auflage

Schneider Verlag Hohengehren GmbH

Entwicklungslinien der Grundschulpädagogik

Herausgegeben von:

Ursula Carle, Ilona Esslinger-Hinz, Heike Hahn, Argyro Panagiotopoulou

Titelbild: Kunstprojekt der Grundschule Ennetbaden (CH), gemalt von Eva, 7 Jahre (Ausschnitt)

Gedruckt auf umweltfreundlichem Papier (chlor- und säurefrei hergestellt).

Bibliografische Information der Deutschen Nationalbibliothek

Die Deutsche Nationalbibliothek verzeichnet diese Publikation in der Deutschen Nationalbibliografie; detaillierte bibliografische Daten sind im Internet über ›http://dnb.d-nb.de‹ abrufbar.

ISBN: 978-3-8340-0417-8

Schneider Verlag Hohengehren,
Wilhelmstr. 13, 73666 Baltmannsweiler

Alle Rechte, insbesondere das Recht der Vervielfältigung sowie der Übersetzung, vorbehalten. Kein Teil des Werkes darf in irgendeiner Form (durch Fotokopie, Mikrofilm oder ein anderes Verfahren) ohne schriftliche Genehmigung des Verlages reproduziert werden.
© Schneider Verlag Hohengehren, 2008.
Printed in Germany – Druck: Appel & Klinger, Kronach

Inhaltsverzeichnis

Einleitung

Ulrike Graf & Elisabeth Moser Opitz
Lernprozesse wahrnehmen, deuten und begleiten 5

I. Pädagogische Diagnostik: aktuelle Herausforderungen und Möglichkeiten

Silvia-Iris Beutel
Kinder und ihr Lernen anerkennen: Lerndiagnose und Leistungsbeurteilung 15

Argyro Panagiotopoulou
Lernbeobachtung im Unterrichtsalltag – die Intention der erwachsenen
Lehrenden und die Perspektive der lernenden Kinder ………………........ 30

Ulrike Graf
Schlüsselsituationen pädagogisch-diagnostischen Lernens im
Lehramtsstudium …………………………………………………........... 40

Ursula Carle
Kind-Umfeld-Analyse als Werkzeug für die Unterrichtsplanung ….............. 54

II. Bereichsspezifische Diagnostik und Lernförderung im Elementar- und Primarbereich

Sprach- und Schriftspracherwerb

Petra Schulz
Erstspracherwerb Deutsch: Sprachliche Fähigkeiten von Eins bis Zehn ……. 67

Sven Nickel
Beobachtung kindlicher Literacy-Erfahrungen im Übergang von
Kindergarten und Schule ……………………………………………........... 87

Stefan Jeuk
Einschätzung des Sprachstands bei mehrsprachigen Kindern 105

Cordula Löffler
Lernprozesse beim Orthographieerwerb beobachten – im Schulalltag
realisierbar?! 117

Mathematisches Lernen

Elisabeth Moser Opitz, Ursina Christen & Renate Vonlanthen Perler
Räumliches und geometrisches Denken von Kindern im Übergang vom
Elementar- zum Primarbereich beobachten 133

Kerensa Lee
Freie mathematische Eigenproduktionen: Die Entfaltung entdeckender
Lernprozesse durch Phantasie, Ideenwanderung und den Reiz unordentlicher
Ordnungen 150

Heike Hahn & Regina Dorothea Möller
Förderung durch materialgeleitetes Lernen im Mathematikunterricht – Ein
Projekt für Lehramtsstudierende an der Universität Erfurt 165

Interdisziplinäre Sachbildung

Meike Wulfmeyer
Bildung für Nachhaltige Entwicklung mit Kindern 177

Simone Seitz
Diagnostisches Handeln im Sachunterricht 190

Autorinnen und Autoren 198

Einleitung

Lernprozesse wahrnehmen, deuten und begleiten

> *„Wichtig ist, dass kein Kind hinter sich selbst zurückbleibt und am Ende ein jedes so viel geschafft hat, wie man bei optimaler Förderung durch die Schule von ihm erwarten durfte. Diese Feststellung setzt jedoch eine kontinuierliche differenzierte Lern- und Leistungsdiagnostik und ehrliche Lernerfolgsrückmeldungen voraus."*
> (Grundschulverband 2003, S. 6)

Grundschule und Elementarbereich

Die Grundschule hat in den letzten Jahren neue Aufgaben erhalten bzw. „alte Aufgaben" haben vermehrt an Bedeutung gewonnen. Zum einen rücken durch Bestrebungen zur Flexibilisierung der Schuleingangsphase die bisher getrennten Bereiche Kindergarten und Schule bzw. Elementarbereich und Grundschule näher zusammen (Denner & Schumacher 2004, Carle & Samuel 2005; vgl. auch Griebel & Niesel 2004). Zum anderen wird – besonders im Zuge von PISA – vermehrt gefordert, dass Grundschullehrerinnen und -lehrer über diagnostische Kompetenzen verfügen müssten, um die Kinder (besser) fördern zu können (z.B. von der Groeben 2003, Kretschmann 2004, vgl. auch Helmke 2005[1]).

Die Forderung differenzierterer diagnostischer Kompetenzen ist verbunden mit einer verstärkten Forderung nach Differenzierung und Individualisierung einerseits und nach der Begleitung von individuellen Lernprozessen andererseits (Paradies & Linser 2001, Individualisierung 2006). Lernprozesse wahrnehmen, deuten und begleiten stellt somit mehr denn je *die* Herausforderung der Elementar- bzw. Grundschulpädagogik dar (Becker u.a. 2002, Bartnitzky & Speck-Hamdan 2004). Damit rückt in den Blick, dass Kinder in der „Ursituation" des Elementarbereichs, dem Spielen, ebenso Selbstbildungsprozesse generieren wie in den systematischen Lernsituationen der Grundschule.[2] Der vorliegende Band nimmt diese Themen auf und reflektiert sie in verschiedenen Beiträgen.

---

[1] Helmke, Andreas: Unterrichtsqualität erfassen, bewerten, verbessern. Vortrag auf der Tagung „Didaktik 2005. Unterrichtsqualität in der Sekundarstufe" des Centrums für Bildungs- und Unterrichtsforschung (CeBU) der Universität Hildesheim, 25.2.2005.

[2] Vgl. Pramling Samuelsson, Ingrid: Die Organisation von Lernprozessen. How are organization and approach related in young children's learning? Vortrag auf der Tagung „Bildungs- und Lernprozesse in früher Kindheit beobachten – dokumentieren – evaluieren". 2. Internationaler Kongress 22. – 24.6.2006. Freie Universität Bozen, Brixen.

Flexibilisierung der Schuleingangsphase

Die Bestrebungen zur Flexibilisierung der Schuleingangsphase (vgl. Berthold 2005, Carle & Berthold 2004, Faust 2006a & 2006b, Neue Wege am Schulanfang 2006) führen zu Veränderungen sowohl für den Elementarbereich als auch für die Grundschule.

Ungewohnt für den Vorschulbereich ist, dass bedingt durch die laufenden Entwicklungen vermehrt eine Auseinandersetzung mit vorgegebenen Lernzielen erfolgen muss (Sörensen Criblez & Wannack 2006, S. 178). Gleichzeitig wird davor gewarnt, schulische Lernformen unbesehen in den Vorschulbereich zu transformieren (Stamm 2006, S. 170). Für die Grundschule stellt sich die Aufgabe, dass sie sich mit jüngeren Kindern auseinanderzusetzen hat als bisher – und damit verbunden auch mit anderen Lehr- und Lernformen. Kindergarten darf nicht zur Schule werden und Schule nicht zum Kindergarten. Gefragt sind somit neue Förderkonzepte, welche die *Lern- und Spielbedürfnisse* von Kindern unterschiedlichen Alters und unterschiedlicher Kompetenzen berücksichtigen (Sörensen Criblez & Wannack 2006; Stamm 2006). Dies ist angesichts der immer wieder referierten Heterogenität der Lernvoraussetzungen der Kinder (z.B. Moser, Stamm & Hollenweger 2005, Prengel u.a. 2001, Heinzel 2002, Martschinke & Frank 2002, Heterogenität 2004, Beutel und Carle in diesem Band) in der Schuleingangsphase ein anspruchsvolles Unterfangen. Besonders bedacht werden muss dabei, dass der Lernstand der Kinder – je nach Lernbereich in unterschiedlichem Maß – mit der sozialen und kulturellen Herkunft zusammenhängt (vgl. Schümer u.a. 2004). Moser (2005) zeigte z.B. auf, dass Kinder, die in bildungsnahen Familien aufwachsen und wie ihre Eltern in der Schweiz geboren sind, bei Schulbeginn besser lesen und rechnen können als andere Kinder.

Die Ausführungen zeigen: Die Flexibilisierung der Schuleingangsphase erfordert besondere Kompetenzen der Lehrpersonen auf verschiedenen Ebenen (vgl. Christiani 2004). Insbesondere erhalten Diagnostik und Förderung für Kinder in einer breiten Altersspanne ein neues Gewicht.

Diagnostik und Förderung

Diagnostik ist eine unentbehrliche Tätigkeit, wenn Kinder bestmöglich gefördert werden sollen. Im sonderpädagogischen Bereich hat sich deshalb für diagnostisches Arbeiten auch der Begriff der Förderdiagnostik eingebürgert. Dieser Begriff stiftet jedoch Verwirrung, da geradezu suggeriert wird, dass sich aus einer Diagnose eine Förderung ableiten lasse. Das ist problematisch, da es sich dabei nach Schlee (z.B. 2004) um einen naturalistischen Fehlschluss handelt. Förderbedarf und vor allem Förderhinweise sich nicht aus einer Diagnose ableiten, sondern aus den dem diagnostischen Konzept zugrunde liegenden fachlichen, didaktischen und entwicklungspsychologischen Grundlagen (vgl. Moser Opitz 2006a und 2006b). Erst wenn solche Inhalte quasi als Leitlinie zur Verfügung stehen, ist es möglich, diagnostische

Aufgaben zu entwickeln, die Ergebnisse theoriegeleitet zu interpretieren und Förderhinweise abzuleiten. Diese Art der Diagnostik ist eindeutig im pädagogischen Handlungsfeld angesiedelt. Als Pädagogische Diagnostik hat sie persönlichkeitsfördernde und leistungssteigernde Entwicklungen des Kindes durch entsprechende Veränderungen des pädagogischen Angebotssettings zum Ziel. Eine ganze Reihe von Beiträgen (von Petra Schulz, Sven Nickel, Stefan Jeuk, Cordula Löffler, Elisabeth Moser Opitz, Ursina Christen und Renate Vonlanthen Perler sowie Meike Wulfmeyer) zeigt anhand verschiedener Themenbereiche auf, wie dies konkret umgesetzt werden kann. Die Adressatenbezüge der Autoren und Autorinnen spiegeln wieder, dass die Diagnostik längst eine Entgrenzung aus dem sonderpädagogischen Bereich erfahren hat und als Grundlage jeder Lernprozessbegleitung gilt.

Pädagogische Diagnostik muss jedoch nicht nur theoriegeleitet sein, sondern verlangt hinsichtlich verschiedener Bereiche nach dem Einbezug der Sichtweise des Kindes (Petillon 2002, Heinzel 2002, Ruf 2003, Graf 2004). Zum einen geht es darum, die Deutungsmuster und Zugangsweisen der Kinder zu verschiedenen Themen zu erfassen. Piaget (1998, S. 156) hat schon vor über 50 Jahren darauf hingewiesen, dass jedes denkende Wesen ein eigenes Bezugs- und Interpretationssystem darstellt, und sich „die Wahrheit" nur aus der Koordination der vielen Standpunkte ergibt. Simone Seitz beleuchtet am Beispiel des Sachunterrichts, wie diese Forderung umgesetzt werden könnte. Die Sichtweise des Kindes einzubeziehen erstreckt sich aber auch auf die Frage, die jeden Themenbereich begleitet: Wie erhalten Kinder Rückmeldungen zu ihren Leistungen? (vgl. Bambach 1994, Graf 2004). Dieser Aspekt wird von Silvia-Iris Beutel aufgenommen, indem sie sich mit „dialogischen Möglichkeiten" zur verbalen Leistungsrückmeldung befasst.

Die Umsetzung von Diagnostik, welche theoriegeleitet ist und die Sichtweise des Kindes berücksichtigt, ist eine anspruchsvolle Aufgabe. Lehrerinnen und Lehrer sowie Studierende müssen solche Kompetenzen erwerben können, sei es in der Ausbildung oder durch Fortbildung (von der Groeben 2003, Inckemann 2004). In den Beiträgen von Argyro Panagiotopoulou, Ulrike Graf sowie Heike Hahn und Dorothea Möller wird von konkreten Projekten berichtet, in welchen Lehramtsstudierende sich mit solchen Prozessen auseinandersetzen.

Die Beiträge des Buches gliedern sich in pädagogische und bereichsspezifische, sprich fachdidaktisch orientierte Diagnostik und Förderung. Das starke Gewicht des fachlichen Lernens spiegelt ein Diagnostikverständnis wider, das den Kontext der konkreten Handlungs- bzw. Lernsituation des Kindes sieht (vgl. auch Matthes 2002). Dieser Kontext ist ein Faktorengeflecht, bestehend aus dem Kind, dessen Umfeld (Carle in diesem Band) und Lernvoraussetzungen sowie dem Anforderungsprofil von Aufgabe und Situation. Die persönlichkeits- und lernförderliche Strukturierung dieses Faktorengeflechts wiederum ist auch das Ziel eines diagnosegestützten Angebots. Hier greifen pädagogische und fachdidaktische Aspekte mit der Intention der persönlichkeitsfördernden und leistungssteigernden Lernbegleitung der Kinder ineinander.

Im Folgenden werden zur Orientierung die einzelnen Artikel in Form kurzer Inhaltsangaben vorgestellt.

I. Pädagogische Diagnostik: aktuelle Herausforderungen und Möglichkeiten

Silvia-Iris Beutel setzt sich anhand von zwei Bespielen aus Grundschulzeugnissen mit Anforderungen an Lernstandsdiagnosen und verbaler Leistungsbeurteilung auseinander. Sie legt dabei Gewicht auf den Verständigungsprozess bzw. auf dialogische Beschreibungen.

Argyro Panagiotopoulou stellt Lernbeobachtungen im Unterrichtsalltag und deren Bedeutung für die Ausbildung von Lehrpersonen ins Zentrum ihres Beitrages. Sie zeigt am Beispiel des „Neun-Wörter-Diktats" auf, wie Lehramtstudierende an eine prozessorientierte Diagnostik und Lernbeobachtung herangeführt werden können.

Ulrike Graf nimmt die Thematik des pädagogisch-diagnostischen Lernens im Lehramtstudium auf. Sie beschreibt, wie Studierende anhand von Reflexionen zu Situationen im Schulalltag angeleitet werden können, Denk- und Lernwege von Schülerinnen und Schülern zu beobachten und zu deuten.

Ursula Carle widmet sich der Kind-Umfeld-Analyse und deren Bedeutung für die Unterrichtsplanung. Sie verweist auf die außerschulischen Umfeldbedingungen als Ressourcen des Kindes, gibt Hinweise zur Umsetzung einer Team-Diagnose und macht deutlich, dass auch der Unterricht selbst ein relevantes Umfeld für das Kind ist. Zudem schlägt sie vor, mit Einrichtungen oder Personen, die zum Umfeld der Kinder gehören, zu kooperieren und diese somit in die Unterrichtsplanung mit einzubeziehen.

II. Bereichsspezifische Diagnostik und Lernförderung im Elementar- und Primarbereich

Sprach- und Schriftspracherwerb

Petra Schulz analysiert sprachliche Fähigkeiten von Schulanfängerinnen und Schulanfängern. Sie legt dar, wie sich Lexikon, Morphologie, Syntax, Semantik und Pragmatik bis zum Schulbeginn entwickeln und welche Erwerbsaufgaben danach verbleiben.

Sven Nickel referiert literacy-Erfahrungen bei Schulbeginn und stellt verschiedene Möglichkeiten vor, wie solche angeregt und der Kenntnisstand von Kindern beobachtet werden kann.

Stefan Jeuk legt einen Beitrag zur Erfassung des Sprachstandes bei mehrsprachigen Kindern vor. Er bespricht Probleme und Möglichkeiten und illustriert diese mit einem Fallbeispiel.

Cordula Löffler setzt sich mit der Beobachtung von Lernprozessen beim Orthographieerwerb auseinander. Sie beschreibt dessen Entwicklung und führt beispielhaft Möglichkeiten der Lernbeobachtung und deren Interpretation an.

Mathematisches Lernen

Elisabeth Moser Opitz, Ursina Christen und *Renate Vonlanthen Perler* referieren und deuten Untersuchungsergebnisse zum räumlichen und geometrischen Denken von Vorschulkindern. Sie zeigen auf, wie Produkte und Äußerungen von Kindern auf entwicklungspsychologischem und fachlich-fachdidaktischem Hintergrund interpretiert werden können.

Kerensa Lee beschäftigt sich mit freien mathematischen Eigenproduktionen. Sie legt dar, wie einerseits mathematische Lernprozesse, andererseits aber auch Aspekte wie Konzentration, Arbeitsverhalten usw. beobachtet werden können.

Heike Hahn und *Regina Dorothea Möller* beschreiben und reflektieren ein Förderprojekt mit Lehramtsstudierenden, welches die Anleitung angehender Lehrpersonen zu Beobachtung und Begleitung mathematischer Lernprozesse thematisiert.

Interdisziplinäre Sachbildung

Meike Wulfmeyer geht vom Begriff „nachhaltige Entwicklung" und dessen Bedeutung für Bildungsprozesse aus. Sie zeigt auf, was die Berücksichtigung von globalen Entwicklungen und Vernetzungen für den Sachunterricht in der Grundschule bedeutet.

Simone Seitz stellt in ihrem Beitrag die Metapher der Wegbegleitung und der „Lernreise" ins Zentrum. Sie legt damit einen Ansatz vor, welcher diagnostisches Handeln als Begleitung von Lernprozessen versteht.

Die vorliegende Aufsatzsammlung erscheint als Band 4 der „Entwicklungslinien der Grundschulpädagogik" und weist mit ihren Beiträgen – wie auch die eben zitierte Literatur – auf einen bedeutenden Paradigmenwechsel in der Grundschulpädagogik hin. Bildungsbiografien von Kindern werden heute immer mehr institutionenübergreifend thematisiert und die Konsistenz der Bildungsprozesse über längere Zeitspannen rückt dabei ins Zentrum (Griebel & Niesel 2004, S. 159; vgl. auch Fthenakis[3]). Deutlich wird dies in neu gefassten Bildungsabschnitten wie z.B.

---

[3] Vgl. Fthenakis, Wassilios E.: Entwicklung von Bildungsplänen aus deutscher und europäischer Perspektive: Konsistenz im Bildungsverlauf. Vortrag auf der Tagung „Bildungs- und Lernprozesse in früher Kindheit beobachten – dokumentieren – evaluieren". 2. Internationaler Kongress 22. – 24.6.2006. Freie Universität Bozen, Brixen.

„Bildung von 0 bis 10 Jahren" (vgl. Bildung von Anfang an 2005) oder „Bildung und Betreuung 4- bis 8-jähriger Kinder" (Beiträge zur Lehrerbildung 2006, vgl. auch Tietze u.a. 2005). Durch solche Bestrebungen wird ein weiterer Schritt unternommen, das „moderne" Bild des Kindes als eigenaktiver Akteur seiner Entwicklung bildungstheoretisch und -praktisch einzulösen.

Mögen die Beiträge der Autorinnen und Autoren die Leserinnen und Leser in ihrer jeweiligen Arbeit darin unterstützen, dass in unseren Bildungsinstitutionen „kein Kind hinter sich selbst zurückbleibt", sondern vielmehr in seinen Persönlichkeits- und Leistungspotenzialen immer wieder über sich hinauswächst.

Wir danken allen Autoren und Autorinnen für ihre jederzeit unterstützende Kooperation bei der Entstehung des Buches.

Bremen und Dortmund, Juli 2008

Ulrike Graf & Elisabeth Moser Opitz

Literatur

Bambach, Heide (1994): Ermutigungen. Nicht Zensuren. Ein Plädoyer in Beispielen. Lengwil am Bodensee: Libelle.

Bartnitzky, Horst / Speck-Hamdan, Angelika (Hrsg.) (2004): Pädagogische Leistungskultur: Leistungen der Kinder wahrnehmen, würdigen, fördern. Beiträge zur Reform der Grundschule Band 118. Frankfurt a.M.: Grundschulverband – Arbeitskreis Grundschule e.V.

Becker, Kai u.a. (Hrsg.) (2002): Leistung sehen, fördern, werten. Vollständige Dokumentation zur gleichnamigen Tagung, veranstaltet von der Laborschule und dem Oberstufen-Kolleg Bielefeld, September 2000. Bad Heilbrunn/Obb.: Klinkhardt.

Beiträge zur Lehrerbildung (2006): Bildung und Betreuung 4- bis 8-jähriger Kinder. Zeitschrift zur Theorie und Praxis der Aus- und Weiterbildung von Lehrerinnen und Lehrern. 24. Jg. H. 2.

Berthold, Barbara (2005): Zum Stand der schulpolitischen Diskussion um die flexible, jahrgangsgemischte und integrative Schuleingangsphase in den Bundesländern. In: http://www.grundschulpaedagogik.uni-bremen.de/archiv/seph_vergleich050706web.pdf.

Bildung von Anfang an (2005): Bildungs- und Erziehungsplan für Kinder von 0 bis 10 Jahren in Hessen. Hrsg. vom Hessischen Sozialministerium und Hessischen Kultusministerium. Entwurf für die Erprobungsphase. Aufgerufen über http://www.kultusministerium.hessen.de/irj/HKM_Internet?uid=422503e0-cf26-2901-be59-2697ccf4e69f (12.10.2006).

Carle, Ursula / Berthold, Barbara (2004): Schuleingangsphase entwickeln. Leistung fördern. Wie 15 Staatliche Grundschulen in Thüringen die flexible, jahrgangsgemischte und integrative Schuleingangsphase einrichten. Unter Mitarbeit von Martina Henschel und Sabine Klose. Baltmannsweiler: Schneider Hohengehren.

Carle, Ursula/ Samuel, Annette (2005): Frühes Lernen – Kindergarten und Grundschule kooperieren. Abschlussbericht. Bremen: Universität.

Christiani, Reinhold (Hrsg.) (2004): Schuleingangsphase: neu gestalten. Diagnostisches Vorgehen. Differenziertes Fördern und Förderpläne. Jahrgangsübergreifendes Unterrichten. Berlin: Cornelsen Scriptor, 2. Auflage.

Denner, Liselotte / Schumacher, Eva (Hrsg.): Übergänge im Elementar- und Primarbereich reflektieren und gestalten. Beiträge zu einer grundlegenden Bildung. Bad Heilbrunn/Obb.: Klinkhardt.

Faust, Gabriele (2006a): Die neue Schuleingangsstufe und die Einschulung in den Bundesländern – eine aktuelle Bestandaufnahme. In: Hinz, Renate / Schumacher, Bianca (Hrsg.): Auf den Anfang kommt es an: Kompetenzen entwickeln – Kompetenzen stärken. Jahrbuch Grundschulforschung 10. Wiesbaden: Verlag für Sozialwissenschaften, S. 173-198.

Faust, Gabriele (2006b): Konzept und Stand der neuen Schuleingangsstufe in den Bundesländern. In: Neue Wege am Schulanfang: Baustelle Schuleingangsphase. Grundschule aktuell, H. 93. Frankfurt a. M.: Grundschulverband, S. 19-23.

Graf, Ulrike (2004): Schulleistung im Spiegel kindlicher Wahrnehmungs- und Deutungsarbeit. Eine qualitativ-explorative Studie zur Grundlegung selbstreflexiven Leistens im ersten Schuljahr. Hamburg: Kovac.

Griebel, Wilfried / Niesel, Renate (2004): Transitionen. Fähigkeit von Kindern in Tageseinrichtungen fördern, Veränderungen erfolgreich zu bewältigen. Beiträge zur Bildungsqualität. Hrsg. von Wassilios E. Fthenakis. Weinheim und Basel: Beltz.

Groeben, Annemarie von der (2003): Verstehen lernen. Diagnostik als didaktische Herausforderung. In: Pädagogik. 58. Jg. H. 4. Hamburg: Beltz, S. 6-9.

Grundschulverband (2003): Leitkonzept zeitgemäßer Grundschularbeit. In: Grundschulverband aktuell. H. 81. Frankfurt a. M.: Grundschulverband, S.1-8.

Heinzel, Friederike (2002): Kindheit und Grundschule. In: Krüger, Heinz-Hermann / Grunert, Cathleen (Hrsg.): Handbuch Kindheits- und Jugendforschung. Opladen: Leske & Budrich, S. 541-565.

Heinzel, Friederike / Prengel, Annedore (Hrsg.) (2002): Heterogenität, Integration und Differenzierung in der Primarstufe. Jahrbuch Grundschulforschung Band 6. Opladen: Leske & Budrich.

Heterogenität. Unterschiede nutzen – Gemeinsamkeiten stärken (2004): Hrsg. von Becker, Gerold u.a. Friedrich Jahresheft XXII. Seelze: Erhard Friedrich.

Individualisierung (2006). Hrsg. von Bastian, Johannes. Pädagogik. 58. Jg. H. 1. Hamburg: Beltz.

Kretschmann, Rudolf (2004): Pädagnostik – zur Förderung der Diagnosekompetenz von Lehrerinnen und Lehrern. In: Bartnitzky, Horst / Speck-Hamdan, Angelika (Hrsg.): Leistungen der Kinder. Wahrnehmen – würdigen – fördern. Frankfurt/M.: Arbeitskreis Grundschule, 180-217.

Martschinke, Sabine / Frank, Angela (2002): Wie unterscheiden sich Schüler und Schülerinnen in Selbstkonzept und Leistung am Schulanfang? In: Heinzel, Friederike / Prengel, Annedore (Hrsg.): Heterogenität, Integration und Differenzierung in der Primarstufe. Jahrbuch Grundschulforschung Band 6. Opladen: Leske & Budrich, S. 191-197.

Matthes, Gerald (2002): Diagnostik-Konzepte von Lehrerinnen und Lehrern. In: Heinzel, Friederike / Prengel, Annedore (Hrsg.): Heterogenität, Integration und Differenzierung in der Primarstufe. Jahrbuch Grundschulforschung Band 6. Opladen: Leske & Budrich, S. 198-203.

Moser Opitz, Elisabeth (2006a): Förderdiagnostik: Entstehung – Ziele – Leitlinien – Beispiele. In: Grüßing, Meike / Peter-Koop, Andrea (Hrsg.): Die Entwicklung des mathematischen Denkens in Kindergarten und Grundschule. Beobachten – Fördern – Dokumentieren. Offenburg: Mildenberger, 10-28.

Moser Opitz, Elisabeth (2006b): Assessments, Förderplanung, Förderdiagnostik – messen und/oder fördern? In: Schweizerische Zeitschrift für Heilpädagogik. H. 9, 5-11.

Moser, Urs (2005): Lernvoraussetzungen in Schulklassen zu Beginn der 1. Klasse. In: Moser, Urs / Stamm, Margrit / Hollenweger, Judith: Für die Schule bereit? Lesen, Wortschatz, Mathematik und soziale Kompetenzen beim Schuleintritt. Oberentfelden: Sauerländer, 167-185.

Moser, Urs / Stamm, Margrit / Hollenweger, Judith (2005): Für die Schule bereit? Lesen, Wortschatz, Mathematik und soziale Kompetenzen beim Schuleintritt. Oberentfelden: Sauerländer.

Neue Wege am Schulanfang (2006): Baustelle Schuleingangsphase. Grundschule aktuell. Zeitschrift des Grundschulverbandes, H. 93. Frankfurt a. M.: Grundschulverband.

Paradies, Liane / Linser, Hans Jürgen (2001): Differenzieren im Unterricht. Berlin: Cornelsen Scriptor.

Petillon, Hans (Hrsg.) (2002): Individuelles und soziales Lernen in der Grundschule. Kinderperspektive und pädagogische Konzepte. Jahrestagung Grundschulforschung Opladen: Leske & Budrich.

Piaget, Jean (1998): Über Pädagogik. Weinheim: Beltz

Prengel, Annedore / Geiling, Uta / Carle, Ursula (2001): Schulen für Kinder: Flexible Eingangsphase und feste Öffnungszeiten in der Grundschule. Bad Heilbrunn/Obb.: Klinkhardt.

Ruf, Urs (2003): Lerndiagnostik und Leistungsbewertung in der Dialogischen Didaktik. In: Diagnostische Kompetenz. Pädagogik. 58. Jg. H. 4. Hamburg: Beltz, S. 10-16.

Schlee, Jörg (2004): Lösungsversuche als Problem – Zur Vergeblichkeit der so genannten Förderdiagnostik. In: Mutzeck, Wolfgang / Jogschies, Peter (Hrsg.): Neue Entwicklungen in der Förderdiagnostik. Weinheim: Beltz, 191-193.

Schümer, Gundel u.a. (Hrsg.) (2004): Die Institution Schule und die Lebenswelt der Schüler. Vertiefende Analysen der PISA-2000-Daten zum Kontext von Schülerleistungen. Wiesbaden: Verlag für Sozialwissenschaften.

Sörensen Criblez, Barbara / Wannack, Evelyne (2006): Lehrpersonen für vier- bis achtjährige Kinder – zwischen Tradition und Innovation. In: Beiträge zur Lehrerbildung. 24. Jg., H. 2, 177-182.

Stamm, Margrit (2006): Bildungsraum Grund- und Basisstufe. Theoretische Überlegungen und Perspektiven zum neuen Schuleingangsmodell. In: Beiträge zur Lehrerbildung. 24. Jg., H. 2, 165-176.

Tietze, Wolfgang u.a. (2005): Kinder von 4 bis 8 Jahren. Zur Qualität der Erziehung und Bildung in Kindergarten, Grundschule und Familie. Weinheim und Basel: Beltz.

I. Pädagogische Diagnostik:

aktuelle Herausforderungen und Möglichkeiten

Silvia-Iris Beutel

Kinder und ihr Lernen anerkennen: Lerndiagnose und Leistungsbeurteilung

Fragen der Lerndiagnose und Leistungsbeurteilung spielen gegenwärtig in der Grundschule eine große Rolle, da die pädagogischen Aspekte der Frühförderung, des Einschulungsalters, der Aufnahmemodalitäten, des individuellen Verbleibs in der Eingangsstufe, der Kooperation von Elementar- und Primarbereich, aber auch des Übergangs in die Sekundarstufe in Wissenschaft und Praxis intensiv diskutiert werden (z. B. Prengel & Thiel 2005; Paradies, Wester & Greving 2005; Boenicke 2004; Winter 2004) und Gegenstand von bildungspolitischen Initiativen und Reformversuchen in den meisten Bundesländern sind. Das Thema Leistungsbeurteilung löst zudem immer wieder intensives Interesse in den Medien aus. Auf den provokativen Artikel, mit dem der Journalist Jörg Lau (2006) in der ZEIT im Juni das jüngste Gutachten des Grundschulverbandes „Sind Noten nützlich und nötig" (Brügelmann u.a. 2006) kritisiert, sind in einem Web-Forum auf der Internetseite der ZEIT zwischen Mitte Juni und Mitte August 2006 über einhundert zum Teil umfangreiche Kommentare eingetragen worden[1].

Nebst den öffentlichen und wissenschaftlichen Debatten prägen die Rahmenkonzepte zur Neustrukturierung der Schuleingangsphase, die von den verschiedenen Bundesländern auf der Basis der 1997 von der Kultusministerkonferenz beschlossenen „Empfehlungen zum Schulanfang" erarbeitet und in die Landesschulgesetze eingebracht worden sind, nachdrücklich die aktuelle Entwicklung im Primarbereich. Diese neue Schuleingangsphase zielt auf Differenzierung und Integration und betrifft deshalb die Form, den Umgang mit und die Kultur von Lernen und seiner Diagnose unmittelbar und damit auch dessen Beurteilung und Zertifizierung.

Dabei spielen zwei Tendenzen eine Rolle: Einerseits haben wir es mit einer pädagogischen und reformorientierten Tendenz zu tun, in deren Mittelpunkt Aspekte der Lernförderung, Individualisierung und der differenzierenden Lerndiagnose und Leistungsrückmeldung an die Kinder stehen (Christiani 2005). Andererseits ist eine Tendenz zu beobachten, die insbesondere das Ergebnis, die Effektivität, die Leistung gegenüber schulischen Abnehmern – von den weiterführenden Schulen (in Blick auf die Primarstufe gesehen) bis zu den Arbeitnehmerverbänden und einer Reihe bildungspolitischer Initiativen in einigen Bundesländern – den „Output" des Systems Schule im Gesamten wie im Einzelfall in den Mittelpunkt stellt.

Die „pädagogische" Tendenz nimmt hinsichtlich der Reform der Schuleingangsphase die Einwände und Erfahrungen auf, die gegen die bis Anfang der 1990er Jahre praktizierten Diagnose- und Einschätzungsverfahren v.a. in Blick auf Schulfähigkeit und ggf. Rückstellung vorgebracht worden sind (Richter 1999). Sie hat in der Frage der kindgerechten und lernförderlichen Leistungsbeurteilung eine lange Tradition,

---

[1] Siehe unter http://apollo.zeit.de/kommentare.

die sich aus reformpädagogischen Motiven und den bislang erreichten Ergebnissen der Grundschulreform der 1970er-Jahre speist. In beiden Bereichen – der Frage der Schuleignungsdiagnose und der Frage der schulischen Leistungsbeurteilung – wird die tradierte Form der Diagnostik von Lernen und Leistung kritisch hinterfragt.

In Bezug auf die Schuleingangsphase geht es um die Kritik an der mangelhaften prognostischen Qualität entsprechender Entscheidungen sowie um die politische Forderung, bundesweit ein merklich früheres Einschulungsalter zu erreichen. In vielen Bundesländern wurden in der Folge Schulversuche durchgeführt bzw. die Möglichkeit geschaffen, flexible Schuleingangsphasen einzurichten. In Nordrhein-Westfalen wird die „Integrierte Eingangsstufe" seit 2003/04 flächendeckend eingeführt. Derzeit wird diese „neue Eingangsstufe" von einem Forschungsprojekt an der Universität Dortmund untersucht (Projekt DÜnE)[2].

Die Neugestaltung der Schuleingangsphase stellt große Anforderungen an die pädagogische Diagnostik hinsichtlich der Frage der Schulfähigkeit und generell der Beschreibung des Lernstandes von Kindern am Übergang vom vorschulischen Bereich in die Primarstufe des Schulwesens. Diese Veränderung bedeutet für die Grundschulen auch eine große pädagogisch-didaktische sowie diagnostische Herausforderung, auf die sie sich insbesondere unter den verstärkt üblich werdenden Organisationsformen des jahrgangsübergreifenden Lernens einstellen müssen.

Für die Schulen liegt aufgrund der genannten Herausforderungen jetzt eine Aufgabe darin, ein standortbezogenes Modell zur Arbeit in der Schuleingangsstufe zu konzipieren und schul- wie unterrichtspraktische Konsequenzen zu formulieren, in deren Zentrum Strategien der Differenzierung und Individualisierung stehen, die zugleich entsprechende Anforderungen an die *Beobachtung, Beschreibung* und *Dokumentation* sowie die *Beurteilung* des Lernens mit sich bringen.

In einer übergeordneten Perspektive kann diese Ausgangslage als besondere Anforderung an die Integration von verschiedenen Kindheiten und Biographien im Lernalltag der Grundschule beschrieben werden. Didaktik, Methodik, die Erarbeitung von Lernmaterialien und die Etablierung einer entsprechenden lernförderlichen Form der Diagnostik sowie die Aktualisierung reformpädagogischer Konzepte korrespondieren mit dieser Entwicklung. Hier kann der auf „output"-Steigerung gerichtete Impuls der Neugestaltung des Schuleingangs sich mit den Erfahrungen differenzierender Leistungsbeurteilung, die in den Grundschulen vorliegen, verbinden.

Dieser Beitrag möchte vor dem Hintergrund der knapp skizzierten komplexen Ausgangslage auf die schwierige Balance zwischen Lerndiagnostik und Leistungsbeurteilung einerseits sowie den empirisch anzutreffenden Grenzen im Umgang und der Erfahrung mit Formen differenzierter Leistungsbeurteilung andererseits eingehen. Zudem werden Aspekte von deren professioneller Handhabung und Weiterentwick-

---

[2] Das Forschungsprojekt „DÜnE" (Der Übergang in die neue Eingangsstufe) wird von Silvia-Iris Beutel und Renate Hinz durchgeführt.

lung in der Schule diskutiert. Ausgangspunkt ist dabei der Kern des schulischen Beurteilungshandelns, das sich in der Zeugnisgebung manifestiert, wobei hier davon ausgegangen wird, dass in der Grundschule zumindest in den ersten beiden Jahrgängen nach wie vor überwiegend verbale Zeugnisformen angewendet werden. Denn gerade vor dem Hintergrund dieser verbreiteten Praxis könnte unterstellt werden, dass es ein gesichertes Professionswissen und eine mehrheitliche Praxis der Anwendung differenzierter Leistungsbeurteilung und Lerndiagnose in diesem Feld gibt. So sehr dies einesteils sicher richtig ist, kennt die Forschung zur Leistungsbeurteilung in der Schule doch auch die empirisch sichtbaren Grenzen und damit – umgekehrt gesprochen – eine Reihe an Entwicklungsaufgaben. Deshalb sollen Beispiele verbaler Leistungsbeurteilung in ihrer Gesamtgestalt sichtbar gemacht und zugrunde gelegt werden, um vor diesem Hintergrund den aktuellen Stand der Forschung und die Perspektiven der Entwicklung zu skizzieren.

Zunächst werden Anforderungen an die Lerndiagnose und die Leistungsbeurteilung erörtert (1). Nachfolgend wird der Aspekt der Lernförderung als Aufgabe der Schule umrissen (2). Am Beispiel eines Berichtstextes werden dann Schwierigkeiten im Umgang mit der besonderen Qualität der sprachlich gefassten Leistungsbeurteilung aufgezeigt (3), an einem zweiten die möglichen Stärken und ihre sprachliche Präsentationsform sichtbar gemacht (4). Die Erfahrungen und Erkenntnisse der schulpädagogischen Forschung zur verbalen Leistungsbeurteilung werden vorgestellt (5) um abschließend die gegenwärtige Situation dieser anhaltenden schulpädagogischen Praxis und Entwicklungsaufgabe auch vor dem Hintergrund der aktuellen öffentlichen und bildungspolitischen Tendenzen und Kontroversen anzusprechen (6).

1 Anforderungen an die Lerndiagnose und die Leistungsbeurteilung

Es ist durch die bisherige Struktur und Erfahrung der Lehramtsausbildungsgänge nicht gewährleistet, dass die Leistungsbeurteilung im Sinne eines berufstypischen Handelns von Lehrerinnen und Lehrern als pädagogische Handlungs- oder Beurteilungskompetenz aus der praktischen und wissenschaftlichen Ausbildung und Erfahrung der Lehrenden hervorgeht. Deshalb bleibt die Herausbildung professionsspezifischer Kompetenzen für eine förderliche Lerndiagnostik und Leistungsbeurteilung vor allem eine Aufgabe der berufsbegleitenden Selbstaufklärung und Professionalisierung.

Zwar wird diese Kompetenz als Teil des Berufshandelns der Lehrerinnen und Lehrer berechtigterweise erwartet, doch muss konzediert werden, dass die pädagogische Praxis in den Schulen äußerst voraussetzungsreich ist und stets durch individuelle Kontexte bedingt wird: Wie hält es das Kollegium mit Lernberichten? Welcher Leistungsbegriff wird in der Schule kultiviert? Gibt es eine kollegiale Verständigung über Leistungsbeurteilung, Dokumentations- und Kommunikationsformen, über die sprachlichen Standards der Lernberichte, ja über das Lernen der Kinder über die Jahreszeugniskonferenz hinaus? Wie gestalten sich der Umgang mit den Eltern und vor allem das Gespräch der Lehrerinnen und Lehrer mit den Kindern über deren Lernen und Leistungsentwicklung? Diese und andere Fragen spielen dabei eine Rolle. In die Lerndiagnostik und die Leistungsbeurteilung fließen eben nicht nur Bedingungen ein, die durch die institutionalisierten schulischen Verhältnisse geprägt werden – wie curriculare Vorgaben, Didaktik und Methodik des Lernens sowie unterrichtspraktische Entscheidungen. Vielmehr tritt der gesamte Kontext sozialisationsbedingter Grenzziehungen und Chancen (der Kinder ebenso wie der Lehrenden) zu Tage. Leistungsbeurteilung ist in besonders starkem Maße durch Routinen begrenzt, die sich durch tradiertes Denken, durch biographische Erfahrung und letztlich vor allem durch Sprache und Kommunikation generell etablieren. Leistungsbeurteilung ist so gesehen immer auch ein Teil der pädagogischen Kultur ihrer Zeit ebenso wie der einzelnen Schule.

Vor diesem Hintergrund muss gerade in der Schuleingangsphase das Augenmerk einer auf Vernunft und Professionalisierung gerichteten Pädagogik sich darauf richten, Kinder und ihr Lernen zu verstehen und dabei nicht nur die curricularen und durch die Institution Schule reproduzierten Normen und Formen in den Blick zu nehmen. Zwar beschreibt die empirisch orientierte Grundschulforschung im historischen Entwicklungsprozess dieser Schulart eine Annäherung zwischen der Schülerrolle und dem Kinder-Dasein auch als besonderes Verdienst der Grundschulreform, dennoch existiert naturgemäß nach wie vor „... ein Spannungsverhältnis zwischen Kindsein und Schülersein (...), weil die Normen der Kinderkultur mit denen der Schulkultur häufig nicht übereinstimmen" (Heinzel 2002, S. 555).

Daraus ergibt sich die Notwendigkeit, sich stärker auf die kindliche Lebenswelt und Daseinsbewältigung, die Bildhaftigkeit von Geschichten und Geschehnissen, den kindlichspezifischen Sprachgestus, eben das „Narrative" (Beutel 2005, S. 37) einzulassen, als auf die (schein-)objektivierbaren Bezugsnormen und Messgrößen der historisch überkommenen Ziffernzensur. Natürlich kommen hierbei die differenzierten sprachlichen Beschreibungen der Leistungsbeurteilung in den Blick. Es geht dabei letztlich um den „... Versuch, von dem Kind ein Bild zu zeichnen, in dem es sich wieder erkennt und mit dem es etwas anfangen kann" (Bambach 2001, S. 387).

Solche Beurteilung verbindet sich (wie in allem durch Sprache gebundenen sozialen Handeln) mit der Notwendigkeit der Kommunikation – also der auf dialogisches Sprechen und den damit verbundenen Anerkennungs- und Handlungserwartungen gerichtete Formen, die auf der Basis eines wechselseitigen Verständigungsprozesses zwischen Kindern und den Lehrenden Optionen für eine individualisierte Lernförderung erwarten lassen. Differenzierte Diagnostik und lernförderliche Leistungsbeurteilung benötigen eine stetige kommunikative Begleitung (Beutel 2005).

2 Lernförderung als Aufgabe der Schule

Die Grundschule steht zum einen unter dem Anspruch, Kinder als Individuen in ihren Lern- und Entwicklungsprozessen optimal zu fördern. Dazu gehören im schulischen Alltag *Verstärkungen*, *Unterstützungen* und *Ermutigungen* – gerade bei „schwachen" Schülerinnen und Schülern. Zum anderen wird an diese Schulart die gesellschaftlich-funktionale Erwartung gerichtet, sie möge schulische Leistungen möglichst „objektiv" feststellen und dies den Lernenden in Zeugnissen bescheinigen. Unterschiedliche Leistungsfeststellungen in Zeugnissen führen dabei zu unterschiedlichen Berechtigungen spätestens am Übergang in das gegliederte Schulwesen. In diesem Spannungsfeld zwischen individueller Förderung und gesellschaftlich-funktionaler Chancenzuteilung bewegt sich die schulische Leistungsbeurteilung heute wie früher. Das gibt immer wieder Anlass zur Reform: Welche Formen und Verfahren der Leistungsbeurteilung können Motivation, Lernfreude und Lernleistung der Schülerinnen und Schüler stärken, ohne den gesellschaftlichen Anspruch auf Dokumentation, Beschreibung und Zertifizierung des Lernens aufzugeben?

Die Grundschulen haben sich in den letzten Jahrzehnten ihrer Entwicklung mit der Möglichkeit einer zumindest partiell notenfreien Beurteilung einen Reformkorridor erarbeitet, der derzeit angesichts des unübersehbaren bildungspolitischen Trends zur Re-Etablierung der Ziffernnote wieder enger zu werden droht. Die Bildungspolitik der Länder zeigt vielerorts – exemplarisch hierfür stehen Nordrhein-Westfalen, Thüringen, Hessen und Hamburg – sowohl eine Tendenz zur Ziffernnote in den Fachleistungen ab dem zweiten Halbjahr der Jahrgangsstufe 2 als auch die Wiedereinführung von Noten zur Beurteilung des Verhaltens und der überfachlichen Kompetenzen. Damit einher geht bspw. in Hamburg die Einschränkung des bis dato gültigen Rechts auf Mitbestimmung der Eltern bei der Wahl von Zeugnisformen in den oberen Klassen der Grundschulen.

Dies sollte Anlass sein, durch überzeugende Wirkungsanalysen Nachweise dafür zu erbringen, dass individuelle und kommunikationsorientierte Lern- und Leistungsdiagnostik der anhaltend dringlichen Notwendigkeit nach Effektivitätssteigerung des Lernens und nach Individualisierung gleichermaßen entgegenkommt. Anders gewendet: In einer Zeit bildungspolitischer Debatten, die auf den Vergleich der erreichten Lernleistungen setzt, wobei hier meist das wissenschaftliche Interesse sich auf Systemleistungen konzentriert, und deshalb der Blick auf den einzelnen Lernenden und sein Verstehen zu kurz kommt, ist es geboten, auf das Wissen der Kinder als Ko-Konstrukteure ihrer Bildungs- und Erziehungsprozesse zu schauen. Dabei ist eine „pädagogische Differenz" (Prengel 1993) zwischen der Perspektive der Kinder und derjenigen der Erwachsenen erkennbar, die für die Schule Interventionschancen eröffnet. Diese können die Lehrenden nutzen – im besten Fall als Anerkennung, Stärkung und Aufbau einer Selbstwirksamkeitsüberzeugung, im schlechten Fall als Entmutigung, Demütigung und Verzagtheit in Blick auf das Leistungsvermögen.

Eine Schule, die sich als leistungsfähig verstehen will, sollte ein Gleichgewicht schaffen zwischen ihrem Leistungsangebot und einer darauf basierenden berechtigten Leistungserwartung an ihre Schülerinnen und Schüler. Dazu gehören eine professionell kultivierte Bereitschaft und Kompetenz in den Kollegien zur differenzierenden Diagnose und Beschreibung des Lernens und Nutzung des breiten Spektrums der Instrumente der pädagogischen Leistungsbeurteilung wie Beobachtungsbögen, Förderpläne, Portfolios und Lernberichte. Diese schließen die Vergewisserung der Kindereinsicht ein, denn nur verstandene und dialogisch erschlossene Beschreibungen und Urteile über das Lernen können produktiv und fördernd wirken, so die hier gewählte Ausgangsthese.

3 Beispiel A: Mängeldiagnose als Botschaft

Beginnen wir mit einem Beispiel. Der folgende Text aus einem Grundschulzeugnis belegt, wie begrenzt auch verbale Leistungsurteile im Blick auf eine systematische Wahrnehmung und diagnostische Begleitung von Kindern sein können. Simon ist Schüler einer 2. Klasse und erhält nachfolgendes Halbjahreszeugnis:

Hinweise zu den Lernbereichen/Fächern: Simon zeigte sich aufgeschlossen gegenüber allen schulischen Aufgaben. Er war aktiv am Unterricht beteiligt. Es fiel ihm allerdings nicht leicht, ausdauernd zu arbeiten. Beim Lesen erfasst er einige Wörter ganzheitlich, aber schwierige Buchstabenverbindungen analysiert er zu langsam. Es fällt ihm schwer, Textinhalte wiederzugeben. Sein Schriftbild ist sauber. Die Rechenschritte der Addition und Subtraktion bis 100 kennt Simon und überträgt sie zum Teil erfolgreich auf die verschiedenen Aufgabentypen.

Bemerkungen: Simon ist ein Naturfreund und kann stets etwas berichten. In die Lerngruppe ist er inzwischen integriert.

Bei diesem Zeugnis fällt zunächst auf, dass Simon nur indirekt angesprochen wird, denn mit der Wahl der dritten Person geht ein Sprachgestus einher, der eindeutig die Eltern als Adressaten meint. Hier wird ein Kind „beschrieben", nicht aber sein Lernen in Absicht darauf, sich mit ihm selbst darüber zu verständigen. Dass erwachsene Leser und Leserinnen primär zum Adressatenkreis des Zeugnisses gehören, zeigt sich auch am Fachjargon des Textes: *Beim Lesen erfasst er einige Wörter ganzheitlich, aber schwierige Buchstabenverbindungen analysiert er zu langsam.* In den Äußerungen zum Lesen, Schreiben und Rechnen versucht die Lehrerin durch kurze zusammenfassende Einschätzungen eine Auskunft zum fachlichen Leistungsstand zu geben. Erreichtes wird hervorgehoben: *Sein Schriftbild ist sauber.* Fortschritte klingen an oder werden zumindest als Teilerfolge verbucht: *Die Rechenschritte der Addition und Subtraktion bis 100 kennt Simon und überträgt sie zum Teil erfolgreich auf die verschiedenen Aufgabentypen.* Dass in dem Text das Hauptaugenmerk der Frage gilt, inwieweit der Schüler die curricularen Erwartungen erfüllt hat, verwundert nicht, wenn man die im Zeugnis vorgesehene Rubrizierung betrachtet: Es sollen

„Hinweise zu den Lernbereichen/Fächern" gegeben und „Bemerkungen" dazu ausgesprochen werden. Zunächst aber lesen sich die Formulierungen der Lehrerin eher wie eine Bilanz, die semantisch gesehen die zeitliche Perspektive des Gewesenen im Auge hat. Doch an welcher Stelle wird der Anspruch auf Entwicklungsmöglichkeiten eingelöst, der sich ja darin zeigen könnte, dass dem Kind verhaltensnutzbare Hinweise für sein Lernen gegeben werden? Man kann lediglich und nur ansatzweise bei der Feststellung, es bereite Simon Probleme, ausdauernd zu arbeiten, entnehmen, dass er der Förderung und Unterstützung für seine Ausdauer und Kontinuität beim Lernen bedarf. Bei seinen Schwächen im Textverständnis oder in der Anwendung von Rechenschritten auf unterschiedliche Aufgabenstellungen weist der Text deutliche Informationsdefizite auf: Welche Lernvoraussetzungen hat Simon mitgebracht, an welchen Texten und Aufgabenstellungen zeigen sich die beschriebenen Probleme, Schwächen oder Defizite? Welche Kompetenzen müssten zu deren Überwindung hervorgebracht und entwickelt werden? Gerade notwendige Hinweise, die für das Kind förderlich wären und es zu weiterer Anstrengung ermutigen könnten, fehlen. Auch die „Bemerkungen" greifen sie nicht auf, sondern setzten die an summativer Rückschau orientierte Tonart fort: *Simon ist ein Naturfreund und kann stets etwas berichten. In die Lerngruppe ist er inzwischen integriert.* Immerhin weisen diese beiden Sätze den grundsätzlichen Duktus der Anerkennung aus. Simon kann etwas, er hat eine besondere Kompetenz: Er interessiert sich für Naturphänomene und vermag aus diesem Bereich auch etwas berichten. Überdies ist er nicht isoliert, sondern in seiner Lerngruppen eingebunden, was offensichtlich eine Entwicklung dokumentiert, wie das temporale Adverbium „inzwischen" belegt. Darüber hinaus fehlen diesem verbalen Zeugnis weitergehende Erläuterungen, die die Stärke des Kindes hervorheben und als Kompetenznachweis bzw. als selbst erbrachte Leistung ihm explizit verdeutlichen. Es wird nicht weiter dargestellt, auf welche Weise der Junge den Unterricht durch Beobachtungen in der Natur bereichert. Auch wird nicht die Frage geklärt, welche Entwicklung Simon durchlaufen hat, um seine Beziehung zur Lerngruppe zu verändern: Der Erfolg wird bescheinigt, der Prozess allerdings nicht beschrieben. Damit wird eine spezifische Qualität des Zeugnisses vergeben, die darin liegen könnte, erfolgreiche Aspekte des Lernens zu dokumentieren und als leistungsfördernde Größe zu nutzen, die ihm Selbstwirksamkeit bestätigt.

Fasst man die aus dieser Interpretation gewonnenen Einsichten zusammen, so muss kritisch angemerkt werden, dass bei diesen verbalen Leistungsurteilen eine Parallele zum Notenzeugnis nahe liegt, denn es wird ein Mitteilungsgestus angeschlagen, der der für Notenzeugnisse typischen Polarität im Sinne von „Leistung erreicht" versus „Leistung nicht erreicht" entspricht. Auf diese Weise bleibt der Zusammenhang von diagnostiziertem Verhalten und dessen prognostischer Fortentwicklung, bleiben aber auch die Möglichkeiten pädagogischen Handelns unerwähnt. Sie kommen schon gar nicht für den ohnehin nicht angesprochenen Schüler Simon in den Blick; sie werden aber auch nicht für die (sprachlich gesehen) eigentlichen Adressaten, die Eltern, sichtbar. Zwar kann man erkennen, dass individuelle Fortschritte von der Lehrerin bemerkt werden, doch dominiert die Orientierung an der curricularen Bezugsnorm.

Wo wir solche Beispiele „differenzierter Leistungsbeurteilung" finden, ist zu vermuten, dass eine professionelle Beobachtungshaltung, eine kindliche Rezeption berücksichtigende Dokumentationssicherheit bereits im Unterricht, aber auch die Fähigkeit einer mehrdimensionalen – Lernkompetenzen und -defizite, Zugangsweisen und Interessensschwerpunkte berücksichtigenden – Reflexion von Leistung eine Entwicklungsgröße bei den Lehrenden als Personen und beim Kollegium ist, der durch künftige systematische Forschung und Begleitung nachgegangen werden muss.

4   Beispiel B: Angebot zum Dialog

Der nachfolgende umfängliche Lernbericht aus einer dritten Grundschulklasse zeigt einen ganz anderen Gestus. Die ausführliche Beobachtung und perspektivisch nutzbare Hinweise zum künftigen Lernen verbinden sich zu einem situativen „Bild des Kindes" und bezeugen eine Tonart der Anerkennung, die sich als ein adressatenbezogenes Dialogangebot versteht.

Lieber Tom, es ist schon eine Freude, einen so unterhaltsamen und humorvollen Jungen in der Klasse zu haben wie dich. Dein Kopf ist immer voller ungewöhnlicher Gedanken, Vorschläge und Witze, die wir weder in den Pausen noch im Unterricht missen möchten. Gleichzeitig bist du sehr selbstbewußt und mutig geworden ja, manchmal bist du sogar übermütig! Dann versuchst du, die Grenzen, die wir uns gesetzt haben, zu überschreiten, reagierst aber auf unsere Kritik mit einem einsichtigen und verschmitzten Lächeln und korrigierst anschließend dein Verhalten. Gewöhne dir jedoch ab ‚Entschuldigung' zu sagen, wenn du es nicht so meinst. Im Unterricht bringst du besonders dann all deine Talente ein, wenn wir über Themen sprechen, die dich besonders interessieren oder wenn ihr sehr selbstständig im eigenen Rhythmus arbeiten könnt. Lesen ist für dich mittlerweile selbstverständlich geworden. Mit deinem feinen Ohr für Texte nimmst du stets sowohl das Wesentliche als auch die Pointen der Geschichten und Gedichte wahr und kannst sie geschickt formuliert wiedergeben. Es ist schön zu beobachten, wie konzentriert du dabei bist. Auch beim Schreiben hast du Fortschritte gemacht. So zeigst du bei der Rechtschreibung, wieviel du schaffen kannst, wenn du die Übungen regelmäßig und gründlich erledigst. Ebenso fragst du beim freien Schreiben immer wieder nach der richtigen Schreibweise der Wörter und drückst damit deinen Wunsch aus, dich auf diesem Gebiet zu verbessern. Nutze aber in Zukunft öfter dein Wörterbuch, du kannst ja mit ihm umgehen. Deinen Geschichten mangelt es natürlich nie an originellen Ideen und es gelingt dir, da du in der Rechtschreibung sicherer wirst, zunehmend besser, sie ausführlicher und fehlerfreier zu erzählen. In Mathematik bist du meistens erfolgreich, denn du hast Spaß am Rechnen. So hast du den Zahlenaufbau bis 1000 schnell verstanden und die schriftlichen Rechenverfahren bereiten dir keine Mühe. Ebenso wendest du die erlernten Größen richtig an und bei Sachaufgaben findest du in der Regel die richtigen Lösungswege. Schreibe aber deine Zahlen immer deutlich und vermeide Flüchtigkeitsfehler. Dein besonderes Interesse gilt nach wie vor der Sachkunde. Lebhaft arbeitest du in diesen Stunden mit, zeigst, was du schon alles weißt und fragst stets wissbegierig nach. Darüber hinaus bist du in der Lage, Informationen zu einem Thema zu sammeln und sie sinnvoll zu nutzen. Deine ausgezeichnete Themenmappe, die du über „Die Erde" angelegt hast, ist ein Beweis dafür. Auch an dem Projekt „Karte und Kompass" hast du erfolgreich teilgenommen. Im Technikunterricht gehst du mit Freude an jede Aufgabe heran und setzt deine tollen Ideen mit großem handwerklichem Geschick um. Im Kunstunterricht bist du noch immer ein begeisterter Zeichner, dessen Bilder häufig durch ihre witzigen Details bestechen. Bei unserem kleinen Theaterstück singst und spielst du eifrig mit. Im Sportunterricht bist du bei Turnübungen recht gewandt und mutig. Bei Lauf- oder Ballspielen machst du meistens einsatzfreudig und ausdauernd mit. Auch bist du ein sicherer Schwimmer geworden. Ich freue mich auf das nächste Schuljahr mit dir!*

Sofort fällt in den Blick, dass die Lehrerin die Briefform und damit die direkte Anrede des Kindes wählt. Im einleitenden Abschnitt würdigt sie Tom in seiner kindlichen Eigenart. Sie schätzt seine Art zu denken, sich zu äußern und all dies mit dem ihm eigenen Wortwitz zu kommunizieren: *Dein Kopf ist immer voller ungewöhnlicher Gedanken, Vorschläge und Witze, die wir weder in den Pausen noch im Unterricht missen möchten.* Bemerkenswert ist auch, dass sie als Sprecherin der Lerngruppe auftritt, in dem sie die erste Person Plural nutzt, das Pronomen „ich" nur in der Schlusswendung vorkommt. Bei der Kritik im Blick auf die Klassen-Regeln brüskiert sie nicht mit detailreicher Klage. Vielmehr hebt sie hervor, dass Tom mit Sensibilität und Veränderungswillen auf Hinweise in der Gruppe reagiert. Dennoch, eine deutliche Aufforderung zeigt wieder die „Lehrerinnenhandschrift": *Gewöhne dir jedoch ab ‚Entschuldigung' zu sagen, wenn du es nicht so meinst.*

Breiten Raum nehmen die Beschreibungen und Interpretationen von Toms Lernverhalten ein. Die Lehrerin lässt im Text anklingen, dass sie Tom gut kennt, genau beobachtet hat und vor allem seine individuellen Stärken hervorzuheben vermag und damit auch einen individuellen Lernweg zulässt: *Im Unterricht bringst du besonders dann all deine Talente ein, wenn wir über Themen sprechen, die dich besonders interessieren oder wenn ihr sehr selbstständig im eigenen Rhythmus arbeiten könnt. Lesen ist für dich mittlerweile selbstverständlich geworden. Mit deinem feinen Ohr für Texte nimmst du stets sowohl das Wesentliche als auch die Pointen der Geschichten und Gedichte wahr und kannst sie geschickt formuliert wiedergeben. Es ist schön zu beobachten, wie konzentriert du dabei bist.*

Bei der Rechtschreibung vermerkt sie Fortschritte, sie nimmt sein Bemühen um eine korrekte Schreibweise wahr, rät ihm deshalb öfter das Wörterbuch zu nutzen, um selbstständig an der Verbesserung seiner Texte arbeiten zu können. Hier verbindet sich Kritik mit Anreiz in der Perspektive, eine bestehende Lernleistung zu optimieren. So wird festgehalten, dass in der Geläufigkeit des Schreibens der Schlüssel für eine gelungene Präsentation liegt und setzt ihm damit einen neuerlichen Anreiz, seiner Ausdrucksfähigkeit auch Form und Gestalt zu geben: *Deinen Geschichten mangelt es natürlich nie an originellen Ideen und es gelingt dir, da du in der Rechtschreibung sicherer wirst, zunehmend besser, sie ausführlicher und fehlerfreier zu erzählen.* In Mathematik benennt sie in Grundzügen die Stationen gemeinsamer Arbeit und kann durchgehend loben. Lediglich ein kleiner Hinweis mahnt zu künftiger Sorgfalt: *Schreibe aber deine Zahlen immer deutlich und vermeide Flüchtigkeitsfehler.* Doch der Einwand zeigt einen Weg zu einer möglichen Verbesserung.

Dass Tom mit seinem Interesse an der Welt und deren Erkundung durch Sprache im Bereich Sachkunde ein Themenfeld vorfindet, in dem er seine Fragelust und seinen Entdeckerwillen besonders entwickeln kann, zeigt ihm die Lehrerin im Rückblick auf Projekte auf und lobt uneingeschränkt seine Sach- und Methodenkompetenz: *Deine ausgezeichnete Themenmappe, die du über „Die Erde" angelegt hast, ist ein Beweis dafür.* Diese Tonart behält sie hinsichtlich ihrer Einschätzungen zum Technik-, Kunst- und Sportunterricht bei. Allerdings – und dies steht im Gegensatz zum Duktus des Eingangstextes – werden die individuell erbrachten guten Leistungen nicht mehr explizit in ihrer Bedeutung für die Lerngruppe insgesamt gewürdigt.

Das hier gewählte Beispiel ist nicht als „Modelltext" ausgewählt worden, sondern weil es – gerade im Kontrast zum Zeugnis von Simon – eine besondere Qualität hervorbringt: Es hebt die Nähe zum Kind, die Stärkung seiner Kompetenzen und dessen überfachliche Bedeutung hervor. Im Redegestus dem Kind, der Lerngruppe und sich selbst verbunden, kann die Lehrerin situativ, beobachtungsintensiv und individuell einen Lernweg beschreiben, bei dem das Kind stets gegenwärtig ist und mit seinem Zeugnis Bilanz und Einladung zugleich erhält, über sich selbst und sein Lernen nachzudenken. Eine Gesprächspartnerin dafür steht ihm zur Seite.

5 Erfahrungen und Erkenntnisse im Umgang mit verbaler Leistungsbeurteilung

Diese beiden Beispiele zeigen das vorfindliche Spektrum von verbaler Leistungsbeurteilung und der zugrunde liegenden Praxis der Lerndiagnostik. Sie markieren zugleich auch die damit einhergehenden Probleme und Herausforderungen für die praktische Schulpädagogik sowie ihre wissenschaftliche Unterfütterung und Begleitung. Es gibt – parallel zur zwischenzeitlich breiten Praxis differenzierter Leistungsbeurteilung – ein Feld empirischer Forschung, das perspektivenreich, gleichwohl wenig systematisch und eher exemplarisch im Kontext spezifischer schulischer Handlungs- und bildungspolitischer Rahmenbedingungen sich etabliert hat.

Diese Forschung zum Umgang und Ertrag der verbalen Formen der Leistungsbeurteilung in deutschen Schulen zeigt mehrere Tendenzen, die sich vor allem darin zusammenfassen lassen, dass – bei allen Stärken, gesicherten Kompetenzen und gewonnenen Erfahrungen im Einzelfall – doch noch ein Stück Weges zurückzulegen ist, bevor die lerndiagnostische Kompetenz der Lehrerinnen und Lehrer zu einem sicheren und effektiven Umgang mit dieser differenzierenden Form der Leistungsbeurteilung selbstverständlich wird. Der professionelle Umgang mit verbalen Formen der Leistungsbeurteilung und Lerndiagnostik bleibt eine der vordringlichen Aufgaben. Um auf die oben diskutierten Beispiele zurückzukommen: Der umfängliche Bericht für Tom erfüllt grundlegende Bedingungen nach Verstehbarkeit, insbesondere für das Kind, aber auch für die Eltern. Die kleinere Urteilssequenz für Simon tut das gerade nicht. Von einer solchen Disparität im Qualitativen müssen wir zunächst ausgehen und dennoch durch Forschung und Entwicklung im Bereich der Lehrerbildung hier mittelfristig eine Qualitätssteigerung erreichen.

Dies geschieht aber nicht durch technische Hilfen oder gar PC-Programme wie „Zeugnismaster XP"[3], auch nicht durch Handreichungen und Formulierungshilfen. Denn die Zeugnisforschung hat auch gezeigt, dass diese kaum eine ihrer Absicht entsprechende Wirksamkeit entfalten. Dort werden vorwiegend Mustersätze herausgegriffen, also „Textbausteine" erzeugt. Viele Untersuchungen belegen zudem, dass ausdifferenzierte und professionssichere Berichtszeugnisse relativ selten erteilt werden. Damit ist gemeint, dass die Fülle der mit diesem Instrument verbundenen förderdiagnostischen Möglichkeiten in der Regel nicht hinreichend ausgeschöpft wird. Ferner zeigt die Forschung, dass das für Lernberichte typische Erfordernis mehrdimensionaler Beurteilung in der Praxis oft verengt wird. Dabei spielt offensichtlich ein unbewusster Rückgriff auf die Praxis der früheren Zeugniskopfnoten „Mitarbeit" und „Verhalten" eine Rolle. Zudem wird nachgewiesen, dass Aspekte des Sozialverhaltens mit zunehmender Klassenstufe in geringerem Maße gewürdigt werden (Scheerer, Schmidt & Tarnai 1985).

Schließlich belegen vor allem Untersuchungen an Schulen, die sich einer reformpädagogischen Praxis zugehörig sehen, dass eine Qualitätssteigerung der Berichtszeugnisse erreichbar ist, wenn diese in einen Kontext von Schulentwicklung, Fortbildung, Demokratisierung, Kommunikation und wissenschaftlicher Evaluation eingebunden werden (Lübke 1995; Döpp, Groeben & Thurn 2002).

Die Summe der vorliegenden Einsichten aus empirischen Forschungen zur Verbalbeurteilung der letzten Jahre verweisen darauf, dass v.a. die ersten beiden Klassen der Grundschule im Mittelpunkt der Forschung stehen, weniger aber die Klassen 3 und 4, in denen das Geschäft der Leistungsbeurteilung zunehmend in den Sog des Übergangs in die Schularten des gegliederten Schulwesens gerät. Gerade dort gibt es nicht nur eine die Geschichte der Leistungsbeurteilung prägende Beharrungskraft der Ziffernbewertung – die Ziffernzensur und das Berechtigungswesen sind in der deutschen Bildungslandschaft und -geschichte eben eng miteinander verknüpft –, sondern auch die immer noch offene Frage, wie denn Formen der verbalen Beurteilung zur spezifischen Herausforderung des Übergangs passfähig gemacht werden können. Da der Übergang aus der einheitlichen Grundschule in die gegliederten weiterführenden Schularten in absehbarer Zeit nicht grundsätzlich geändert werden

---

[3] Dieses Textbaustein- und Datenbankprogramm wird im Internet (www.zeugnismaster.de) angeboten. Die Aspekte seiner Anwendung und Verbreitung wären eine Untersuchung wert.

kann, muss ein hohes Maß an pädagogischer Qualität der hier erstmals berechtigungsentscheidend werdenden Leistungsurteile erreicht werden. In diesem Zusammenhang kommen Mischformen in den Blick, also Zeugnisse, die im Kern von Ziffernzensuren ausgehen, deren unzureichende diagnostische und prognostische Kraft aber dadurch zu ergänzen (und zugleich einzugestehen) suchen, dass in ihnen Kommentare zu Fachleistungsnoten ermöglicht werden. Sie werden in dem Bemühen entwickelt, der pädagogischen Kritik an der reinen Ziffernzensur entgegenzutreten, indem diese mit den offensichtlichen Vorteilen verbaler Diagnose (Prozessorientierung, Prognostik, Lernförderlichkeit, Individualität) verbunden werden sollten. Vorliegende Untersuchungen zu Zeugnissen dieser „Zwitterposition" belegen das ambivalente Moment, das in ihnen angelegt ist: Einerseits bieten sie in der Art eines Kompromisses tendenziell den differenzierenden Formen verbaler Leistungsbeurteilung einen „Eingang" in das Zeugniswesen; andererseits sind solche Zeugnisse gerade in ihren verbalen Anteilen von wenig überzeugender Qualität im Einzelnen und leiden daran, dass sie sich – sprachlich und kommunikationstheoretisch gesehen – gerade nicht auf einen differenzierenden Prozess der Verständigung mit den Lernenden einlassen (Beutel 2005).

Ein weiterer bemerkenswerter Aspekt in der Zeugnisforschung ist der, dass sich die Analysen in der Regel auf das Zeugnis und sein diagnostisches bzw. prognostisches Verhältnis zu den Lernenden begrenzen. Fragen der Rezeption, des Umgangs, der Kommunikation über Leistungsurteile werden so gut wie kaum in Blick auf die Primäradressaten, also der Schülerinnen und Schüler untersucht. Auffällig ist zudem gerade bei der Grundschule, dass der ihr eigene Anspruch der „Kindorientiertheit" bei der Rezeption von Beurteilungstexten nicht hinreichend gewürdigt wird. Anstelle eines individualisierenden Umgangs geht man dort eher von einheitlichen Rezeptionsvoraussetzungen aus.

Die meisten Forschungsarbeiten gestehen den Texten verbaler Berichte zwischenzeitlich eine gestalthafte Form zu, das heißt ein immanentes, kontextbezogenes Verweissystem, das der gesamten Berichtssprache eine über den Inhalt hinausgehende Qualität konzediert. Anders gesprochen: Es wird anerkannt, dass die Texte mehr bedeuten als die verbalen Einzelaussagen für sich. Doch bildet sich dieser Sachverhalt auf der methodischen Seite bei Untersuchungen zur verbalen Leistungsbeurteilung überhaupt nicht ab. Es gibt wenig qualitativ orientierte Forschung. Hier liegen Aufgaben brach, denn ein methodisches Konstrukt, das der Narration, dem zusammenhängenden Schildern, der Anekdote, der Erzählgestalt beim Gespräch mit Kindern hinreichend Raum gibt, verspricht eine direktere und intensivere Kommunikation über die Wahrnehmung des Verhältnisses von Lernen, Leisten und dessen Bewertung bei den Primäradressaten: den Kindern (a.a.O.). Bei den vorliegenden Forschungen zur pädagogisch orientierten Leistungsbeurteilung dominieren bislang quantitativ orientierte Zugangsweisen und Stichproben, auf dieser Seite gibt es zwischenzeitlich einen hohen Erkenntnisstand. Die Forschung sucht nach dem Allgemeinen in diesem Feld, vernachlässigt darüber aber das eher Besondere, das Individuelle, den einzelnen Fall, nicht nur in Blick auf Lernbiografien von Kindern, sondern auch hinsichtlich des Zusammenhangs von Schulentwicklung, Schulprofilbildung und der Stellung der jeweiligen Kultur und Praxis von Leistungsbeurteilung.

6 Verbale Leistungsbeurteilung und Lerndiagnostik im Spannungsfeld gegenwärtiger Bildungspolitik

Was bleibt nach diesem Durchgang durch das Feld differenzierender Leistungsbeurteilung mit Lernberichten in Forschung und Praxis? Ist die Grundschulpädagogik derzeit in der Lage, dieser zentralen Aufgabe nicht nur gerecht zu werden, sondern Perspektiven zu entwickeln und bestehende Instrumente zu verfeinern, ja die Lerndiagnostik und die pädagogische Leistungsbeurteilung zu optimieren und zugleich zu verbreitern?

Mittelfristig wird es hier zu einer weiteren Entwicklung und Stabilisierung kommen. Dazu wird die Integrationstendenz in der Schuleingangsphase und der Druck der Politik auf eine früher beginnende und in der zeitlichen Ausdehnung kürzere durchschnittliche Schullaufbahn in Deutschland das seine beitragen. Dazu bedarf es aber letztlich intensiver erziehungswissenschaftlicher Begleitung, die nicht alleine auf systembezogene Schulleistungsforschung setzt, sondern Studien durchführt, die einen kontextnahen Ansatz verfolgen und damit die Schule sowie die in ihr lernenden und tätigen Menschen im Mittelpunkt haben.

Auf Seite der Lehrerschaft steht die Forderung nach einer professionellen Ansprüchen genügenden Ausbildung in den pädagogischen Teilen ihres Studiums an vorderster Stelle. Ähnliches gilt für die Lehrerfortbildung. Das Gutachten der Arbeitsgruppe Primarstufe an der Universität Siegen für den Grundschulverband hat nochmals ausdrücklich darauf verwiesen, wie wenig die politischen und öffentlichen Forderungen nach der vermeintlich klaren Ziffernzensur auf empirischer Basis stehen. Gleiches gilt für die von dort kommende Kritik an den schülerbezogenen Formen differenzierender Leistungsbeurteilung und Lerndiagnose – seien es Berichte, Portfolios und anderes mehr (Brügelmann u.a. 2006). Zugleich belegt die Forschung, dass die Steigerung der Prognosefähigkeit und der Qualität einer pädagogischen Diagnose von Lernen nicht durch die politische Vorgaben geregelt werden kann, sondern einer guten pädagogischen Arbeit entspringt. Deshalb wird Optimierung von Lerndiagnostik und Leistungsbeurteilung eine Frage der Professionalisierung bleiben und immer aufs Engste an eine pädagogische und didaktische Reform und Öffnung der schulischen Alltagspraxis im Einzelfall geknüpft sein. Gerade Schulen wie die Laborschule Bielefeld, aber auch eine Reihe weiterer Grundschulen – die Jenaplan-Schulen, die Bodensee-Schule St. Martin, die Montessori-Schule Potsdam (Kahl 2004) oder die Grundschule Kleine Kielstraße in Dortmund – die sich auf solche Wege einlassen, belegen das eindrücklich.

Dennoch wird die weitere Entwicklung begleitet durch bildungspolitische Rahmenbedingungen, die es nicht einfacher machen: „Die Notengegner haben in den letzten Jahren einige Rückschläge erlitten", schreibt nicht ohne Polemik der Journalist Lau (2006, S. 54), ohne zu bedenken, dass Schule ihre eigentliche Aufgabe nicht in der Notengebung und dem Leistungsvergleich von Kindern und Jugendlichen zum Zwecke der Selektion hat. Auch unter den gegebenen Bedingungen werden gute Schulen daran arbeiten, die ihnen anvertrauten Kinder zu stärken, ihre Fähigkeiten zu entfalten und ihr Interesse auch für die schulischen Lerngegenstände zu wecken, durch Motivation, Differenzierung, offene Lernarrangements und eine Leistungsbeurteilung und Lerndiagnostik, die dieser Herausforderung nach Integration und Differenzierung zugleich gerecht wird. Für die Schule in der Demokratie ist das nachgerade eine Pflicht und die empirische Forschung hat hier ein weites Feld, auf dem sie diese Entwicklung unterstützen kann: Die Kinder und ihr Lernen anzuerkennen.

Literatur

AK Jenaplanpädagogik (Hrsg.) (2003): Die Jenaplan-Schule Jena. Band 2. Jena: IKS Garamond.
Bambach, Heide (2001): Fabian und Paula oder: Es ist gerecht, Unterschiede zu machen. In: Behnken, Imbke / Zinnecker, Jürgen: Kinder, Kindheit, Lebensgeschichte: Ein Handbuch. Seelze-Velber: Kallmeyer , S. 385-399.
Beutel, Silvia-Iris (2005): Zeugnisse aus Kindersicht. Schriftenreihe der Max-Traeger-Stiftung Bd. 42. Weinheim/München: Juventa.
Boenicke, Rose / Gerstner, Hans-Peter / Tschira, Antje (2004): Lernen und Leistung. Vom Sinn und Unsinn heutiger Schulsysteme. Darmstadt: Wissenschaftliche Buchgesellschaft.
Brügelmann, Hans u.a. (2006): Sind Noten nützlich und nötig? Ziffernzensuren und ihre Alternativen im empirischen Vergleich. Frankfurt/M.: Arbeitskreis Grundschule – Grundschulverband.
Christiani, Reinhold (Hrsg.) (2005): Jahrgangsübergreifend unterrichten. Ziele, Erfahrungen, organisieren, informieren, differenzieren, beurteilen. Berlin: Cornelsen.
Döpp, Wiltrud / Groeben, Annemarie von der / Thurn, Susanne (2002): Lernberichte statt Zensuren. Erfahrungen von Schülern, Lehrern und Eltern. Bad Heilbrunn: Klinkhardt 2002.
Heinzel, Friederike (2002): Kindheit und Grundschule. In: Krüger, Hans-Hermann / Grunert, Cathleen (Hrsg.): Handbuch Kindheits- und Jugendforschung. Opladen: Leske + Budrich, S. 541-565.
Kahl, Reinhard (2004): Treibhäuser der Zukunft Wie in Deutschland Schulen gelingen; Archiv der Zukunft Weinheim/Basel (DVD und Begleitbuch).
Lau, Jörg (2006): Kinder wollen Noten. In: Die ZEIT Nr. 27, S. 53/54.
Lübke, Silvia-Iris (1996): Schule ohne Noten. Lernberichte in der Praxis der Laborschule. Opladen: Leske+Budrich.
Paradies, Liane / Wester, Franz / Greving, Johannes (2005): Leistungsmessung und -bewertung. Berlin: Cornelsen.

Prengel, Annedore (1993): Pädagogik der Vielfalt: Verschiedenheit und Gleichberechtigung in interkultureller, feministischer und integrativer Pädagogik. Opladen: Leske + Budrich.

Prengel, Annedore / Thiel, Maren (2005): In den Paradoxien der Schule – Kinderbefragung zu einem Instrument der Selbstevaluation von Schulleistungen. In: Breidenstein, Georg / Prengel, Annedore (Hrsg): Schulforschung und Kindheitsforschung – Ein Gegensatz? Opladen: VS-Verlag, S. 115-136.

Richter, Sigrun (1999): „Schulfähigkeit des Kindes" oder „Kindfähigkeit der Schule"?. In: Brügelmann, Hans / Fölling-Albers, Maria / Richter, Sabine / Speck-Hamdam, Angelika (Hrsg.): Jahrbuch Grundschule. Fragen der Praxis – Befunde der Forschung. Seelze: Grundschulverband – Arbeitskreis Grundschule e.V., S. 7-29.

Scheerer, Hansjörg / Schmied, Dieter / Tarnai, Christian: Verbalbeurteilung in der Grundschule. In: Zeitschrift für Pädagogik 31, 2, 1985, S. 175-200.

Winter, Felix (2004): Leistungsbewertung. Eine neue Lernkultur braucht einen anderen Umgang mit Schülerleistungen. Hohengehren: Burgbücherei Schneider.

ZEIT 2006: Diskussionsforum „Zensuren ja oder nein?" http://apollo.zeit.de/kommentare/index.php, Eintrag vom 13. August 2006 (19:03:41); abgerufen am: 28.08.2006 16:06:17.

Argyro Panagiotopoulou

Lernbeobachtung im Unterrichtsalltag – die Intention der erwachsenen Lehrenden und die Perspektive der lernenden Kinder

1 Einführung

Die Berücksichtigung der Differenz(en) in der Wahrnehmung und Deutung der Unterrichtswirklichkeit zwischen Erwachsenen und Kindern bzw. Jugendlichen beginnt erst in den letzten Jahren und hauptsächlich unter Einfluss der neueren Kindheits- und Jugendforschung für die (Grund-)Schulpädagogik relevant zu werden (vgl. z.b. Breidenstein & Prengel 2005, Kelle 2005, Panagiotopoulou & Brügelmann 2005).

Die Berücksichtung der Generationendifferenz ist eine wichtige Voraussetzung für das pädagogische Handeln allgemein: „Wer junge Menschen in der Schule nur als Schüler betrachtet, versteht sie *auch als Schüler* nicht!" stellte Wolfgang Klafki (2002, 178) fest, der das „Pädagogische Verstehen" als ein Grundproblem, zugleich aber auch als eine grundlegende Aufgabe, die oftmals in der Lehrerinnen- und Lehrerbildung vernachlässigt wird, ansieht. Für eine pädagogische Diagnostik, die Lernbeobachtungen und Lernprozessanalysen als Bestandteil des Unterrichts etablieren will (vgl. z.B. Prengel 2003, Carle 2004 und die Beiträge von Silvia-Iris Beutel und Ulrike Graf in diesem Band) ist einerseits die Berücksichtigung der Lernerperspektive(n) und andererseits die Reflexion darüber, dass Diagnosesituationen von lernenden Kindern anders gedeutet werden können als von erwachsenen Lehrenden, ausschlaggebend.

Auf diese These möchte ich anhand einer exemplarischen Unterrichtssituation, die ich im Rahmen einer Feldstudie in einer Anfangsklasse einer NRW-Grundschule beobachtet und in diversen universitären Lehrveranstaltungen sowie in Fortbildungsveranstaltungen mit Lehrerinnen und Lehrern diskutiert habe, eingehen.

2 Lernstandserhebung im schriftsprachlichen Anfangsunterricht – aus der Sicht von (angehenden) Grundschullehrer/innen

Die folgende Abbildung stellt ein Beispiel des „Neun-Wörter-Diktats" nach Hans Brügelmann (1989) dar[1], das in der von mir beobachteten Grundschulklasse im November des Schuljahres 2001/02 zur Erhebung der momentanen Schreibentwicklung der SchulanfängerInnen eingesetzt wurde. Es handelt sich um einen informellen Test mit neun, bewusst ausgewählten Wörtern – Kanu (und nicht Boot), Saum, Rosine, Leiter, Wand (und nicht „Mauer": siehe Abb. 1), billig, Schimmel, Lokomotive, Strumpf – die an die getesteten Kindern unterschiedliche Anforderungen stellen

---

[1] Inzwischen gibt es eine neuere Version des Tests (vgl. Brinkmann / Brügelmann 2005).

und ihnen eine Auseinandersetzung mit verschiedenen orthografischen Phänomenen abverlangen. Der Test kann über das erste Schuljahr hinweg wiederholt eingesetzt, die Wörter sollten aber im Unterricht nicht geübt werden.

Abb. 1: Erols `Neun-Wörter-Diktat´

In Veranstaltungen mit Lehramtsstudierenden und GrundschullehrerInnen wird über Möglichkeiten und Grenzen von informellen Tests allgemein, die (auch komplementär zu statistisch abgesicherten) im Anfangsunterricht eingesetzt werden können, diskutiert. Die Seminarteilnehmenden setzen sich einerseits mit dem Verzicht auf klassische Gütekriterien und andererseits mit dem zeitökonomischen Charakter dieser Tests und somit mit ihrer Brauchbarkeit im pädagogischen Alltag auseinander. Als besonders wichtig wird darüber hinaus herausgearbeitet, dass der Verzicht auf ausschließlich normorientierte Betrachtungen für das Verstehen der kindlichen Schreibversuche notwendig ist. Am Beispiel des Neun-Wörter-Diktats: Um das Geschriebene überhaupt zu verstehen, verlassen die Seminarteilnehmen die Perspektive der Schriftkundigen, denn sie „müssen", laut Hans Brügelmann & Erika Brinkmann (1998, 143), „nicht aus der gewohnten LeserInnenperspektive", sondern „aus der Sicht der SchreiberInnen denken".

Unter dieser Voraussetzung werden in den Veranstaltungen ausgewählte Tests von Grundschulkindern analysiert, die über das erste Schuljahr hinweg durchgeführt wurden. Die dabei gezogene Schlussfolgerung lautet: Es ist eine *prozessorientierte Diagnostik* notwendig, um die Sicht der Lernenden einzunehmen, ihre Lernentwicklungen, aber auch ihre Lernschwierigkeiten als solche zu deuten und von Anfang an systematisch zu erfassen, dabei „Fehler" zunächst als wichtige Lernschritte zu würdigen und Lernleistungen auf der Grundlage einer individuellen Bezugsnorm sowie aufgrund der intraindividuellen Veränderungen zu beurteilen und schließlich um die Möglichkeit zu haben über konkrete Fördermöglichkeiten nachzudenken[2].

Erols Test (siehe Abb. 1) soll darüber hinaus darauf aufmerksam machen, dass für eine solche pädagogische Diagnostik auch entsprechende *pädagogisch-didaktische Unterrichtsbedingungen* notwendig sind. Dies soll im Folgenden erläutert werden:

Aufgrund ihrer Analysen kommen die Seminarteilnehmenden in der Regel zu dem Schluss, dass Erol, was die Phonemanalyse und Phonem-Graphem-Zuordnung angeht, „sehr gute Leistungen" erbracht habe. Anhand einer Mittelwert-Tabelle (nach Brügelmann & Richter 1994) stellen sie sogar fest, dass Erol überdurchschnittliche Lernleistungen im Vergleich zu anderen ErstklässlerInnen im November des ersten Schuljahres aufweise[3] – vorausgesetzt man möchte davon absehen, was für diese frühe Phase des kindlichen Schriftspracherwerbs auch sinnvoll wäre, dass Erol die grafische Realisierung von bestimmten Buchstaben noch nicht normgerecht gelingt: besonders auffällig ist dabei sein "spiegelverdrehtes" <a> bei den Wörtern SAUM, LEITER, MAUER, das eher wie ein <D> aussieht.

Nachdem aber Erols Lernentwicklungsstand anhand des vorliegenden Tests ermittelt wurde, werden die Seminarteilnehmenden mit den Testergebnissen von Manuel, eines weiteren Jungen aus derselben Anfangsklasse konfrontiert (siehe Abb. 2), die Schreibungen der beiden Jungen sollen nun im Vergleich betrachtet werden.

---

[2] Auf diese Weise wird auch über die herkömmliche Feststellungsdiagnostik im Rahmen der Ursachenforschung (Legasthenieforschung) im Unterschied zur „Prozessdiagnose" (zum Begriff vgl. z.B. Kretschmann 2003) im Rahmen der neueren Schriftspracherwerbsforschung diskutiert, deren VertreterInnen individuelle Lernprozesse und -entwicklungen von Kindern erfassen und analysieren, anstatt diese auf der Grundlage einer Schriftnorm zu pathologisieren. An dieser Stelle muss jedoch festgestellt werden, dass der Terminus „Diagnose" eigentlich nicht geeignet ist, um die hier beschriebene pädagogische Haltung zu bezeichnen (vgl. a. Kretschmann ebd.).

[3] Hier wird unter anderem Folgendes festgestellt: In Anlehnung an das sechsphasige Modell nach Brügelmann (1989) befindet sich Erol gemäß seiner Testergebnisse in der *Stufe 4: Lautfolge genau, evtl. übergenau wiedergegeben*, in Anlehnung an das Modell nach U. Frith und K.B. Günther (vgl. Günther 1986) wäre Erols Schreibprodukt eher der *alphabetischen Phase* zuzuordnen etc.

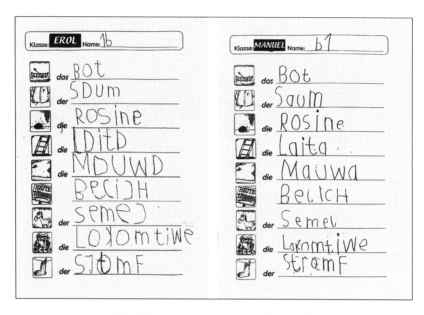

Abb. 2: Erols und Manuels Tests im Vergleich

Seltsamerweise habe Manuel fast identische Testergebnisse geliefert, bezüglich der fehlenden Buchstaben und rudimentären Schreibungen seien kaum Unterschiede festzustellen, wobei Manuel keine spiegelverdrehten Schreibweisen realisiert habe, wird an dieser Stelle festgestellt. Der Versuch Manuels Test Wort für Wort auszuwerten, um seinen Leistungstand ebenfalls zu ermitteln[4], führt dann zur folgenden Erkenntnis: Es sind die gleichen Phänomene, es gibt kaum Unterschiede in den von den beiden Kindern angewandten Strategien, so dass die beiden Jungen den Test zum gleichen Zeitpunkt geschrieben bzw. von einander abgeschrieben haben sollen, was wiederum zur Frage führt: Wer könnte von wem abgeschrieben haben? Wer sich an dieser Stelle auf die Perspektive der beiden Kinder – hier auch metaphorisch gemeint – einlassen mag, kommt auch schnell zur richtigen Antwort: Wenn die beiden Jungen einander gegenüber gesessen haben, dann müsste Erol derjenige sein, der von Manuel abgeschrieben hat, wird an dieser Stelle erkannt, denn Manuels kleines <a> sieht aus Erols Perspektive betrachtet wie ein großes <D> aus (siehe Abb. 3).

Allerdings tendieren an dieser Stelle Seminarteilnehmende auch dazu, von der sachbezogenen Betrachtung zu einer personenbezogenen zu wechseln, Erol als ein Kind „mit Schwierigkeiten beim Schriftspracherwerb" oder als „Legastheniker" zu klassifizieren und unter anderem über die sprachkulturellen und literalen Bedingungen in seiner zweisprachigen Familie zu spekulieren. Dass damit nicht nur Alltagstheorien,

---

[4] Zur Auswertung des „Neun-Wörter-Diktats" vgl. Brügelmann/Richter 1994, 102 ff.

sondern auch berechtigte Sorgen von (angehenden) LehrerInnen zum Ausdruck gebracht werden, ist einerseits verständlich. Dass mit solchen personenzentrierten Betrachtungen sowohl die sachbezogene Diagnoseebene als auch das schulische Umfeld bzw. der Unterricht als Ort der Entstehung dieses Schreibprodukts verlassen wird, ist eher problematisch.

Nachdem ich aber den Seminarteilnehmenden noch verrate, dass Erol nicht der Einzige war, sondern dass alle drei Jungen, die am Gruppentisch saßen, von Manuel abgeschrieben hatten (siehe Abb. 3), entstehen in der Regel neue Fragen wie zum Beispiel: Inwieweit und unter welchen Bedingungen ist „Abschreiben" eine legitime Handlung innerhalb von Leistungserhebungen? Inwiefern handelt es sich hier um ein Handlungsmuster von SchulanfängerInnen allgemein oder von Jungen insbesondere? Was hat das kollektive Abschreiben mit dem Kontext seiner Entstehung, mit der konkreten Situation, aber auch mit der konkreten Schulklasse, mit der Lern- und Leistungskultur, in der diese Schreibprodukte entstanden sind, zu tun?

Spätestens an dieser Stelle wird also deutlich, dass eine Beschreibung der konkreten Situation, wenn möglich aus der Perspektive der daran beteiligten Kinder, zur Klärung einiger Fragen beitragen könnte. Im Folgenden wird ein Ausschnitt aus meinem Beobachtungsprotokoll vom 13.11.2001 dargestellt, das diese Testsituation dokumentiert.

3 Lernstandserhebung im schriftsprachlichen Anfangsunterricht – betrachtet aus der Perspektive von Kindern: „ich brauche ein /t/, wo ist hier ein /t/"?

Dienstag, 13.11.2001 (9:15 Uhr), am Gruppentisch bei Ali, Dennis, Erol und Manuel; ich sitze zwischen Erol und Manuel[5]:

	MANUEL	ALI
(AP)		
	EROL	DENNIS

Frau M. fängt mit dem Diktieren an, wobei sie die Wörter dehnend ausspricht: „Also noch mal. Das erste Wort heißt /booo...t/".
Erol beginnt sofort mit dem Lautieren des Wortes, "/booo...booo/" und schreibt schnell ein <B> auf.
„/Booo...booo.../booo/ wiederholt Ali und fragt: „Wie geht ein <bo>, Manuel?"
Manuel, der in der Regel auf Alis Fragen reagiert, gibt diesmal keine Antwort. Er scheint konzentriert zu sein und ist gerade dabei ein <t> zu schreiben.

---
[5] Die Namen der Jungen wurden pseudonymisiert.

Frau M. diktiert inzwischen das nächste Wort: „Das zweite Bild haben wir gesagt, zeigt einen /sss...aaa...uuu...mmm/".
Manuel lautiert das Wort sehr leise: „/ssss... aaa.../, ein /s/ und dann ein /a/, ja!" stellt er fest. Er schreibt zügig weiter, ohne dabei auf seine auf dem Tisch liegende Anlauttabelle zu schauen.
Dennis hat schon <Bo> für das Wort `Boot´ aufgeschrieben und nimmt sich schnell Manuels Anlauttabelle: **„Ich brauche ein /t/, wo ist hier ein /t/?"** *fragt er. Auch auf diese Frage wird keine Antwort gegeben.*
Erol, der inzwischen auch <Bo> aufgeschrieben hat, sucht jetzt zusammen mit Dennis in der Anlauttabelle. Während die beiden noch nach dem /t/ suchen, schreibt Ali das komplette Wort (Bot) von Manuel ab.
Kurz darauf gibt Erol die Suche auf und schreibt das <t> von Manuel ab, er sitzt ihm gegenüber. Dennis, der gegenüber von Ali sitzt, schreibt nun das <t> von ihm ab.
Erol lautiert jetzt das Wort `Saum´:„/sss, sss...aaa..., sss/, ein /sss.../, oder?" Auf seine Frage reagiert niemand. Er beginnt das Wort von Manuel abzuschreiben, der inzwischen, dem Rhythmus des Diktierens folgend, mit dem Lautieren und Schreiben des dritten Wortes (`Rosine´) beschäftigt ist. Erol schreibt <SDum> für `Saum´ hin, da Manuels kleines <a>, aus seiner Perspektive betrachtet, wie ein großes <D> aussieht. Erol schreibt weiter Wort für Wort ab. Auch bei `Leiter´ und `Mauer´ taucht bei seinen Schreibungen ein <D> auf (LDitD – MDuwD), und zwar genau dort, wo Manuel ein <a> aufschreibt (<Laita>, <Mauwa>).
Das geht die ganze Zeit so weiter: Frau M. diktiert, Manuel lautiert und schreibt auf, Erol und Ali schreiben von ihm ab, während Dennis von Ali abschreibt.
Ali steht zwischendurch auf, um das Blatt von Manuel näher betrachten zu können. Beim Wort `billig´ hat Manuel <Belich> geschrieben und Ali möchte gerne wissen, ob er den Buchstaben <e> richtig erkannt hat. Er fragt nach: „Was ist das denn Manuel, ein /e/?" Manuel nickt und schreibt weiter. Beim Wort `Schimmel´, hat Manuel <Semel> geschrieben und Ali fragt wieder nach, da er den letzen Buchstaben nicht erkennen kann. Auf die Antwort von Manuel, das sei ein /el/, schreibt Ali ein <L> nicht an der richtigen Stelle hin, sondern ergänzt das beim Wort „billig" (<Belich L>), das eigentlich bereits fertig sein sollte.
Beim Wort `Strumpf´ hat Manuel anscheinend Schwierigkeiten, er radiert und fängt zweimal von vorne an, so dass die anderen Jungen Zeit gewinnen. Doch nur Erol schafft es alle Wörter komplett abzuschreiben, Ali schreibt die letzten beiden Wörter nur ansatzweise ab. Dennis, der die ganze Zeit von Ali abschreibt, merkt das, bevor Manuel aufsteht, um sein Blatt abzugeben, und radiert jetzt das unvollständige Wort (<Lokom>) weg. Er malt für dieses und auch für das letzte Wort ein Sternchen (*) hin.
Erol, Ali und Dennis stehen fast gleichzeitig auf, um ihre Blätter abzugeben, und sind somit zusammen mit Manuel die Ersten, die mit der Aufgabe fertig sind. Alle anderen Kinder arbeiten noch weiter.

Abb. 3: Die Ergebnisse des „Neun-Wörter-Diktats" der vier Jungen

In der oben dargestellten Unterrichtsszene hat ein Ko-Konstruktionsprozess (vgl. Speck-Hamdan 1998, 102f.) zur Bewältigung einer schulischen Leistungssituation stattgefunden. Die Konstruktionsleistung der Kinder können wir aber nicht „würdigen", wenn wir uns nur auf die tatsächliche Leistung, auf die angeblichen Leistungsergebnisse – gemessen an der Intention der Lehrerin, an den Anforderungen der sachbezogenen Diagnostik und des konkreten Tests – beziehen würden. Wenn wir die Bedingungen einer Testdurchführung im Unterrichtsalltag, beispielsweise mittels teilnehmender Beobachtung und Feldstudien, rekonstruieren und bei unseren Deutungen berücksichtigen, können wir einerseits die Perspektive der Lehrenden und andererseits die Perspektive der Lernenden, hier die Perspektive der beteiligten Schulanfänger, die zum ersten Mal mit einer Testsituation im Unterricht konfrontiert wurden, verstehen:

Nach den Hinweisen zur Testdurchführung, und da SchulanfängerInnen aufgrund unterschiedlicher Erfahrungen mit Schrift und Schriftlichkeit auch unterschiedlich viel Zeit fürs Schreiben ungeübter Wörter benötigen, sollten zunächst die einzelnen Bilder bzw. Wörter erläutert werden und im Anschluss daran sollte genug Zeit für die Bewältigung der Aufgabe zur Verfügung gestellt werden. Hingegen hat das Diktieren der einzelnen Wörter durch die Lehrerin, Manuels Orientierung an dem Diktierrhythmus der Lehrerin sowie die Orientierung der anderen Jungen an Manuels Schreibrhythmus insgesamt den im Protokoll beschriebenen Zeitdruck erzeugt. Dieser hat wiederum nicht nur – wie von der Lehrerin erwartet – „Schreibstrategien" (bei Manuel), sondern auch „Abschreibstrategien" (bei Ali, Dennis und Erol) hervorgerufen, letztere wurden auch von anderen Schülerinnen und Schülern dieser Anfangsklasse sowohl in der hier diskutierten Testsituation als auch in weiteren Leistungssituationen konsequent eingesetzt. Und dennoch: In der oben dokumentierten Testsituation bringen alle drei Jungen – durch ihre Lautierungsversuche oder durch ihre Suche nach dem passenden Buchstaben (*„ich brauche ein /t/, wo ist hier ein /t/?"*) in der Anlauttabelle, die sie nach den Anweisungen ihrer Lehrerin benutzen durften – deutlich zum Ausdruck, dass sie sehr wohl in der Lage wären, mit dieser Leistungsaufgabe umzugehen, wenn sie dafür die Zeit bekommen hätten.

Die hier beschriebene Testsituation im Unterrichtsalltag deutet ebenfalls darauf hin, dass nicht der Test an sich oder die Tatsache, dass die Lehrerin sich für seinen Einsatz entschieden hat, sondern die *Bedingungen seiner Durchführung* den im Unterricht wirksamen Diagnose- und Leistungsbegriff deutlich werden lassen. Anders ausgedrückt: Dass die Lehrerin sich nicht an den Anweisungen für eine „korrekte" Testdurchführung orientiert bzw. gehalten hat, hat einen Leistungsdruck bei den Kindern erzeugt, der in dieser Anfangsklasse auch außerhalb von Testsituationen, wie die oben beschriebene, beobachtbar war[6].

Dies verdeutlicht aber zugleich folgende Problematik: In der Unterrichtspraxis können Testinstrumente – auch unabhängig von ihrer ursprünglichen Konzeption – umgedeutet bzw. an die jeweiligen Unterrichtsbedingungen angepasst werden, so dass sie *die bereits existierende Lern- und Leistungskultur der jeweiligen Schulklasse bedienen können, ohne diese hinterfragen zu müssen.*

Durch die Einbeziehung der Perspektive der getesteten SchülerInnen innerhalb von alltäglichen Leistungs- und Diagnosesituationen lässt sich aber über diese Problematik reflektieren. Dafür ist allerdings auch eine Umdeutung der Lernbeobachtung, so wie diese in Grundschulklassen, aber auch in grundschulbezogenen Forschungsarbeiten praktiziert wird, von Bedeutung. Sowohl in der Praxis als auch in der Forschung werden also punktuelle Lernstandserhebungen wiederholt und kontinuierlich eingesetzt, die jedoch nicht die Bedingungen, unter denen diese Leistungen gefordert werden und entstehen sollen, erfassen. Man könnte paradoxerweise feststellen, dass es sich hierbei um eine *Lernbeobachtung* ohne Kontext bzw. *ohne Beobachtung* handelt. Um bei unserem Beispiel zu bleiben: „Erol hat mich positiv überrascht", teilte mir die Lehrerin nach der Auswertung dieser Lernstandserhebung mit, „ihn konnte ich bisher überhaupt nicht einschätzen".

---

[6] Der Protokollausschnitt stammt aus der bereits erwähnten Feldstudie, in der über zwei Schuljahre hinweg diverse Lern- und Leistungssituationen erfasst und analysiert werden konnten.

4 Fazit: Lernbeobachtung durch Beobachtung

Über Leistungsunterschiede zwischen Kindern innerhalb einer Klassen- oder Altersstufe, in jahrgangshomogenen und jahrgangsübergreifenden Lerngruppen, zwischen unterschiedlichen Schulen und Schulformen, in alten und neuen Bundesländern und neulich im internationalen Vergleich wird im deutschsprachigen Raum intensiv debattiert. Über Unterschiede in der Deutung von schulischen Leistungssituationen zwischen SchülerInnen und LehrerInnen wird aber selten reflektiert. Doch die Berücksichtigung dieser Differenz kann zur Reflexion konkreter Diagnosesituationen und zur Verbesserung unserer pädagogischen Diagnosepraxis beitragen.

Wir benötigen eine pädagogische Diagnostik, die pädagogisch-didaktische Bedingungen, unter denen Leistungen entstehen, miterfasst, eine Lernbeobachtung, die nicht ausschließlich nach individuellen, sondern auch nach kollektiven Handlungs- und Deutungsmustern der Schülerinnen und Schüler fragt, mit dem Ziel ihre Lernwege und Lernleistungen – auch ihre „Nicht-Leistungen" – vor allem zu verstehen und nicht nur zu erfassen oder zu vergleichen.

Eine ergiebige Lernbeobachtung ist also nicht durch Einsatz und Auswertung von Leistungstests, sondern vor allem durch Beobachtungen von Kindern im Unterricht, in Lern- und Leistungssituationen, zu realisieren: Denn „Lernprozesse im Unterricht können auch nur durch Beobachtung von Unterricht wahrgenommen werden" (Füssenich & Löffler 2005, 28). Solche Unterrichtsbeobachtungen sollten aber nicht ausschließlich als eine Art sachbezogener und/oder personenzentrierter Diagnostik betrachtet werden, da sie nicht einfach den individuellen Lernprozess und Lernstand oder die individuelle Leistungsmotivation des Kindes, sondern auch den Kontext, in dem Lernentwicklungen und -leistungen entstehen, die Lern- und Leistungskultur der jeweiligen Schulklasse, in der die beobachteten Kinder agieren, widerspiegeln. Konkrete Fallbeschreibungen – mittels teilnehmender Beobachtung – von Leistungssituationen und daran anschließende Fallbesprechungen können zur Aus- und Fortbildung von LehrerInnen, aber auch zur Selbstevaluation der beteiligten Lehrkräfte beitragen.

Literatur

Breidenstein, Georg / Prengel, Annedore (Hrsg.) (2005): Schulforschung und Kindheitsforschung – ein Gegensatz? Opladen: VS Verlag.

Brinkmann, Erika / Brügelmann, Hans (2005): Deutsch. In: Bartnitzky, Horst u.a. (Hrsg.): Pädagogische Leistungskultur: Materialien für Klasse 1 und 2. Beiträge zur Reform der Grundschule. Bd. 119. Frankfurt a.M.: Grundschulverband – Arbeitskreis Grundschule.

Brügelmann, Hans (1989): Lese- und Schreibaufgaben für Schulanfänger. Beobachtungs- und Denkhilfen zur Denkentwicklung beim Schriftspracherwerb. Regenbogen-Lesekiste, Bericht No. 33f. Hamburg: Friedrich.

Brügelmann, Hans / Brinkmann, Erika (1998): Die Schrift erfinden. Beobachtungshilfen und methodische Ideen für einen offenen Anfangsunterricht im Lesen und Schreiben. Lengwil: Libelle.

Brügelmann, Hans / Richter, Sigrun (Hrsg.) (1994): Wie wir recht schreiben lernen. Lengwil: Libelle.

Carle, Ursula (2004): Wie viele Bauklötze sind das? Unterrichtsrelevante Schuleingangsdiagnostik. In: Becker, Gerold u.a. (2004): Heterogenität – Unterschiede nutzen – Gemeinsamkeiten stärken. Friedrich Jahresheft, S. 54-56.

Günther, Klaus-B. (1986): Ein Stufenmodell der Entwicklung kindlicher Lese- und Schreibstrategien. In: Brügelmann, Hans (Hrsg.): ABC und Schriftsprache: Rätsel für Kinder, Lehrer und Forscher. Konstanz: Libelle, S. 32-54.

Füssenich, Iris / Löffler, Cordula (2005): Schriftspracherwerb. Einschulung, erstes und zweites Schuljahr. München und Basel: Reinhardt.

Kelle, Helga (2005): Kinder in der Schule. Zum Zusammenhang von Schulpädagogik und Kindheitsforschung. In: Breidenstein, Georg / Prengel, Annedore: (Hrsg.): Schulforschung und Kindheitsforschung – ein Gegensatz? Opladen: VS Verlag, S. 139-160.

Klafki, Wolfgang (2002): Schultheorie, Schulforschung und Schulentwicklung im politisch-gesellschaftlichen Kontext. Weinheim und Basel: Beltz.

Kretschmann, Rudolf (2003): Pädagogische Diagnostik, Förderpläne und kollegiale Kooperation. Kassel, 21. 7. 2003 (http://www.kretschmann-online.de/Aufsaetze/kweb2.htm; 20.2.06).

Panagiotopoulou, Argyro / Brügelmann, Hans (2005): Kindheits- und Grundschulforschung – zwei Welten? In: Breidenstein, Georg / Prengel, Annedore: (Hrsg.): Schulforschung und Kindheitsforschung – ein Gegensatz? Opladen: VS Verlag, S. 71-94.

Prengel, Annedore (2003): Hinschauen und Handeln von Anfang an. In: Die Grundschulzeitschrift 164/2003, S. 4.

Speck-Hamdan, Angelika (1998): Individuelle Zugänge zur Schrift. Schriftspracherwerb aus konstruktivistischer Sicht. In: Huber, Ludowika / Kegel, Gerd / Speck-Hamdan, Angelika (Hrsg.): Einblicke in den Schriftspracherwerb. Braunschweig: Westermann, S. 101-109.

Ulrike Graf

Schlüsselsituationen pädagogisch-diagnostischen Lernens im Lehramtsstudium

1 Schlüsselsituationen

Studierende treffen in ihren Praktika immer wieder auf Lernsituationen, in denen sie selbst oder mit Hilfe der Lerngemeinschaft von Seminaren exemplarische Einsichten darin gewinnen, wie Kinder ihre Lernprozesse wahrnehmen und deuten und wie sie selbst die Lernprozesse der Kinder verstehen. Solche Einsichten in Lernverhalten oder (metakognitiv verfügbare) Lerngewinne eines Kindes bzw. eines Studierenden bezeichne ich als *Schlüsselsituationen*. Ich leite den Begriff von Mechthild Dehns *Schlüsselszenen* ab. Sie versteht darunter „unerhörte Begebenheiten", in denen ein Kind in der „Ambivalenz" zwischen Bekanntem und Unbekanntem einen Verständniszuwachs (im Schriftspracherwerb) gewinnt (Dehn 1994, S. 17). Auch die von mir beschriebenen Schlüsselsituationen sind „unerhörte Begebenheiten" – im wörtlichen Sinn: unerhört so lange, bis die Beobachterin/der Beobachter die Lerneinsicht bzw. den Lerngewinn wahrnimmt. Die *Situation* unterscheidet sich von der *Szene* inhaltlich erstens dadurch, dass in den Schlüsselsituationen die Kinder Einsichten äußern oder in ihren Handlungen Einsichten deutlich werden lassen, die der professionellen Lernbegleiterin/dem Lernbegleiter in diesem Moment und im Bezug auf dieses Kind neu sind; zweitens kann die Schlüsseleinsicht auch die Studierenden im Hinblick auf deren pädagogisch-diagnostisches Vorverständnis und dessen professioneller Erweiterung bzw. Präzisierung betreffen. Der formale Unterschied zur Schlüsselszene besteht darin, dass das Kind in der Schlüsselsituation nicht in jedem Fall von sich aus im Moment des Geschehens eine neue Einsicht gewinnt. Vielmehr sehe ich die Schlüsselfunktion in der Interpretierbarkeit auf pädagogisch-diagnostische Einsichten hin. Das „Schlüsselerlebnis" hat demnach zunächst die den Lernprozess begleitende Fachkraft, die in der Verantwortung steht, die Einsichten im Sinne einer lernfeldbezogenen pädagogischen Diagnostik in die weitere Gestaltung von Lern- bzw. Spielangeboten einfließen zu lassen, so dass das Kind auf der Basis seiner Verstehensvoraussetzungen weitere Lernschritte gehen kann.[1]

In den in diesem Beitrag dargestellten Schlüsselsituationen wird die Schlüsseleinsicht durch die gemeinsame Reflexion in der theoriegestützten Seminarauswertung mit Lehramtsstudierenden bewusst gemacht.

---

[1] Zu Schlüsselsituationen vgl. auch Graf 2004, S. 163f.

2 Verortung im Studium

Die Universität Bremen konnte in ihrem Arbeitsgebiet Pädagogische Diagnostik in den vergangenen drei Jahren[2] ein „Projekt Schuleingangsdiagnostik" anbieten. Im Umfang von zwölf Semesterwochenstunden waren Theorieseminare, universitär begleitete Praktika in einer ersten Klasse und Praxisbegleitveranstaltungen vorgesehen, in denen über zwei Semester einschließlich der vorlesungsfreien Zeit Praxiserfahrungen Theorie-integrierend reflektiert werden konnten.[3] Die im Folgenden beschriebenen fünf Schlüsselsituationen stammen alle aus den Begleitveranstaltungen sowohl zum fünfwöchigen Schulanfangs- als auch dem weiterführenden Tagespraktikum in einer ersten Klasse.

Die Schlüsselsituationen werde ich in Form von Fallbeispielen jeweils in einer konkreten Struktur präsentieren: Eine Überschrift, die das Thema der „Schlüsseleinsicht" zu fassen versucht; die Beschreibung der Aufgabensituation[4]; die Analyse, die eine Zusammenfassung gemeinsamer Ergebnisse von Studierenden und mir in den Begleitseminaren wiedergeben. Dabei werden Bezüge zum von mir entwickelten Kerncurriculum Pädagogische Diagnostik hergestellt, das im Wesentlichen zwei Ziele verfolgt: (1) Kompetenzorientierung als Handlungswissen und pädagogische Haltung in unterrichtlichen Beobachtungs-, Angebots- und Interaktionskontexten sowie (2) pädagogisch qualifiziertes Reden über Kinder und deren Leistungen bzw. mit Kindern über deren Leistungen (Graf 2006, S. 149ff, Graf 2005a, Folie 5ff).

3 Fallbeispiele pädagogisch-diagnostischer Schlüsselsituationen

Alle fünf Fallbeispiele stammen aus dem Anfangsunterricht der ersten fünf Schulwochen im ersten Schuljahr sowie den dazugehörigen Praktikumsaufgaben und Seminarauswertungen im Rahmen eines Schulanfangspraktikums. Die ersten drei Fallbeispiele beziehen sich auf drei Aufgaben zu den „Mathematische(n) Kompetenzen von Schulanfängern" (Grassmann u.a. 2002, S. 9f.), für die sich im Seminarjargon der Abkürzungsbegriff „Vogelaufgaben" eingebürgert hatte. Der vierte Fall stammt aus dem Lernkontext des Schriftspracherwerbs (s.g. „Leeres Blatt") und die fünfte thematisiert die Föderidee einer Studentin.

---

[2] Das Lehrentwicklungsprojekt Pädagogische Diagnostik lief von Mai 2003 – April 2006 in den jetzt „alten" Lehramtsstudiengängen. Im Moment werden dort entwickelte Modulelemente in veränderter Weise im Rahmen der seit Wintersemester 2005/2006 geltenden Bachelor-Studienordnung angeboten.
[3] Das gesamte Konzept habe ich ausführlich dargestellt in Graf (2006). Es ist in Form von Vortragsfolien verfügbar unter Graf (2005a).
[4] In der Aufgabensituation wird die Aufgabenstellung sowohl der Studierenden als auch der Schüler/innen dargestellt, da sich beides in der Praktikumssituation verbindet. Der Begriff „Aufgaben-Situation" verweist darauf, dass eine Aufgabe neben dem Sachanspruch immer auch von einem Situationsanspruch gekennzeichnet ist, der in dem Planungs- und Analyseprozess der „optimalen Passung" der Aufgabe für die verschiedenen Schüler/innen mit bedacht sein muss (vgl. dazu Langeveld 1968, S. 50ff, Röbe 2000, 2001, Lichtenstein-Rother/Röbe 2005, Florek 1999, S. 35).

3.1 Rebecca Wilkens: Kontextgebundene Leistungswahrnehmung oder: Was kann ich und was können „wir"?

(1) Aufgabensituation

Frau Wilkens präsentierte ihren Schüler/innen in deren vierter Schulwoche die s.g. „Vogelaufgaben". Sie bot ihnen die Aufgaben in einer Eins-zu-Eins-Dialog-Situation an, in der sie den Lösungsprozess individuell beobachten konnte.

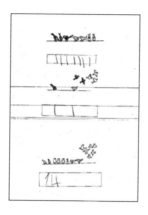

Abb. 1: Svetlanas Lösung der Aufgaben nach Grassmann u.a. 2002, S. 9f.

(2) Die Schlüsselsituation

Svetlana: – Erstklässlerin in der vierten Schulwoche – zählt die Vögel bei der ersten Aufgabe (7/3+4), indem sie unter jeden Vogel einen Strich macht. Die zweite Aufgabe (7-5) löst sie ebenso. Bei der dritten Aufgabe (8+6) schreibt sie „14".

Rebecca Wilkens: Warum hast du für die sieben und die zwei Striche gemacht? Und warum schreibst du die 14 (Studentin zeigt drauf) als Zahl?

Svetlana: Die zwei und die sieben lernen wir gerade in der Schule, das ist noch schwer. Und die 14 kann ich schon, das ist ja leichter.

Quelle: Originaldokument mit Gedächtnisprotokoll 26.9.2005

(3) Analyse

Beachtenswert erschien Frau Wilkens die unterschiedliche Notation der Lösungen: Bei den Ergebnissen unter zehn die Darstellung der Anzahlen mit Strichen, welche ein Abzählen erlauben, bei der zweistelligen Lösung die symbolische Schreibweise. Aus der fachlichen Fremdsicht erfordert die Schreibung der „14" Einsichten in das Stellenwertsystem mit all seinen zu überwindenden Schwierigkeiten, z.B. der unterschiedlichen Sprech- und Schreibreihenfolge /vierzehn/, aber <14>. Aus dieser Beurteilung des höheren Anspruchs, die zweistellige Zahl zu verschriften, erwuchs Frau Wilkens' Nachfrage bei Svetlana.

Die Frage folgt dem Lernziel *Priorität der Nachfrage*[5], die im Rahmen des Kerncurriculums der Pädagogischen Diagnostik an der Bremer Universität angestrebt wird. Die Studentin wird sich im ersten Schritt ihrer eigenen Sicht der Situation und gezeigten Leistung bewusst. Sie thematisiert die Leistung des Kindes, indem sie es nach einer Begründung fragt und in ihren Fragen die Lösungsentscheidung des Kindes benennt („Striche gemacht", „schreibst du die 14").

Svetlanas Antwort lässt aufmerken. Sie setzt ein kontextbezogenes neben ein könnensbezogenes Argument – beide mit einer subjektiven Bewertung versehen.

In ihrem Kontextbezug verweist sie auf die soziale Lerngemeinschaft Schule, in der die zur Lösung erforderlichen Ziffern gerade auf dem Lernprogramm der Klasse stehen. Soweit gibt sie in ihrer Antwort Zeugnis davon, dass sie sowohl über die momentanen Lerninhalte als auch über das Lernarrangement (offensichtlich ein gemeinsamer Lerngang „lernen *wir* gerade") metakognitiv verfügt. Die Begründung der Ziffernschreibweise 14 zeugt von Svetlanas individuellem Könnensbewusstsein. Interessant scheint die unterschiedliche Anspruchsbewertung. Verschiedene Lesarten haben wir im Seminar gefunden:

(a) Svetlana macht die Strichzählung im subjektiven Erleben mehr Mühe als die symbolische Ziffernschreibweise.

(b) Svetlana kennt die „14" aus Routinezusammenhängen (vielleicht ein Geschwisterkind in diesem Alter, ihre Adresse hat die Hausnummer 14 o.ä.).

(c) Was in der Schule gerade gemeinsam auf dem Lernprogramm steht, ist „noch schwer", was sie schon kann, ist „ja leichter". Es bleibt die Verwunderung aus fachlicher Fremdsicht, warum die Stellenwertschreibung leichter ist als die Ziffernschreibung. Ob sie mit Ziffern sicher umgehen kann, bedürfte einer weiteren Diagnose. Wenn ja, spräche das dafür, dass Svetlana für ihr „unterrichtliches Vorauswissen", wie ich das von einem Kind unabhängig vom Lernkontext Schule erworbene Wissen an anderer Stelle genannt habe (Graf 2004, S. 214, 218 Fußnote 130 u.ö.), keinen adäquaten Platz im von ihr wahrgenommenen Unterrichtskonzept sieht. Als innerer Monolog, aus Kindersicht gedacht, könnte diese Wahrnehmung vielleicht so lauten: *Was kann ich? Was „darf" ich im Kontext Unterricht schon können?* Möglicherweise spiegelt Svetlanas Antwort die Wichtigkeit, die sie dem Unterricht als Richtgröße für den eigenen Lernfortschritt gibt. Ob der Unterricht für die Vielfalt und Variationsbreite des kindlichen Könnens keinen Platz bot oder dieser von Svetlana nicht wahrgenommen wurde, musste an der Stelle der Besprechung offen bleiben.

---

[5] Dieses Teilziel rangiert unter dem übergeordneten des „qualifizierten Redens *mit* Kindern über deren Leistungen" (vgl. Graf 2006, 2005a).

Welche Schlüsseleinsicht gewährt die Situation?

Für das Prinzip der Individualisierung sehe ich in pädagogisch-didaktischer Konsequenz aus der Analyse folgende Frage an das jeweils vertretene Unterrichtskonzept als zentral an: Welchen Platz hat das einzelne Kind mit seinem Können im Unterricht? Und nicht: Was weiß dieses oder jenes Kind über das hinaus, was schon auf dem Lernprogramm stand bzw. was allgemein für das erste Schuljahr gefordert ist?[6]

3.2 Anna Gallinger: Vorgesagtes Ergebnis als Strategiefinder und die Produktivität einer Gruppensituation

(1) Die Aufgabensituation

Anna Gallinger präsentierte den Kindern ebenfalls in der vierten Schulwoche die unter 3.1 dargestellten Aufgaben von Marianne Grassmann u.a. (2002, S. 9f). Die folgende Situation bezieht sich auf die Aufgabe „8+6".

(2) Die Schlüsselsituation

Die Studentin führt die Aufgabe in Fünfer-Gruppen durch. Tina zählt die Vögel. Die anderen sagen ihr, dass es 14 sind. Sie hatte ein anderes Ergebnis gezählt. Daraufhin zählt sie erneut – mehrmals, und jedes Mal erhält sie ein anderes Ergebnis. Die anderen bleiben dabei: Es sind 14 Vögel. Daraufhin streicht Tina beim nächsten Zähldurchgang jeweils den Vogel durch, den sie bereits erfasst hat. Es gelingt ihr jetzt, 14 Vögel zu zählen.

Quelle: Gedächtnisprotokoll 26.9.2005

(3) Analyse

Was hatte die Studentin auf die Situation aufmerksam werden lassen? Es war das Zusammenspiel von Tinas Beharrlichkeit, das richtige Ergebnis selbst finden zu wollen, und der indirekten methodischen Unterstützung der Gruppe.

Die Studentin zeigte sich beeindruckt von dem Weg, wie Tina zu „ihrem" richtigen Ergebnis gelangte. Durch Vorsagen alleine nicht. Tina hätte sich damit begnügen können, die oft genug von den anderen vernommene „14" in einer ihr bekannten Schreibweise aufs Papier zu bringen (als Symbol, wenn sie das schon kann; als ikonische Darstellung). Möglicherweise war es ihr wegen der Höhe der Zahl nicht möglich, einfach 14 Striche als ikonische Darstellung zu machen.

Die anderen Gruppenmitglieder bleiben – ebenso beharrlich – beim Repetieren des Ergebnisses. Niemand sagt: „*Schreib einfach 14 hin*" oder greift gar selbst zu Stift. Für Tina wird das stets erneute Gegenüberstellen der Ergebniszahlen zur indirekten methodischen Unterstützung, zum produktiven Strategiefinder der Eins-zu-Eins-

---

[6] Vgl. Analogiebeispiel zur Segmentierung des Kompetenzbewusstseins bei Peter – Graf 2004, S. 238 und 301.

Zuordnung. Ob Tina diese Art der Mengenerfassung aus anderen Zusammenhängen kennt und jetzt anwendet oder in diesem Moment selbst für sich „erfindet", gibt die Situation nicht preis. Sie hat das vorgesagte Ergebnis *selbst* erreicht. Ihre Leistung in dieser Situation verdankt Tina ihrer Beharrlichkeit und Anstrengungsbereitschaft, jeden Schritt auf dem Weg zur Lösung selbst gehen zu wollen.

Liest man die Situation auf der Folie der von Margaret Carr entwickelten fünf Lerndispositionen (Carr 2001)[7] *interessiert sein, engagiert sein, standhalten bei Herausforderungen und Schwierigkeiten, sich ausdrücken und mitteilen* sowie *an der Lerngemeinschaft mitwirken und Verantwortung übernehmen*, so hat Tina sich der Herausforderung der verschiedenen Ergebnisse gestellt und wurde mit einem Erfolg, der ihr eigener war, belohnt. Sie hat die Verantwortung für ihr Ergebnis übernommen. Ebenso haben die Gruppenmitglieder durch ihre „indirekte Mithilfe" an der Lerngemeinschaft mitgewirkt und ihren Part der Verantwortung getragen.

Welche Schlüsseleinsicht gewährt die Situation?

Dass die Studentin sich jeder eigenen Intervention enthalten hat, war erstens eine notwendige Voraussetzung, diese Situation beobachten zu können, und zweitens ein Merkmal „qualifizierten Nichtstuns"[8], in dem sie ihre Kompetenzorientierung im Sinne des Zutrauens zum Ausdruck bringt. Nur so konnten sich die Gruppenmitglieder in ihrer produktiven dialogischen Rolle erfahren; und so hatte Tina Zeit und Raum ihren eigenen Weg zu finden.

3.3 Elke Barth: Eigene Aufgaben- und Operationskonzepte als heimlicher Beurteilungsmaßstab

(1) Die Aufgabensituation

Die Studierenden hatten im Rahmen der „Vogelaufgaben" den Auftrag, ihre eigenen Prognosen bezüglich des Prozentsatzes an Kindern, die die Aufgaben voraussichtlich richtig würden lösen können, zu stellen. Sie sollten, wo möglich, auch die Prognosen der Lehrkraft einholen, um dann beides mit den tatsächlichen Ergebnissen zu vergleichen. Die Gegenüberstellung der Zahlen in der Praktikumsklasse von Elke Barth ist in der folgenden Tabelle dargestellt.

---

[7] Ich beziehe mich in den Formulierungen der Lerndispositionen auf die vom Deutschen Jugendinstitut München in einem dreijährigen Projekt unter der Leitung von Hans Rudolf Leu erarbeiteten „Übersetzung" der neuseeländischen Konzepte in die deutsche Bildungslandschaft (Leu 2005b, S. 20). Lerndispositionen werden definiert als „Verbindungen von Einstellungen mit Kompetenzen und Wissen" (Leu 2005a, S. 8) und „situationsbezogene Lernstrategien und Fähigkeiten des Kindes in Verbindung mit der individuellen Lernmotivation" (Wolf 2006, S. 1).
[8] Diesen Begriff benutzte Jürgen Reichen auf einer Seminar-Sommerwoche (Soest 1997) für das an anderer Stelle als *didaktische Zurückhaltung* (Reichen 2001, S. 183) beschriebene Phänomen.

(2) Schlüsselsituation

	Aufgabe 1 (7 Vögel / 3+4)			Aufgabe 2 (7 – 5)			Aufgabe 3 (8 + 6)		
1: Prognose Studentin 2: Prognose Lehrkraft 3: „Diagnose" bzw. tatsächliches Ergebnis	1	2	3	1	2	3	1	2	3
Angaben in %	90	80	100	70	0	100	80	0	83,3

Quelle: Notationen der Studentin Elke Barth 27.9.2005

Auf die Frage von mir, wie sich Elke Barth die massive Unterschätzung von Seiten der Lehrkraft erkläre, hatte sie sich bereits Gedanken gemacht:

Elke Barth: Die Kinder haben die Aufgabe anders gelöst als unsere Vorstellung vom Rechnen bei dieser Aufgabe war.

Studentin I: Aufgabe zwei ist gar keine Subtraktionsaufgabe. Die Kinder haben nicht gerechnet, sondern nur die verbleibenden Vögel auf der Leine gezählt.

U.G.: *Wie* sehen Sie, was und wie ein Kind rechnet?

Studentin II: Sie haben nicht „7–5" gerechnet, sondern gezählt (die Vögel auf der Leine).

Quelle: Gedächtnisprotokoll 27.9.2005

(3) Analyse

Die sich mit den Ergebnissen von Grassmann u.a. (2002) deckende Erfahrung der Studierenden, dass sie selbst und auch die Lehrkräfte das Können der Kinder eher unterschätzen, führte in der Seminarreflexion zu der wichtigen Einsicht, dass zur Vorbereitung von Aufgaben für Kinder eine Lernstrukturanalyse (Meyer 2004, S. 55f.) gehört. D.h. es ist Aufgabe der Lehrkräfte, sich die für die Lösung der Aufgaben notwendigen Operationen zu vergegenwärtigen. Nur so können individuelle Lernstandvoraussetzungen mit Aufgaben „optimaler Passung" zusammenkommen. Im vorliegenden Fall sind die Studierenden von einer Subtraktion ausgegangen, bei der der Minuend vom Subtrahenden abzuziehen ist. Nicht im Blick war ihnen die grundsätzlich andere Möglichkeit der Lösung von Subtraktionsaufgaben: die Ergänzung vom Minuenden zum Subtrahenden. Aber auch diese – je nach Aufgabe als leichter empfundene Strategie – brauchte in der bildlichen Darstellung der Vogelaufgabe „7-5" nicht angewandt zu werden. Wer von den Kindern den mathematischen Sachverhalt der Rechengeschichte verstanden und am Bild nachvollzogen hatte, musste nur die zwei auf der Leine verbliebenen Vögel zählen. Dabei ist das „nur" eine Wertung, die übersieht, dass immerhin das Textverständnis (der durch die Studentin mündlich vorgetragenen Aufgabenstellung) vorgelegen haben muss. Denn die Kinder mit den richtigen Lösungen haben weder die fünf Vögel gezählt, die wegfliegen, noch alle Vögel gezählt. Eine Strategie bei der enaktiven oder ikonischen Repräsentation von Subtraktionen ist eben das Zählen der „übrig gebliebenen" Menge. Um den Lösungsweg der Kinder aus deren Perspektive nachzuvollziehen, hätte sich eine Nachfrage beim Kind angeboten.

Welche Schlüsseleinsicht gewährt die Situation?

Die angehenden Lehrerinnen, z.T. im Gespräch mit ihren Mentorinnen, haben sich an dieser Aufgabe ihr Vorverständnis von Subtraktion und wie sie zu „rechnen" sei, bewusst gemacht. Die Besprechung im Seminar konnte verdeutlichen, dass Kinder Lösungsstrategien finden, die den eigenen Vorstellungen der Lehrkraft bisher entgangen sind. Auf diese Weise wurde den Studierenden die Kompetenz der Kinder beim Lösen der Aufgabe bewusst. Wie die Lösungsstrategie im Hinblick auf die anzustrebende Fähigkeit zu bewerten ist, ist eine zweite Frage. In jedem Fall verlangt eine kompetenzorientierte Leistungsrückmeldung die Würdigung der Leistung des Kindes im individuellen Normbezug.

3.4 Kristina Klüver: Zwischen eigener Einsicht und Lösungen anderer – die soziale Konstruktion von Lernen

(1) Die Aufgabensituation

Die Studierenden haben in der zweiten Schulwoche das „Leere Blatt" (Hüttis-Graff & Baark 1996, S. 133) erprobt. Dabei wird den Kindern ein leeres Blatt mit der Aufgabe präsentiert, zu schreiben, was sie schreiben möchten und können. Kristina Klüver hat dabei folgende Situation erlebt.

(2) Die Schlüsselsituation

Zwei Schüler haben Auszüge aus der Fabel *Hase und Igel* notiert. (Die Transkriptionen setzte ich in Klammern).

Laurenz:	EHBSNDA (Ich bin schon da.)
	STAT (Start)
	SIL (Ziel)
Nachbar Nico:	SCHDT (<S> ist im Original spiegelverdreht gesetzt) (Start)
	ZIL (Ziel)
Laurenz:	*sieht Nicos Verschriftungen von „Start" und „Ziel", erkennt sie offensichtlich als dieselben Wörter.*
	Aber Nico hat das so geschrieben.
	Er deutet auf die entsprechenden Verschriftungen.
Kristina Klüver:	Ja, ihr habt es beide richtig geschrieben, so wie ihr das gehört habt.

Laurenz:	Dann schreib' ich das auch noch mal so hin.
	SCHDT (Start)
	ZIL (Ziel)

Quelle: Gedächtnisprotokoll 20.9.2005

(3) Analyse

Was die Didaktik des Schriftspracherwerbs den individuellen Lernwegen der Schreibstrategie des alphabetischen Schreibens (Füssenich & Löffler 2005, S. 67) zugesteht, nämlich die Verschriftungen nach Gehör mit dem je vorhandenen Graphemwissen bzw. Anteilen orthografischer Kenntnis, wird Laurenz zur Frag-Würdigkeit. Es hätte für eine Lehrkraft die Möglichkeit gegeben, an dieser Stelle für Laurenz, beide Schüler oder die gesamte Klasse die Verschriftungen zur Diskussion zu stellen und so einen situationsorientierten Ansatz für die Wissenserweiterung etwa hinsichtlich des Graphems <z> oder der <st>-Regel für die Kinder zu geben, die das schon in ihre Schreibkompetenz integrieren können. Als Praktikantin stand Kristina Klüver diese Möglichkeit nicht zur Verfügung. Dennoch war sie zur Antwort herausgefordert. Genau diese Antwort hat sie im Seminar thematisiert, war sie sich angesichts der Reaktion von Laurenz deren Sinnhaftigkeit nicht mehr sicher.

Ihre Antwort genügt fachdidaktisch und pädagogisch folgenden Kriterien:

Fachdidaktisch formuliert sie das Ziel des freien Schreibens im ersten Schuljahr, zu schreiben, was man hört (unter Beachtung der Phonem-Graphem-Korrespondenz-Regeln wie: alle zu hörenden Laute verschriften; Verschriftung in der Reihenfolge des Sprechens). Genau betrachtet fehlt bei „Start" bei beiden Kindern das <r>, das aufgrund des norddeutschen Dialekts (das s.g. *vokalische oder vokalisierte r*, das mit dem vorausgehende Vokal verschmilzt) nicht zu hören ist. Laurenz verfügt auch schon über das orthografische Wissenselement des <st> für die Lautfolge „scht". Da ist er einen Schritt weiter als Nico, der auch den Vokal <a> noch nicht realisiert hat. Dafür verfügt wiederum Nico über das Graphem <z> für die Lautfolge /ts/ bei *Ziel*, wo Laurenz den Anlaut <t> nicht verschriftet. Eine solche Detailliertheit der Analyse verlangt fortgeschrittenere Ausbildungs- und Berufserfahrung, die Kristina Klüver an dieser Stelle nicht leisten konnte. Es wäre auch die Frage, wie das zum Gegenstand des Gesprächs gemacht werden könnte, ohne die Kinder zu überfordern. Denn wir befinden uns in der zweiten Schulwoche, es ist noch die Zeit der genauen Lernstandsanalysen, um das Leistungsspektrum der Kinder zu diagnostizieren.

Pädagogisch gelingt Frau Klüver in ihrer Kompetenzorientierung die Würdigung der Leistung *beider* Schüler auf dem geforderten Niveau. Dass beides unter der Maßgabe, was zu hören ist, richtig sei, verwirrt allerdings Laurenz. Seine Reaktion macht deutlich, wie er im Rahmen von gelten dürfenden Lösungsmöglichkeiten (Bandbreite individueller Verschriftungen innerhalb der Strategie des alphabetischen Schreibens) nach der sachlich richtigen Variante sucht. Er ist bereit zu sozialer Wissenskonstruktion. Da die Verschriftungen nicht thematisiert werden, sondern nur die

Verschriftungsstrategie (schreiben, was man hört), wählt er den Weg, beide Schreibweisen zu Papier zu bringen.

Welche Schlüsseleinsicht gewährt die Situation?

Es konnte deutlich werden, dass der von Frau Klüver angewandte Blick auf das einzelne Kind und die Würdigung seines fachlichen Könnens an die Grenzen der sozialen Dimension der Lernsituation stieß. Ihre Antwort führte zu einer von ihr so nicht erwarteten Reaktion, die wiederum das Feld für weitere Interventionen bot.

3.5 Mae-Nele Neiß: Strategieermöglichung durch Strukturvorgaben

(1) Die Aufgabensituation

Das Tagespraktikum der ersten Klasse, mit dem die Studierenden das fünfwöchige Schulanfangspraktikum mit einem Hospitations- und Unterrichtstag pro Woche von Oktober bis Februar fortsetzten, hatte im Rahmen der Theorie-Praxis-Integration die Planung, Reflexion und Dokumentation von Fördermaßnahmen[9] zum Schwerpunkt. Für zehn Fördermaßnahmen, die mit einzelnen oder mehreren Kindern durchzuführen waren, legten die Studierenden eine Analyse der Lernmöglichkeiten der geplanten Aufgabenstellung mit Sach- *und* Situationsanspruch vor. Diese Lernstrukturanalyse (s.o.) soll die Studierenden in die Anforderungsstruktur einer Aufgabe unter Einbeziehung und Beachtung der Aufgaben*situation* einführen. Der dafür notwendige analysierende und reflektierende Blick auf Lernmaterial und Aufgabenstellungen kann – gegen eine hier und da anzutreffende „Perforationsdidaktik", die vorschnell Aufgabenangebote kopiert – damit unter der Fragestellung trainiert werden: *Kann das Material/die Aufgabe überhaupt den anvisierten Lernschritt ermöglichen (Diagnose-Förder-Zirkel)?*

Mae-Nele Neiß hat folgende Lernbeobachtung im Rahmen einer mathematischen Fördermaßnahme gemacht.

(2) Die Schlüsselsituation

Der Erstklässler Hassan soll im Bereich Mathematik die Mengenerfassung der Zahl fünf anhand der Fünferbündelung vollziehen lernen. Die Studentin gibt als Lernvoraussetzung an:

(a) Hassan kann verbal bis 20 zählen und die entsprechenden Zahlensymbole lesen;

(b) im angegebenen Zahlenraum gelingen ihm Mengenvergleiche im Sinne der größer/kleiner-Relation;

---

[9] Im Rahmen der Praktikumsanforderungen galten als Fördermaßnahmen alle von den Studierenden vorbereiteten und mit einzelnen Kindern, Kindergruppen oder der gesamten Klasse durchgeführten Unterrichtsangebote, die in klarem Bezug zu ausgeführten Lernvoraussetzungsanalysen standen und mindestens zwanzig Minuten dauerten.

(c) Aufgaben (Anzahlerfassung, Additionsaufgaben) im Zahlenraum von zehn bis 20 kann er durch Abzählen (jeweils ab eins) lösen.

Mae-Nele Neiß legt als Förderidee fest: Fünferbündelung erarbeiten und stabilisieren; Kardinalzahlaspekt (Anzahl bestimmen) erlangen.

Ihr Material und ihre Aufgabenstellung für die Einzelförderung sind: eine große Menge Kastanien, 26 lange Streichhölzer ohne Schwefelkopf, vier DIN A 4 Blätter. Die Arbeitsaufträge lauten:

(a) Lege fünf Kastanien von dem Kastanienhaufen in eine Reihe auf das Blatt. Wie viele Kastanien bleiben übrig?

(b) Ordne jeder Kastanie ein Streichholz zu und lege es unter die Kastanie.

(c) Erwachsene legen das fünfte Streichholz quer über die vier ersten, damit sie schneller erfassen können, wie viele Kastanien es sind.

Diese Aufgabendarstellung vollzieht der Schüler mit den vorgegebenen Zahlen sechs, acht, zehn und zwölf.

Abb. 2: Skizze der von Mae-Nele Neiß und Hassan während der Aufgabenstellung und -lösung gelegten Materialien. (Die Kreise stellen Kastanien dar, die Striche Streichhölzer.)

Quelle: Nachvollzug der Aufgabenlösungen Hassans mit Materialien im Seminar.

Bei der Zahl zehn entdeckt er selbstständig, dass er zwei Mal eine Fünferbündelung vornehmen kann, was er bei der Zwölf wiederholt.

Als Lernmöglichkeiten der Aufgabenstellung formuliert Mae-Nele Neiß:

(a) Üben der Repräsentationsebenen (enaktiv, ikonisch, symbolisch);

(b) aktive Teilnahme am Lernprozess; „lernen über den Handlungsbereich";

(c) Erfassen der Anzahl fünf; Kardinalzahl (Anzahlbestimmung) stabilisieren.

Tatsächlich ermöglicht die Aufgabenstellung, dass Hassan schon beim Herausnehmen von sechs, acht, zehn und zwölf Kastanien verschiedene Strategien anwenden könnte. Er könnte abzählen, simultan erfassen, aufteilen, er könnte die Strategien bei einer Menge auch mischen. Das ermöglicht der Studentin erneut eine Diagnose. Sie beobachtet Folgendes: Bei sechs und acht greift Hassan sofort mit der einen Hand drei, mit der anderen zwei Kastanien; bei zehn nimmt er simultan fünf und noch mal fünf; bei zwölf greift er fünf plus fünf plus zwei.

---

[10] Das rechte fünfte Streichholz wurde zuerst in Eins-zu-Eins-Zuordnung *unter* die entsprechende Kastanie gelegt, *danach* als Bündelungsholz *quer* über die ersten vier, so dass die Darstellung der Fünferbündelung handelnd nachvollzogen werden konnte.

(3) Analyse

Aufgrund der starken Strukturierung der Aufgabe produziert Hassan durch das Handeln mit den verschiedenen Mengen (Kastanien, Streichhölzer) auf der enaktiven Repräsentationsebene stets das gleiche Bildmuster. Die Variation der Aufgabenstellung ist ganz gering, was der Wiederholung zu Gute kommt.

Den Aspekt des selbst Entdeckenden nutzt Hassan ab der Zahl zehn. Beim Aufräumen der Materialien – Frau Neiß hatte die Kastanien bereits eingesammelt – beharrte er darauf, die Gesamtmenge der Streichhölzer zu zählen. Er tat dies auf dem Wege des abkürzenden Zählens[11]: „fünf, zehn, 15, 20, 25 [Bei diesem Fünferschritt hat Hassan die drei und zwei einzeln liegenden Streichhölzer der Zahlen zwölf und acht simultan als fünf erfasst.] und noch eins – 26."

Welche Schlüsseleinsicht gewährt die Situation?

Hassan hat in der durch strukturierte Wiederholung charakterisierten Aufgabenstellung – und möglicherweise *durch* diese strukturierte Wiederholung – erstaunliche Erfolge in der Fünferbündelung und abkürzenden Strategien der Mengenerfassung erlangt. Das von Mae-Nele Neiß angegebene Förderziel hat er in der Lernsituation erreicht, indem sie im Rahmen ihrer Kompetenzorientierung an Hassans Zählkompetenz anknüpft und durch Aufgaben- und Materialstrukturierung Bündelungseinsichten ermöglicht.[12]

4 Fazit

Zusammenfassend sehe ich die Produktivität des Falllernens anhand von Schlüsselsituationen in den theoriebasierten Praxisbegleitveranstaltungen in der Verknüpfung von vier Aspekten:

(1) Die Lernbeobachtung beim Kind wird aufgaben- *und* situationsorientiert dokumentiert. Der Blick für die Vieldimensionalität einer Lernsituation kann dadurch geschärft werden.

(2) Die Dokumentation steht unter der Forderung: beschreiben statt deuten. Hier entstehen nicht selten Widerständigkeiten, weil die Deutung bei vielen als Wahrnehmungshabitus so verankert ist, dass die Suche nach Beschreibungen oft mehrere Anläufe braucht. Denn die Deutungen müssen als solche erst identifiziert werden, um beschreibende Alternativen dazu zu finden.

---

[11] Folgender Hinweis zum Verständnis von Hassans Rechnung ist wichtig: Da Mae-Nele N. für die gleichzeitige Darstellung aller Zahlen auf der ikonischen Ebene nicht genügend Streichhölzer hatte, hatte sie die Streichhölzer von der Darstellung der Zahl zehn für die Zahl zwölf zur Verfügung gestellt, so dass jetzt 26 Streichhölzer da lagen.

[12] Zwei weitere im Lehramtsstudium gesammelte Schlüsselsituationen finden sich im Fallarchiv der Universität Kassel („Benjamin M. und die Zone der nächsten Entwicklung" sowie „Lisa und der Strich im Heft", Graf 2005b und c).

(3) Bei der Analyse wird auf fachwissenschaftliche, -didaktische *und* pädagogische Kenntnisse zurückgegriffen bzw. noch fehlendes nötiges Wissen ergänzt. Hier entsteht ein interdisziplinärer Schnittpunkt in der Arbeit mit dem Kind und für das Kind, der bereits im Studium den späteren alltäglichen professionellen Kontext abbildet.

(4) Der eigene Anteil der subjektiven Sichtweisen als Lernbeobachter bzw. Lernbeobachterin an den Beobachtungsergebnissen wird durch das „Deutungsfasten" bzw. die Beschreibungsverpflichtung sowie durch die Reflexion der Situationen metakognitiv verfügbar gemacht. Dabei entschärft die Bewusstmachung den unreflektierten Einfluss.

Die Reflexionen bedeuten in vielen Fällen ein Stück Persönlichkeitsarbeit: Wahrnehmung und Änderung oder manchmal auch Bestätigung eigener habitueller erziehungswissenschaftlicher und/oder fachdidaktischer Grundmuster. In der skizzierten, Lehr-Lern-Situation basierten und an Schlüsseleinsichten orientierten Deutungsarbeit sehe ich deshalb Lernchancen auf dem Weg zur angestrebten *Kompetenzorientierung als Handlungswissen und als pädagogischer Haltung* (vgl. auch Graf 2005a und 2006) – beides Professionalisierungsaspekte im Rahmen des Bremer Kerncurriculum der Pädagogischen Diagnostik.

Literatur

Carr, Margaret (2001): Assessment in Early Childhood Settings. Learning Stories. London, Thousand Oaks, New Delhi: Sage Publications.

Dehn, Mechthild (1994): Schlüsselszenen zum Schrifterwerb. Arbeitsbuch zum Lese- und Schreibunterricht in der Grundschule. Weinheim und Basel: Beltz.

Florek, Hans-Christian (1999): Leistungsbegriff und pädagogische Praxis. Didaktik Band 5. Münster, Hamburg, London: Lit.

Füssenich, Iris / Löffler, Cordula (2005): Schriftspracherwerb. Einschulung, erstes und zweites Schuljahr. München, Basel: Ernst Reinhardt Verlag.

Graf, Ulrike (2005c): Lisa und der Strich im Heft. In: http://www.uni-kassel.de/fb1/heinzel/fallarchiv/store_faelle/graf_lisa.html.

Graf, Ulrike (2004): Schulleistungen im Spiegel kindlicher Wahrnehmungs- und Deutungsarbeit. Eine qualitativ-explorative Studie selbstreflexiven Leistens im ersten Schuljahr. Hamburg: Kovac.

Graf, Ulrike (2005a): Ausbildung pädagogisch-diagnostischer Kompetenzen im Grundschulstudium. Erprobte Module im „Projekt Schuleingangsdiagnostik" an der Bremer Universität, www.grundschulpaedagogik.uni-bremen.de/Personen/UlrikeGraf.

Graf, Ulrike (2005b): Benjamin M. und die Zone der nächsten Entwicklung. In: http://www.uni-kassel.de/fb1/heinzel/fallarchiv/store_faelle/graf_benjamin.html.

Graf, Ulrike (2006): „Das kann ja nicht sein, dass ein Kind mit sechs Jahren schon so weit ist." Pädagogische Diagnostik in der Bremer Lehrerinnen- und Lehrerausbildung. In: Hinz, Renate / Pütz, Tanja (Hrsg.): Professionelles Handeln in der Grundschule. Entwicklungslinien und Forschungsbefunde. Entwicklungslinien der Grundschulpädagogik Band 3. Baltmannsweiler: Schneider Hohengehren, S. 148-156.

Grassmann, Marianne u.a. (2002): Mathematische Kompetenzen von Schulanfängern. Teil 1. Kinderleistungen – Lehrererwartungen. Potsdamer Studien zur Grundschulforschung. H. 30. Potsdam: Universitätsbibliothek.

Hüttis-Graff, Petra / Baark, Claudia (1996): Die Schulanfangsbeobachtung. Unterrichtsaufgaben für den Schrifterwerb, in: Dehn, Mechthild u.a. (Hg.): Elementare Schriftkultur. Schwierige Lernentwicklung und Unterrichtskonzept. Weinheim und Basel: Beltz.

Langeveld, Martinus J. (1968): Schule als Weg des Kindes. Braunschweig: Westermann.

Leu, Hans Rudolf (2005b): Zur Verknüpfung von Lerndispositionen mit den curricularen Vorgaben in Deutschland. In: Deutsches Jugendinstitut. Bildungs- und Lerngeschichten. Projektzeitung Heft 2. München. Verfügbar über: http://www.dji.de/bildung-lerngeschichten. S. 19f.

Leu, Hans Rudolf (2005a): Stärkung des Lernens – eine zentrale Zielsetzung der Bildungs- und Lerngeschichten. In: Deutsches Jugendinstitut. Bildungs- und Lerngeschichten. Projektzeitung Heft 1. München. Verfügbar über: http://www.dji.de/bildung-lerngeschichten, S. 7f.

Lichtenstein-Rother Ilse / Röbe, Edeltraud (2005): Grundschule. Der pädagogische Raum für Grundlegung der Bildung. Neubearbeitung von Edeltraud Röbe. Weinheim und Basel: Beltz, 181f.

Meyer, Hilbert (2004): Was ist guter Unterricht? Berlin: Cornelsen.

Reichen, Jürgen (2001): Hannah hat Kino im Kopf. Die Reichen-Methode *Lesen durch Schreiben* und ihre Hintergründe für LerherInnen, Studierende und Eltern. Hamburg und Zürich: Heinevetter und Scola.

Röbe, Edeltraud (2000): Die Aufgabe als Brücke zur Leistung. In: Die Grundschulzeitschrift. 14. Jg. H. 135-136, 12-17.

Röbe, Edeltraud (2001): Vom gesellschaftlichen Leistungsdruck zur pädagogischen Leistungsoffensive. Vortrag vom 31.1.2001 an der Pädagogischen Hochschule Schwäbisch Gmünd (Vortragsnotizen).

Wolf, Martin (2006): Bildungs- und Lerngeschichten als Instrument zur Konkretisierung und Umsetzung des Bildungsauftrags im Elementarbereich. Wissen & Wachsen, Schwerpunktthema Naturwissenschaft und Technik, Wissen. Verfügbar über: http://www.wissenundwachsen.de/page_natur.aspx?Page=739cadeb-2e65-47eb-8e3c-5cebf09b9c35.

Ursula Carle

Kind-Umfeld-Analyse als Werkzeug für die Unterrichtsplanung

Kinder leben nicht in einer isolierten Schulwelt. Sie lernen vermutlich sogar außerhalb der Schule mehr als innerhalb. Wir können auch nicht sagen, die Schule liefere ein Exklusivangebot, was sonst nirgendwo zu bekommen ist, wie Oelkers 1995 in seinem Aufsatz "Wie lernt ein Bildungssystem" herausgearbeitet hat. Immer deutlicher wird, dass die Unterstützung eines Kindes in seinem Bildungsprozess nichts typisch Schulisches ist. Es liegt folglich nahe, dass alle Beteiligten zum Wohle des Kindes zusammenarbeiten sollten.

Das einzige hierfür ausgearbeitete unterrichtsbezogene diagnostische Werkzeug im deutschen Sprachraum auf ökosystemischer Basis ist die Kind-Umfeld-Analyse, die allerdings als Instrument für die Feststellung der besten Förderung für ein Kind im Rahmen des sonderpädagogischen Überprüfungsverfahrens entwickelt wurde. Der folgende Beitrag zeigt, dass diese Idee auch für alltägliche Unterrichtsplanung brauchbar ist.

1 Außerschulische Umfeldbedingungen des Kindes als Ressource begreifen

Kinder lernen immer und überall. Deshalb bringt jedes Kind bezogen auf einen Inhalt oder eine schulische Aufgabenstellung bereits Wissen und Erfahrungen aus anderen Kontexten und früher erlebten Situationen mit. Die Lernausgangslage des Kindes erschöpft sich dabei nicht im Fachlichen, sondern betrifft über die Bereiche der Qualifikation hinaus auch die Entwicklung der Bereitschaft, sich selbst Ziele zu setzen, Ressourcen zu ihrem Erreichen zu aktivieren, Erfolge und Misserfolge zu verarbeiten, sich gegenüber konkurrierenden Handlungswünschen abzuschirmen und zielstrebig an einer Fragestellung zu arbeiten (vgl. Artelt, Demmrich & Baumert 2001; Weinert 1994). Es gilt, diese vielfältige Lernausgangslage jedes Kindes als spezielle Ressource für den gemeinsamen Unterricht zu begreifen.

Seine Lernausgangslage stellt das Kind nicht alleine her, vielmehr nimmt das Lebensumfeld des Kindes ontogenetisch und aktualgenetisch beträchtlichen Einfluss auf sein Lernen. So zeigt beispielsweise die als 12-jährige Längsschnittstudie angelegte Mehrebenenanalyse der EPPE – Studie (Effective Preschool and Primary Education[1]), dass sich Einflüsse des Elternhauses, des Kindergartens und der Grundschule gegenseitig verstärken, aber auch aufheben können.

In Deutschland mit seinen relativ geringen Zeiten öffentlicher Bildung im Vor- und Grundschulalter schlagen die Bildungsaktivitäten des Elternhauses doppelt zu

---

[1] EPPE-Homepage [http://www.ioe.ac.uk/schools/ecpe/eppe/eppedesign.htm – 20080108], weitere Studien siehe Mitchell, Wylie & Carr 2008, Rossbach & Weinert 2008, Carle 2008.

Buche: Zum einen besteht die Gefahr, dass Kindern aus schulbildungsfernem Milieu weniger Schulleistung zugetraut wird. Zum anderen sind sie tatsächlich benachteiligt, wenn das, was sie im Elternhaus gelernt haben, auf schulische Aufgaben nicht übertragbar ist. „Der oft geäußerte Vorwurf, dass schulischer Unterricht fernab von den Problemlösekontexten stattfindet, mit denen die Schüler Tag für Tag zu tun haben (Resnick 1987), gilt wohl bereits für das Grundschulalter und hier in besonderem Maße für die Lebenskontexte von niederen sozialen Schichten." (Hany 1997, 400)

Eine Konsequenz aus dieser Erkenntnis könnte sein, dass die Unterrichtsplanung nicht nur die ökosystemischen Einflüsse auf das Kind berücksichtigen, sondern darüber hinaus mit dem Elternhaus, den Vereinen, Kirchen oder anderen Ressourcen im Umfeld kooperieren sollte. Diese Forderung wird plausibel, berücksichtigt man Indikatoren für gute Unterrichtsqualität wie Sinnbezug, Adaptivität, Öffnung und Struktur. Die tatsächlichen Einflussmöglichkeiten des außerschulischen Umfeldes sind insbesondere beim Sinnbezug von Aufgaben, bei den Arbeits- bzw. Lernstrategien und beim sozialen Lernen evident.

In der psychologischen Unterrichtsforschung (Helmke 2003; Wellenreuther 2005) und in der Allgemeinen Didaktik (z.B. Reich 2006, 240) ist folglich das Umfeld einer von mehreren unverzichtbaren Aspekten bei der Planung von Lehr-Lern-Prozessen.

Für Kinder im Vor- und Grundschulalter sind ihre Bezugspersonen und ihr häusliches Umfeld der Lebensmittelpunkt. Dort haben sie Erfahrung und erhalten Zuwendung. Deshalb werden von Kindern solche Aufgaben als besonders sinnhaft empfunden, die für das Umfeld des Kindes bedeutsam sind. Das kann einerseits dadurch erfüllt werden, dass die Eltern oder Geschwister, die Freunde oder die Nachmittagsbetreuung sich für die in der Schule bearbeiteten Aufgaben interessieren und mit dem Kind darüber diskutieren. Die schulische Aufgabe kann so quasi Zugang zum außerschulischen Umfeld gewinnen. Dies setzt allerdings voraus, dass die Bezugspersonen die Aufgaben verstehen und wertschätzen. Andererseits ist es auch denkbar, dass die schulische Aufgabe einen sachlich wichtigen Bereich im Umfeld des Kindes berührt, etwa ein Spiel, das das Kind zuhause hat, eine Kompetenz, die es in der Familie erwerben konnte, oder ein schulisches Projekt, dessen Ergebnis den Eltern vorgestellt wird. Für das Kind persönlich sinnvolle und für die Umgebung bedeutsame Aufgaben zur Verfügung zu stellen setzt voraus, dass die Lehrperson sowohl den Bezug des Kindes zur Lernsache als auch den Bezug zwischen Inhalt und Lebensumfeld des Kindes ernst nimmt.

2 Unterricht selbst als Lernumfeld des Kindes

Ein weiteres wesentliches Merkmal für Unterrichtsqualität ist die Adaptivität, die Angemessenheit bzw. die Passung der Aktionen und Aufgaben zum aktuellen Lernprozess des Kindes. Die Analyse der Lernvoraussetzungen des Kindes ist dafür unabdingbar. Aus der Erwachsenenperspektive ist es schwierig, die Kinder zu verstehen, setzt es doch eine genaue Beobachtung und eine Auseinandersetzung mit den persönlichen Zugängen, Denkweisen, Handlungen und Lernerfolgen des Kindes voraus – und dies bei einer ganzen Klasse voller Kinder, die einer Aufgabe mit unterschiedlichen Lernvoraussetzungen begegnen. Dass gerade die Kinder weniger Beachtung finden, deren aktuelle Lernprozesse für die Lehrperson weniger verständlich sind, ist dabei nicht verwunderlich. Hinzu kommt, dass es für Lehrpersonen ein mindestens genauso großes Problem darstellt, die richtigen Schlüsse aus Beobachtungen zu ziehen. Denn aus der besten Beobachtung lässt sich nicht logisch auf die nötige Fördermaßnahme schließen, weil Kinder im Lernprozess vielerlei Erfahrungen immer wieder neu kombinieren und nicht eins zu eins auf eine Aufgabe reagieren. Lehrerinnen und Lehrer benötigen Erfahrung damit, was wie wirkt, und wenn es nicht wirkt, was dann wirken könnte, um tatsächlich angemessene Aufgaben, aber auch die richtigen Fragen zu stellen. Entscheidend ist, ob an die Kinder hohe, aber noch zu bewältigende Anforderungen gestellt werden. Die Lehrperson muss also bei der Planung wissen, welches Anspruchsniveau die höchst vielfältige Ausgangslage jedes Kindes trifft.

Auch die Schule mit ihren Räumen, Materialien, Regeln und Abläufen ist für das Kind eine Lernumgebung. Um Adaptivität zu ermöglichen und zugleich eine hohe Unterrichtsqualität zu sichern, wird vorgeschlagen, den Unterricht zu öffnen und zugleich für das einzelne Kind und seinen Lernprozess Klarheit bzw. Strukturiertheit der Lernangebote und der Lernunterstützung sicherzustellen. Es stellt sich also die Frage, welche Mittel geeignet sind, um eine effiziente Klassenführung, transparente Steuerung und das Ausschöpfen der Lernzeit abzusichern, ohne die Lernwege der Schülerinnen und Schüler zu dominieren. So sollte im Unterrichtsablauf Zeit eingeplant werden, um auf die einzelnen Schülerinnen und Schüler eingehen zu können. Der Raum muss lernfreundlich gestaltet werden, hat er doch signifikanten Einfluss auf das Lernen der Kinder (Wall u.a. 2008). Ziel ist es, eine inspirierende Atmosphäre und einen reflexiven Leistungssog in der Klasse zu erzeugen.

Allerdings ergibt sich erst im zielorientierten Zusammenspiel aller Faktoren, d.h. mit der stimmigen Koppelung der Unterrichtsqualitätsaspekte in der jeweiligen Unterrichtspartitur, guter Unterricht. Dabei ist zu berücksichtigen, dass die Ziele der Akteure sich je nach persönlicher Re-Definition der Aufgaben unterscheiden. So kann diese z. B. darin bestehen, möglichst viele Aufgaben richtig abzuarbeiten, oder darin, sich intensiv mit einer Sache auseinander zu setzen. Ein Kind kann die gestellte Aufgabe als Auftrag werten, sich daraus eine eigene neue Aufgabe zu formulieren, ein vorgegebenes Pensum zu erfüllen oder ein sich stellendes Problem zu lösen. Im besten Fall kann es eine Übung als Gelegenheit zur Vervollkommnung seiner Fähigkeiten und Fertigkeiten begreifen, im schlechtesten Fall als unnötige Schikane. Das Kind kann in der Aufgabe ein ihm bekanntes Unterrichtsformat erkennen, z. B. Werkstattunterricht, und dieses nach seinem diesbezüglichen Kenntnisstand nutzen.

Bei der Unterrichtsplanung werden diese Aspekte vorweg durchdacht. Für eine hilfreiche langfristige Planung spielt vor allem ein pädagogisches Gesamtkonzept eine wichtige Rolle, eine klare Vorstellung davon, wie Kinder lernen und wie dieses Lernen durch Lehrerinnen und Lehrer und eine gestaltete Lernumgebung angemessen unterstützt werden kann. Das Umfeld des Kindes spielt dabei gewollt oder ungewollt eine bedeutsame Rolle. Es als Ressource und nicht als Widersacher zu begreifen, ist der Schlüssel für die Türe zwischen Sache und Kind.

3 Kind-Umfeld-Analyse als Teamdiagnose und Fördergrundlage

Die Kind-Umfeld-Analyse geht davon aus, dass ein Kind in verschiedenen Systemen lebt, die sich miteinander mehr oder weniger im Austausch befinden. Jedes dieser Systeme wird als veränderbare Bedingung kindlicher Entwicklungsmöglichkeiten betrachtet. Es wird mit davon ausgegangen, dass das Kind durch tätige und reflektierte Auseinandersetzung mit der Welt lernt und eine immer differenziertere, verlässlichere Vorstellung von der Welt gewinnt. Die kindliche Umwelt ist so zugleich Bedingung der kindlichen Entwicklung, Aneignungsziel und als Quelle der tätigen Auseinandersetzung Entwicklungsmotor (Bronfenbrenner 1981, 44). Die Kind-Umfeld-Analyse dient dazu, diesen Entwicklungszusammenhang transparenter und damit für eine Förderplanung zugänglicher zu machen.

Bevor alltägliche Möglichkeiten unterrichtsbezogener Förderplanung skizziert werden, wird im Folgenden zunächst die traditionelle Form der Kind-Umfeld-Analyse im Entscheidungsverfahren, ob ein Kind in einer Sonderschule oder in einer integrativen Klasse unterrichtet werden soll, dargestellt. Sie zielt u.a. darauf, die Ressourcen des Umfeldes herauszufinden und für das Kind zu nutzen. Dabei diente (und dient) das gutachterliche Ergebnis aus einer Kind-Umfeld-Analyse als Vorlage für einen Förderausschuss, der auf Antrag – zumeist der Eltern oder der Allgemeinbildenden Schule – gebildet werden kann. Gegenüber der Schulaufsichtsbehörde soll dieser Ausschuss, dem i.d.R. eine Vertreterin bzw. ein Vertreter der Schule, der Schulaufsicht und des Kindes angehören, auf der Grundlage dieses Gutachtens eine Empfehlung erarbeiten.

Man geht bei dieser Konstruktion vor allem davon aus, dass verschiedene Expertinnen und Experten zu einer geeigneten Interpretation der Diagnoseergebnisse kommen, mit denen die individuellen Ressourcen und Schwächen des Kindes herausgearbeitet werden können. Vor allem von den Eltern, Pädagoginnen und Pädagogen, die das Kind schon lange kennen, wird erwartet, dass sie auch Ansatzpunkte für eine Förderung des Kindes benennen können. Hildeschmidt & Sander (1987, 105) entwickelten einen Leitfaden für die Kind-Umfeld-Diagnose (Synonym zu Kind-Umfeld-Analyse). Er soll dem Förderausschuss unabhängig davon, ob bereits irgendwelche Gutachten vorliegen, Anhaltspunkte für eine förderungsbezogene Diagnose liefern, anhand derer schließlich eine Empfehlung bezüglich der Einschulungsentscheidung getroffen werden kann.

Danach gilt es herauszufinden, welche Entwicklungsmöglichkeiten (immer auf ein konkret zu lösendes Problem bezogen) diese Personen und Institutionen dem Kind bisher geboten haben und wo darüber hinaus Ressourcen vermutet werden können. Das betrifft auch die Schule selbst bzw. den Kindergarten. Schließlich werden die für das Kind unter Berücksichtigung seiner eigenen Ressourcen und derer des Umfeldes anstehenden Entwicklungsaufgaben erarbeitet.

Die Förderausschussmitglieder fungieren als Expertinnen und Experten für die Verhältnisse im jeweiligen Umfeld. Das setzt voraus, dass sie sich die Umfeldstrukturen bewusst machen, um darüber sprechen zu können. Das Verfahren der Teamdiagnose soll helfen, die Lebensrealität des Kindes angemessener zu erfassen. Dabei soll die hinter den Entwicklungszusammenhängen stehende Komplexität, also die vielfältigen Beziehungen zwischen den verschiedenen individuellen und damit (im Sinne Bronfenbrenners) zugleich sozialen Entwicklungsbereichen stärker hervortreten. So beleuchtet das Team die Bedingungen der Tätigkeit des Kindes in seinen verschiedenen Lebensfeldern und fragt nach Verbesserungsmöglichkeiten. Nicht nur in der Familie, sondern auch in der Schulklasse schlägt der Förderausschuss Veränderungen vor. Gelingt dieser Prozess, so wird die Kind-Umfeld-Analyse auch zu einer geeigneten Planungsgrundlage für den Unterricht.

In der Praxis gibt es allerdings zahlreiche Problempunkte, die eine gute Zusammenarbeit behindern. So geht der Anstoß für die Einrichtung eines Förderausschusses oft nicht von den Eltern, sondern allein von der Lehrkraft aus, die sich unsicher ist, wie sie mit dem Kind weiter verfahren soll. Die zuständige Stelle (Schulleitung oder Schulaufsicht) beruft den Förderausschuss ein und übernimmt den Vorsitz. Über diese Konstruktion reproduziert sich die Hierarchie des Schulsystems bis in den Förderausschuss hinein, ohne dass diejenigen Stellen beteiligt sind, die über die Sicherung der notwendigen Ressourcen für eine verbesserte Förderung entscheiden können. Sieht man die Zusammensetzung des Förderausschusses vor dem Hintergrund gegenseitiger Vorbehalte der Beteiligten, dann wird deutlich, wie schwierig im Einzelfall die Ausgangslage des Gremiums sein kann. Denn nicht nur schulinterne Machtstrukturen sind für eine kooperative Zusammenarbeit zu überwinden. Auch zwischen Schule und Familie liegt in festgefahrenen gegenseitigen Erwartungen ein starkes Veränderungshemmnis. Lehrkräfte erwarten von Familien, dass sie dem Kind ein ideales Umfeld bieten. Gibt es Anzeichen dafür, dass die Familie diesem Idealbild nicht gerecht wird, dann wird den häuslichen Verhältnissen schnell die Schuld an schulischen Problemen des Kindes zugewiesen.

Probleme gibt es ebenso, wenn eine deterministische Grundhaltung und geringe reflektierte Erfahrung über geeignete Interventionen auch bei den Lehrerinnen und Lehrern vorliegen.

In einer deterministischen Grundhaltung liegt nachweislich eine Quelle für denjenigen Fehler, dass gut gemeinte Aktionen oft auf pauschalen und nicht belegten Vorannahmen beruhen und letztlich nicht zur Förderung des Kindes, sondern zu seiner Selektion beitragen (Gomolla & Radtke 2002; Kottmann 2006). Gerade in Diskussionsgruppen besteht die Gefahr, dass sich tradierte Grundhaltungen in ihrer Wirkung potenzieren, quasi durch die gut gemeinte Einigung auf den kleinsten gemeinsamen Nenner. Es ist also erforderlich, mehr zu tun, als nur auf die Wohnbedingungen, die Herkunft sowie die sprachlichen und kulturellen Voraussetzungen zu achten. Ziel der Kind-Umfeld-Analyse ist es, nicht Defizite des Kindes und des Umfeldes aufzudecken, sondern bisher nicht genutzte Ressourcen zu finden, die für einen konkreten Lernprozess des Kindes aktiviert werden können.

Es reicht also in einem solchen Gremium nicht aus, Expertin bzw. Experte für eines der Lebensfelder des Kindes zu sein, um das Kind angemessen vertreten zu können. Es ist in der Regel ein hoher Vertrauensvorschuss der Eltern in die Lehrpersonen erforderlich, die Expertinnen und Experten für Diagnostik, für Gruppendynamik, für Handlungsforschung und für die Entwicklungswege von Kindern sind, die Kenntnisse über das Schulsystem und insbesondere über die aufnehmende und abgebende Schule und über Fördermöglichkeiten besitzen. Oft fällt es Mitgliedern schwer, sich in einem bezüglich der genannten Kompetenzen vielfältig zusammengesetzten Team als gleichwertig Beteiligte zu betrachten. So besteht die Gefahr, dass einzelne Teammitglieder sich als Forscher/innen, andere sich als Beforschte definieren und damit im kooperativen diagnostischen Prozess die Macht an sich reißen oder an Macht verlieren. Diese Probleme sind aus der Handlungsforschung hinreichend bekannt.

Vertrauen gewinnen Eltern leichter, wenn nicht nur diagnostiziert wird, sondern zugleich praktische Hilfen für das Kind erarbeitet werden (Kornmann 1991). Die Sonderschullehrkraft muss ihre gewohnte Expertinnenrolle zeitweise zugunsten der neuen Expertenrolle der Eltern zurücknehmen. Dies bringt bei beiden eine gewisse Distanzierung von der eigenen Rolle mit sich und enthält daher die Chance einer veränderten Beobachterposition mit der Folge einer partiellen Bewusstwerdung bislang nicht bewusster Zusammenhänge. So könnte im Idealfall der Arbeitsprozess im Förderausschuss nicht nur Diagnoseergebnisse im vordergründigen Sinne erbringen, sondern darüber hinaus bei allen Beteiligten einen Reflexionsprozess über das eigene Handeln in Gang setzen und Routinen zugänglich und bearbeitbar machen. Der teamdiagnostische Prozess bereitet somit die Anwendung und Erprobung der geplanten Förderung auf zwei Ebenen vor: erstens durch eine zielgerichtete Planung von Fördervorhaben für das Kind und Suche nach geeigneten Handlungsstrategien (inklusive Umbau von Rahmenbedingungen) und zweitens durch die Fokussierung des Interesses der Beteiligten auf eine Verbesserung ihrer eigenen Tätigkeit im jeweiligen Mikrosystem (z.B. Familie, Schulklasse).

4 Kind-Umfeld-Analyse im Alltag

In der Kind-Umfeld-Analyse bilden also Pädagoginnen und Pädagogen ein förderdiagnostisches Team mit Bezugspersonen des Kindes. Über das gemeinsame Ziel, hier die bessere Förderung des Kindes, muss im Team Konsens herrschen, gleichgültig, ob es sich um einen Förderausschuss oder um eine andere Form der Kooperation zwischen Lehrpersonen und privater Bezugspersonen des Kindes handelt. Entscheidend für eine gute Kooperation ist die gegenseitige Akzeptanz der unterschiedlichen Sichtweisen und Erfahrungshintergründe – als unterschiedliche Beiträge für den Weg zum gemeinsamen Ziel. Das kann gelingen, wenn die Deutungen der einzelnen Beteiligten nicht zu grundsätzlich voneinander abweichen, also für den jeweils anderen noch akzeptabel sind. Starke Diskrepanzen lassen sich manchmal auch auf methodische Schwächen zurückführen. Wenn nicht geklärt werden kann, woher solche unterschiedlichen Sichtweisen kommen, darf das nicht unter den Tisch fallen, sondern muss für die Endauswertung festgehalten werden. Das Gütekriterium "Hinzuziehung alternativer Perspektiven" (Altrichter & Posch 1994) ist also nicht alleine durch die Anwesenheit unterschiedlicher Personen erfüllt, sondern die unterschiedlichen Perspektiven müssen außerdem nachvollziehbar festgehalten werden, um spätere Neubewertungen vornehmen zu können. Dasselbe gilt auch für die Erprobung der geplanten Maßnahmen. Fehlt ein geeignetes Protokoll, das die Verläufe nachvollziehbar festhält, dann ist keine Überprüfung in der Praxis oder im Förderausschuss möglich.

Gemeinsam entwickelte Förderstrategien beziehen sich nicht isoliert auf unterrichtliche Angebote, sondern darüber hinaus auf die notwendige Veränderung der schulischen und privaten Rahmenbedingungen. Bedenkt man dies mit, so wird nochmals deutlich, wie wichtig ein stabiles Vertrauensverhältnis im Diagnoseteam ist.

Durch die Kooperation einiger Bezugspersonen des Kindes mit der Schule wird das Ergebnis des diagnostischen Teams in das jeweilige Lebensfeld mitgenommen und (zur Erfüllung des Teamziels) dort umzusetzen versucht. Im optimalen Fall besteht während der Umsetzung der Kontakt zwischen den Bezugspersonen des Kindes und der Schule weiter, so dass ein Austausch über Veränderungen erfolgen kann. Ideal wäre ein regelmäßiger Kontakt zwischen Schule und Bezugspersonen des Kindes.

5 Zukunftsaussichten: Kind-Umfeld-Analyse als förderdiagnostisches Werkzeug für eine Schule im Umfeld

Traditionell wird davon ausgegangen, dass die Lehrperson allein den Unterricht vorausplant. Allenfalls werden die Kinder gedanklich in die Planung einbezogen. Eine individualdiagnostische Unterfütterung in diesem Kontext wiederum zielt lediglich darauf, diese Planung hinsichtlich der antizipierten Lernschritte des Kindes sicherer zu machen. Ökosystemisch betrachtet ist diese Planungssicherheit für kleine Vermittlungsschritte dagegen allenfalls eine randständige Aufgabe der Unterrichtsplanung. Ganz verschiedene Systeme sind mehr oder weniger indirekt beteiligt am Lernen der Kinder und oftmals bedeutsamer als die Schule. Will man die Bedingungen kindlichen Lernens verbessern, kommt man folglich nicht umhin, Kooperationen – oder systemisch: strukturelle Koppelungen – in die anderen Systeme hinein zu suchen und eine stärkere Vernetzung der verschiedenen Mikrosysteme anzustreben.

Diesen zweiten Möglichkeitsraum schulischer Unterrichtsplanung systematischer zu erweitern, dafür könnte die Kind-Umfeld-Analyse taugen. Es ist zu spät, erst mit dem außerschulischen Umfeld zusammenzuarbeiten, wenn irgendwelche Störfälle vorliegen, deren Ursachen man dort vermutet. Nicht zu vergessen ist, dass auch die Klasse und die Schule selbst für das Kind wichtige Mikrosysteme darstellen.

Nun ist ein Set verschiedener Planungswerkzeuge in diesem Zusammenhang denkbar. Für die Exploration der Möglichkeiten könnte das Werkzeug einen Fragenkatalog enthalten. Dieser könnte zunächst Einrichtungen oder Personen erfragen, die zum Umfeld eines oder mehrerer Kinder gehören und mit denen im Unterricht kooperiert werden kann. Jeder dieser Bereiche hat Bezüge zur Sachstruktur des schulischen Angebots, zur Sozialstruktur der Lerngruppe und zur Handlungsstruktur bzw. Tätigkeitsstruktur. Ein Explorationswerkzeug müsste Fragestellungen aus diesen drei Perspektiven enthalten.

Fragestellungen zur Erschließung des Zusammenhangs zwischen der Thematik des jeweiligen Mikrosystems und schulischen Inhalten, hier am Beispiel eines Vereins, könnten sein:

- Welche Kinder der Klasse sind in dem betreffenden Verein aktiv?
- Womit beschäftigt sich der Verein, in dem das Kind mitmacht?
- Gibt es Bezüge zwischen den für das Kind dort interessanten Inhalten und in nächster Zeit aktuellen unterrichtlichen Inhalten?
- Welchen Sinn und welche Bedeutung haben diese Inhalte innerhalb der Lebenssituation des Kindes bzw. der Kinder?
- Welche konkreten Erfahrungsmöglichkeiten bietet der Verein?
- Was sind die wesentlichen entwicklungsförderlichen Möglichkeiten, die der Verein dem Kind bietet?
- Kann das Kind den Unterricht mit seinen Erfahrungen aus dem Verein bereichern? Mit welchen?
- Welche Kooperationsmöglichkeiten bietet der Verein dem Kind, welche kann das Kind der Klasse als Lerngemeinschaft vermitteln?
- Bietet der Gegenstand solcher Kooperationen auch anderen Kindern Möglichkeiten zu einer längerfristigen sinnvollen Betätigung außerhalb der

Schule und über die eigentliche Dauer des Projektes oder Vorhabens hinaus?
- Welche weitergehenden Kontakte würde die Kooperation mit dem Verein bieten, z.B. zu den Eltern, die dort aktiv sind?
- Welches Material und Wissen muss zur Beantwortung dieser Fragen beschafft und herangezogen werden?
- Wer kann dabei helfen?

Das Inventar der Kind-Umfeld-Analyse von Hildeschmidt & Sander (1987) enthält nichts anderes als solche Fragen, freilich auf den spezifischen Zusammenhang zugeschnitten. Es bietet sich an, die nicht auf das einzelne Kind bezogenen Informationen zu sammeln, damit sie später wieder verwertet werden können. In einer meiner Kooperationsschulen haben Kinder selbst anhand von Leitfragen auf Karteikarten ihre Erfahrungen und Handlungsmöglichkeiten im Stadtteil für andere Schülerinnen und Schüler protokolliert.

Meines Erachtens müsste jedoch ein Kind-Umfeld-Analyse-Werkzeug, das für die Unterrichtsplanung attraktiv sein soll, über solche Explorationshilfen hinaus auch Planungshilfen für die Abläufe von Kooperationen bieten. Auch das kennen wir aus solchen Bezügen, die bereits gut ausgearbeitet sind. Außerschulische Lernstandorte, Referenzschulen etc. verfügen in der Regel über solche Hilfen (Carle o.J.).

Ein ernstzunehmender Einwand ist, meine Vorschläge seien zu aufwändig. Wie soll eine Lehrperson nun auch noch mit allen möglichen Personen und Institutionen zusammenarbeiten? Der normale Unterricht ist ja kaum zu schaffen. Möglicherweise ist der normale Unterricht gerade wegen seiner schmalen Sicht und seiner auf die einzelne Lehrperson zentrierten Planung nicht zu schaffen. Das Umfeld müsste eigentlich – ökosystemisch betrachtet – eine immense Ressource darstellen. Die Kind-Umfeld-Analyse müsste dafür aber weiter ausgearbeitet werden, soll sie tatsächlich den Charakter eines Werkzeugs gewinnen.

Literaturverzeichnis

Altrichter, Herbert / Posch, Peter (1994): Lehrer erforschen ihren Unterricht. Eine Einführung in die Methoden der Aktionsforschung. 2. bearb. Auflage. Bad Heilbrunn: Klinkhardt.

Artelt, Cordula / Demmrich, Anke / Baumert, Jürgen (2001): Selbstreguliertes Lernen. In: Deutsches PISA-Konsortium (Hrsg.): PISA 2000. Basiskompetenzen von Schülerinnen und Schülern im internationalen Vergleich. Opladen: Leske und Budrich, 271-298.

Bronfenbrenner, Urie (1981): Die Ökologie der menschlichen Entwicklung. Stuttgart: Klett-Cotta (USA 1979).

Carle, Ursula (1997): Kind-Umfeld-Diagnose zwischen schulischem Handwerkszeug und qualitativem Forschungsprozess. In: Friebertshäuser, Barbara / Prengel, Annedore

(Hrsg.): Handbuch qualitativer Forschungsmethoden der Erziehungswissenschaft. Weinheim: Juventa, 711-730.

Carle, Ursula (o.J.): Thüringer Qualitätsinstrumente für die Schuleingangsphase. URL: http://www.tqse.uni-bremen.de/lernendurchbesuchen. html (zuletzt: 06.07.2008).

Carle, Ursula / Metzen, Heinz / Berthold, Barbara / Wenzel, Diana (2008): Anfangsunterricht in der Grundschule. Beste Lernchancen für alle Kinder. Gutachten für die Enquetekommission II des Landtags Nordrhein-Westfalen "Chancen für Kinder". Düsseldorf: Landtag NRW.

Gomolla, Mechtild / Radtke, Frank-Olaf (2002): Institutionelle Diskriminierung. Die Herstellung ethnischer Differenz in der Schule. Opladen: Leske und Budrich.

Hany, Ernst A. (1997): Entwicklung vor, während und nach der Grundschulzeit: Literaturüberblick über den Einfluss der vorschulischen Entwicklung auf die Entwicklung im Grundschulbereich. In: Weinert, Franz E. / Helmke, Andreas (Hrsg.): Entwicklung im Grundschulalter. Weinheim: Beltz, 391-403.

Helmke, Andreas (2003): Unterrichtsqualität – erfassen, bewerten, verbessern. Seelze: Kallmeyersche Verlagsbuchhandlung.

Hildeschmidt, Anne / Alfred Sander (1987): Zur Kind-Umfeld-Diagnose als Grundlage schulischer Integrationsentscheidungen. In: Lehrer und Schule heute 38. Jg. H. 4, 103-105.

Kornmann, Reimer (1991): Veränderungen des Gegenstandsbezugs als Indikator kognitiver Entwicklung und Möglichkeiten ihrer förderungsbezogenen diagnostischen Erfassung. Heilpädagogische Forschung, 17. Jg., H. 4, 184-191.

Kottmann, Brigitte (2006): Selektion in die Sonderschule: Das Verfahren zur Feststellung von sonderpädagogischem Förderbedarf als Gegenstand empirischer Forschung. Bad Heilbrunn: Klinkhardt

Mitchell, Linda / Wylie, Cathy / Carr, Margaret (2008): Outcomes of Early Childhood Education: Literature Review. Report prepared for the Ministry of Education. New Zealand: Council of Educational Research.

Oelkers, Jürgen (1995): Wie lernt ein Bildungssystem? In: Die Deutsche Schule 87. Jg., H. 1, 4-20.

Reich, Kersten (2006): Konstruktivistische Didaktik. Lehr- und Studienbuch mit Methodenpool. Weinheim: Beltz.

Resnick, Lauren B. (1987): Education and learning to think. Washington D.C.: National Academy Press.

Rossbach, Hans-Günther / Weinert, Sabine (2008) (Hrsg.): Kindliche Kompetenzen im Elementarbereich: Förderbarkeit, Bedeutung, Messung. Berlin: BMBF.
URL: http://www.educationcounts.govt.nz/publications/ece/25158/248009 (zuletzt: 06.07.2008)

Wall, Karl / Dockrell, Julie / Peacey, Nick (2008): Primary Schools: the Built Environment. Primary Review Research Survey 6/1
URL: http://www.primaryreview.org.uk/Downloads/Int_Reps/9.Teaching-learning/RS_6-1_report_160508_Built_environment.pdf (zuletzt 06.07.2008).

Weinert, Franz E. (1994): Entwicklung und Sozialisation der Intelligenz, der Kreativität und des Wissens. In: Schneewind, Klaus A. (Hrsg.): Psychologie der Erziehung und Sozialisation. Göttingen: Hogrefe, 259 – 284.

Wellenreuther, Martin (2005): Lehren und Lernen – aber wie? Empirisch-experimentelle Forschungen zum Lehren und Lernen im Unterricht. 2. korrigierte und überarbeitete Auflage. Baltmannsweiler: Schneider Verlag Hohengehren.

II. Bereichspezifische Diagnostik und Lernförderung im Elementar- und Primarbereich

Sprach- und Schriftspracherwerb

Petra Schulz

Erstspracherwerb Deutsch: Sprachliche Fähigkeiten von Eins bis Zehn[1]

„Das ist so ein Luftkissen, das rauskommt an der Seite, wenn man ein' Unfall hat, dass man sich nicht weh tut." Das Kind, das hier den Begriff ‚Airbag' inhaltlich und sprachlich souverän erklärt, ist noch nicht einmal vier Jahre alt.

Vergleicht man diese Sprachkompetenz mit der fremdsprachlichen Kompetenz von Erwachsenen, liegt der Schluss nahe, dass Kindern der Erwerb ihrer ersten Sprache, der Muttersprache, scheinbar mühelos und in bemerkenswert kurzer Zeit gelingt. So gehen viele Spracherwerbsforscher für den Erwerb des Deutschen davon aus, dass Kinder die grammatische Struktur und das phonologische System in der Regel bereits am Ende des vierten Lebensjahres erworben haben (vgl. Rothweiler 2002). Andererseits wird häufig betont, dass der Spracherwerb ein lebenslanger Prozess ist, also mit dem Grundschulalter keinesfalls als abgeschlossen gilt (z.B. Klein 1992). Dafür spricht beispielsweise die folgende Äußerung einer Erstklässlerin beim Betrachten eines Bildes, auf dem Pippi Langstrumpf ein Haus in Flammen sieht: "Komisch, die Pippi sieht so beruhigt aus". Die subtilen Bedeutungsunterschiede zwischen *beruhigt* und *ruhig* kennt dieses Kind bei Schulanfang noch nicht.

Über welche sprachlichen Fähigkeiten verfügen also Kinder am Schulanfang? Lassen sich für die verschiedenen Ebenen des Sprachsystems verschiedene Fähigkeiten feststellen? Und welche sprachlichen Fähigkeiten werden erst im Grundschulalter erworben bzw. weiter ausdifferenziert? Diese Fragen werden in Abschnitt 2 anhand zentraler Studien in ausgewählten Bereichen der Spracherwerbsforschung diskutiert. Zunächst gilt es jedoch zu klären, was 'sprachliche Fähigkeiten' sind, wie sie entstehen und wie sie sich verändern. In Abschnitt 1 wird argumentiert, dass sprachliche Fähigkeiten das – häufig nur implizit zugängliche – Wissen über in der Muttersprache zulässige Strukturen und deren Interpretation umfassen und dass sich dieses Wissen aufgrund sprachspezifischer Gegebenheiten entwickelt und verändert. Abschnitt 3 zeigt Implikationen für die Diagnose und Förderung sprachlicher Fähigkeiten am Schulanfang auf.

Nicht alle Kinder erwerben ihre Muttersprache ohne Probleme. So zeigen sich Beeinträchtigungen im Spracherwerb beispielsweise aufgrund einer hochgradigen Hörschädigung oder aufgrund einer spezifischen Sprachentwicklungsstörung, d.h. Spracherwerbsproblemen ohne andere primäre Beeinträchtigungen (vgl. Grimm 1999; Schulz 2007). Viele Kinder wachsen zudem mit mehr als einer Sprache auf (vgl. Jeuk in diesem Band). Im Mittelpunkt dieses Kapitels stehen Kinder, die monolingual aufwachsen und sich sprachlich unauffällig entwickeln.

---

[1] Für detaillierte und hilfreiche Kommentare zu früheren Versionen dieses Artikels danke ich Paul Abbott, Anja Kersten, Anja Kieburg, Daniela Ofner, Julia Ose, Rosemarie Tracy, Ramona Wenzel und den beiden Herausgeberinnen.

1 Eine Sprache erwerben oder lernen? Entstehung und Veränderung sprachlicher Fähigkeiten

Kinder erwerben ihre Muttersprache – anders als das Radfahren oder das Binden einer Schleife – nicht nur relativ früh, sondern auch ohne explizite Unterweisung. Im Gegensatz zum späteren Fremdsprachenlernen wird die Erstsprache nicht bewusst erlernt, sondern scheinbar mühelos erworben. Diese Tatsache erscheint umso erstaunlicher als das Sprachsystem sehr komplexen Gesetzmäßigkeiten unterliegt. So existiert zwischen Form und Funktion häufig keine Eins-zu-Eins-Beziehung. Das Suffix *-er* hat beispielsweise mehrere Funktionen. Es dient der Markierung des Komparativs wie in *später*, der Markierung der maskulinen Form bestimmter Nomen wie *Lehrer* und der Markierung des Plurals wie bei *Kinder*. Darüber hinaus bleiben viele der Regeln für zulässige Sprachstrukturen im Normalfall implizit. Sprecher des Deutschen sind sich beispielsweise einig, dass die Frage *Wen hat Peter die Mutter mit gesehen?* ungrammatisch ist (obgleich inhaltlich als Frage nach dem Begleiter der Mutter möglich), können aber im Normalfall nicht erklären warum. Schließlich beinhaltet jede Sprache die Möglichkeit mehrdeutiger Sätze, die sich lediglich aufgrund der zugrunde liegenden Struktur als solche beschreiben lassen. Beispielsweise lassen Sätze wie *Arbeit schafft man nicht mit links* oder *Der Herzog traf den Grafen mit dem Schwert* mehr als eine Interpretation zu, die sich aus der bloßen Abfolge der Wörter nicht ableiten lassen.

Die Aufgabe des Spracherwerbs wird weiterhin dadurch erschwert, dass systematische Korrekturen durch Erwachsene fehlen (vgl. Tracy 1990) und dass das Sprachangebot der Umgebung naturgemäß nur einen Ausschnitt der möglichen Sätze einer Sprache umfasst. Wie kann das Kind trotzdem dieses komplexe Sprachsystem erwerben? Diese Frage wird auch als Lernbarkeitsproblem bezeichnet (Chomsky 1988). Einen Hinweis zur Beantwortung liefert die Tatsache, dass Kinder – wie Erwachsene – Äußerungen produzieren und verstehen können, die sie nie zuvor gehört haben: *Sauberfrau* für ‚Putzfrau', *stoffen* für ‚Stoff aufkleben' oder *Du hast mich ausgelügt* statt ‚Du hast mich angelogen'. Diese sprachliche Fähigkeit ist mit einem bloßen Memorieren von Laut- und Satzmustern nicht zu erklären. Vielmehr erwirbt das Kind aufgrund der Analyse des sprachlichen Inputs ein meist implizites Wissen darüber, welche Strukturen mit welchen Interpretationen in seiner Muttersprache zulässig sind. Nur dieses abstrakte Regelwissen ermöglicht es dem Kind auch kreativ Äußerungen zu produzieren, die es nie gehört hat. Die oben genannten Äußerungen folgen Regeln des Deutschen, obwohl sie von der Zielsprache in bestimmter Weise abweichen. So folgt die Form *gelügt* der Partizipbildung regelmäßiger Verben wie *gefragt* von *fragen*. Das Kind ‚kennt' also die Regel für die Partizipbildung regelmäßiger Verben und wendet sie inkorrekterweise auf ein unregelmäßiges Verb wie *lügen* an. Dagegen sind andere theoretisch ebenso denkbare Abweichungen wie beispielsweise zufällige Wortstellungen (*Papa der mir gibt Brot*) in der Kindersprache nicht belegt. Beide Aspekte weisen darauf hin, dass der Erstspracherwerb durch bestimmte Prinzipien oder Fähigkeiten vorstrukturiert ist, so dass viele Fehler, also inkorrekte Hypothesen über die Zielsprache, gar nicht erst erprobt werden. Die verschiedenen Erklärungsansätze der Spracherwerbsforschung unterscheiden sich u.a. darin, ob diese Prinzipien angeboren oder erworben sind und wie sprachspezifisch die genetische Prädisposition für den Spracherwerb ist (vgl. Klann-Delius 1999).

Die Entwicklung sprachlicher Fähigkeiten wird folglich ausgelöst durch eine spezifisch menschliche Fähigkeit zum Spracherwerb. Wie aber verändern und erweitern sich sprachliche Fähigkeiten im Verlauf des Spracherwerbs? Diese Frage betrifft das so genannte Entwicklungsproblem, d.h. die Fragen, warum sich der Spracherwerb über mehrere Jahre erstreckt und wie sich die Sequenz der einzelnen Entwicklungsphasen erklären lässt. Alle Erklärungsansätze sind sich darin einig, dass eine sprachliche Umgebung, z. B. durch Eltern, Geschwister und Gleichaltrige, notwendig für den Spracherwerb ist. Sie unterscheiden sich jedoch in dem Stellenwert, den der sprachliche Input für den Spracherwerbsverlauf hat. So wurde argumentiert, dass die Häufigkeit, mit der das Kind eine bestimmte Struktur hört, Einfluss auf den Zeitpunkt des Erwerbs hat (vgl. Tomasello 2000). Die Tatsache, dass bestimmte Phänomene wie beispielsweise die Funktion von *aber* und *sondern* generell spät erworben werden (vgl. Abschnitt 2.4), obwohl sie im Input nicht selten sind, spricht jedoch gegen einen engen Zusammenhang zwischen Input und kindlichen Sprachfähigkeiten. Wahrscheinlicher ist die Annahme, dass komplexere Strukturbereiche wie die Semantik bestimmter Satzverknüpfungen oder des Passivs erst dann erworben werden, wenn das aktuelle grammatische System des Sprachlerners es ermöglicht, bisher nicht erworbene Aspekte als Widerspruch zum bestehenden System zu analysieren, der dann zu einer Modifikation des Gesamtsystems führt (vgl. Tracy 2001). Der Spracherwerb erstreckt sich mithin über mehrere Jahre, weil das Kind Zeit benötigt, um den sprachlichen Input seiner Umgebung zu analysieren und daraus jeweils sein eigenes grammatisches System zu konstruieren bzw. zu modifizieren. Die Sequenz der Entwicklungsphasen ergibt sich aus der unterschiedlichen Komplexität der verschiedenen Strukturbereiche.

Zusammenfassend lässt sich der Begriff ‚sprachliche Fähigkeiten' folglich als das häufig nur implizit zugängliche Wissen über in der Muttersprache zulässige Strukturen und deren Interpretation definieren. Sprachliche Fähigkeiten entstehen auf der Basis einer angeborenen Fähigkeit zum Spracherwerb und verändern sich als Folge von Widersprüchen zwischen dem aktuellen Sprachsystem des Kindes und den bisher nicht erworbenen Strukturen der sprachlichen Umgebung.

2 Sprachliche Fähigkeiten vom Vorschulalter bis zum Schulkind

Die beiden einleitenden Kinderäußerungen zeigen, dass es schwierig ist, Aussagen über Dauer und Verlauf des Spracherwerbs zu treffen. Das bezieht sich zum einen auf die individuellen Unterschiede zwischen Lernern. Zum anderen entwickeln und verändern sich sprachliche Fähigkeiten auf den verschiedenen Ebenen des Sprachsystems unterschiedlich. So ist die Syntax in der Erklärung des fast vierjährigen Kindes im Eingangsbeispiel nahezu zielsprachlich, d.h. sie entspricht den Regeln der deutschen Sprache. Die Semantik von Emotionsausdrücken wie *Die Pippi sieht so beruhigt aus* dagegen bereitet einem sechsjährigen Kind noch Schwierigkeiten. Daher kann die Frage, über welche sprachlichen Fähigkeiten Kinder am Schulanfang verfügen, nur in Bezug auf die jeweils betroffene Ebene des Sprachsystems beantwortet werden. Beschränkt auf die für das Vor- und Grundschulalter relevanten Sprachebenen werden im Folgenden Hauptergebnisse aus bisherigen Studien zum Lexikon- und Bedeutungserwerb (Abschnitt 2.1), zum Erwerb der Morphosyntax (Abschnitt 2.2.), zum Erwerb der Satzsemantik (Abschnitt 2.3) und zum Pragmatikerwerb (Abschnitt 2.4.) vorgestellt.[2] Als Antwort auf die Frage, welche sprachlichen Fähigkeiten erst im Grundschulalter erworben bzw. weiter ausdifferenziert werden, werden in Abschnitt 2.5. die verbleibenden Erwerbsaufgaben zusammengefasst.

2.1 Lexikon und Bedeutung

Der hörbare Beginn des Wortschatzerwerbs setzt mit der Produktion der ersten Wörter zwischen zehn und achtzehn Monaten ein (Menyuk 2000). Zu diesem Zeitpunkt ist das Wortverständnis schon weit fortgeschritten. Mit ca. acht Monaten werden Wörter wie *Mama, Papa* und der eigene Name erkannt. Mit 12 bis 18 Monaten versteht das Kind bereits zwischen 50 und 200 Wörtern. Der Umfang des rezeptiven Wortschatzes nimmt im weiteren Verlauf rapide zu, so dass mit ca. sechs Jahren zwischen 9.000 und 14.000 Wörter passiv beherrscht werden (Clark 1993).

Das Auftreten der ersten Wörter – neben *Mama, Papa, Auto* und *Ball* auch *da* und *nein* (Grimm & Wilde 1998) – ist durch eine große interindividuelle Variation gekennzeichnet, die das normale Spracherwerbsspektrum widerspiegelt. In der zweiten Hälfte des zweiten Lebensjahres durchlaufen die meisten Kinder einen ‚Wortschatzspurt', der durch eine rapide Erweiterung des Wortschatzes gekennzeichnet ist. Mit zwei Jahren verfügen Kinder dann über einen aktiven Wortschatz von 200 bis 300 Wörtern. Im Alter von sechs Jahren umfasst der aktive Wortschatz sprachunauffälliger Kinder 3000 bis 5000 Wörter. In der Vorschulzeit werden also ca. fünf bis zehn Wörter täglich erworben (Anglin 1993). Tabelle 1 fasst die zwei wichtigsten Meilensteine der Lexikonentwicklung zusammen:

---

[2] Die Ebene der Phonologie wird hier nicht berücksichtigt, da die Laute des Deutschen mit knapp fünf Jahren als erworben gelten (vgl. Fox & Dodd 1999). Für Einführungen zum Spracherwerb siehe Klann-Delius (1999), Dittmann (2002) und Rothweiler (2002).

Ebene	Alter	Sprachliches Phänomen
Lexikon	10 – 18 Monate	Erste Wörter (*Mama, Ball, da, nein*)
	ca. 6 Jahre	Aktiver Wortschatz von 3000 – 5000 Wörtern Passiver Wortschatz von 9000 – 14000 Wörtern

Tabelle 1: Entwicklung von Lexikon- und Bedeutung im Vorschulalter

Wie lässt sich dieser rapide Anstieg des Wortschatzes innerhalb so kurzer Zeit erklären? Wie in Abschnitt 1 ausgeführt, nimmt die Spracherwerbsforschung spezifische Erwerbsprinzipien an, die dem Kind den Erwerb der Erstsprache überhaupt erst ermöglichen. So wurde für den lexikalischen Erwerb u.a. die Erwerbsstrategie *novel name - nameless category* vorgeschlagen (für einen Überblick, vgl. Rothweiler 2001). Diese Strategie besagt, dass sich ein unbekanntes Wort auf eine bisher nicht benannte Kategorie bezieht. Befinden sich in einem Werkzeugkasten beispielsweise Hammer, Zange und ein unbekanntes Objekt, wird man auf die Bitte nach dem Sappel[3] automatisch zu diesem unbenannten Objekt greifen.

Aus welchen Wortarten setzt sich der kindliche Wortschatz zusammen? Obwohl unter den ersten Wörtern häufig Nomen zu finden sind, bilden sie entgegen früherer Annahmen nicht den größten Anteil am Wortschatz. Neben Nomen verwenden Kinder bereits früh sozial-pragmatische Ausdrücke wie *hallo, nein* und *aua*, Adjektive wie *heiß* und das referentiell gebrauchte *da* (vgl. Kauschke 2000). Verbvorläufer wie *auf* für *aufmachen* und Verben wie *malen* werden bereits im zweiten Lebensjahr erworben (Penner, Schulz & Wymann 2003; Schulz 2003a), ebenso wie die Partikeln *auch* und *nicht*, die für den Erwerb der Satzstruktur eine wichtige Rolle spielen (Penner, Tracy & Wymann 1999). Im Gegensatz zu Inhaltswörtern und Partikeln werden sogenannte Funktionswörter später erworben. Dazu zählen Artikel (*der, eine*) ebenso wie Präpositionen (*auf, mit*), Auxiliare (*haben, sein*) und Konjunktionen (*weil, dass*), die zwischen dem zweiten und dem vierten Lebensjahr im Wortschatz des Kindes auftauchen.

Bestimmte Bedeutungsaspekte von Wörtern werden bereits sehr früh erworben, so die zentrale Bedeutung von Verben wie *aufmachen* und *zumachen* (Schulz, Wymann & Penner 2001; Schulz & Wittek 2003) und von Nomen wie *Stuhl* (vgl. Menyuk 2000). Gleichzeitig verwenden Kinder im Vorschulalter häufig Wörter, ohne alle Komponenten der zielsprachlichen Bedeutung zu kennen. So erklärt beispielsweise ein Kind (4;3 Jahre), das das Verb *lügen* im Kontext angemessen gebraucht, die Bedeutung mit ‚sagen was nicht stimmt'. Der Aspekt der Intentionalität (Lügen bedeutet absichtlich etwas Unwahres zu behaupten) bleibt dabei unberücksichtigt. Untersuchungen zur Bedeutungsentwicklung einzelner Wörter wie *stolpern* (Hausendorf & Quasthoff 1996) oder *Mut* (Szagun 1990) belegen, dass der Bedeutungs-

---

[3] Für Neugierige: Ein Sappel ist ein spezielles Werkzeug für Forstarbeiten.

erwerb im Vorschulalter nicht abgeschlossen ist, sondern sich über den Schulanfang hinaus weiter entwickelt.

2.2 Morphosyntax

Der Erwerb der Morphosyntax umfasst die Entwicklung der in der Erstsprache möglichen syntaktischen Strukturen und deren Interpretation sowie den Erwerb der Flexionsmorphologie.[4]

Syntaktische Strukturen. Lässt man die Frage nach der kindlichen Interpretation syntaktischer Strukturen zunächst unberücksichtigt, setzt der Syntaxerwerb ein, sobald die ersten Wortkombinationen auftauchen. Zwischen 18 und 24 Monaten erweitern Kinder ihr Ausdrucksrepertoire, indem sie Zweiwortäußerungen bilden wie *Ball spielen, Mami Tasse* oder *mehr Keks*. Werden Verben verwendet, stehen sie am Satzende und sind nicht flektiert. Mit ca. zwei bis drei Jahren treten die ersten Verbflexionen auf, und die Verben werden in der zweiten Satzposition realisiert. Typisch sind Äußerungen wie *ich bau ein Mast* oder *hier liegt er doch*. Modalverben und Auxiliare erweitern das Verbspektrum; Fragen werden mit der zielsprachlichen Satzstellung realisiert (vgl. Tracy 1994). Damit gilt die im Deutschen obligate Verbzweitstellung in Hauptsätzen als erworben. Ab ca. 30 Monaten werden schließlich die ersten Nebensätze wie *Papa sieh mal __ Hilde macht hat* produziert (Rothweiler 2002). Das Verb wird von Beginn an überwiegend zielsprachlich am Satzende realisiert (Fritzenschaft, Gawlitzek-Maiwald, Tracy & Winkler 1990; Rothweiler 1993). Kurze Zeit später treten dann Konjunktionen wie *weil, wenn, dass* und *ob* sowie w-Fragepronomen wie *warum* und *wer* auf. Infinitivkonstruktionen wie *die hat vergessen Wasser reinzulassen* werden ebenfalls im Vorschulalter erworben, jedoch später als finite Nebensätze wie *jetzt guckt mal der Wauwau rein ob der Ritter noch drinne is* (Gawlitzek-Maiwald 1997). Die ersten Passivstrukturen wie *Ich will getragen werden* treten im Alter von drei bis vier Jahren auf (Fritzenschaft 1994).

Flexionsmorphologie. Im Bereich der verbalen Flexionsmorphologie fallen Übergeneralisierungen von Partizipien wie *gelügt*, aber auch Fehlbildungen des Imperfekts wie *stehlte* und des Präsens' wie *lauft* auf (vgl. Abschnitt 1). Diese Übergeneralisierungen werden zunehmend durch die zielsprachlichen irregulären Formen ersetzt, so dass bei Schulanfang nur noch selten Verben mit inkorrekter Flexion auftauchen.

Im Bereich der Flexionsmorphologie der Nomen konzentriert sich die Erwerbsaufgabe vor allem auf das Kasus- und das Pluralsystem (z.B. Tracy 1986). Das Genus, das grammatische Geschlecht des Nomens, wird anders als beim Fremdsprachenerwerb Erwachsener von einsprachig Deutsch aufwachsenden Kindern so gut wie fehlerfrei erworben. Für die Kasusformen des Artikels wurde folgende Erwerbsreihenfolge festgestellt: Nominativ, Akkusativ, Dativ, Genitiv. Akkusativ- und Dativ-

---

[4] Für einen Überblick über den Erwerb der Morphosyntax des Deutschen vgl. Mills (1985), für die frühen Erwerbsphasen vgl. Weissenborn (2000).

markierungen werden jedoch noch bis zum Alter von fünf Jahren oder später gelegentlich inkorrekt gebildet (Mills 1985; Dittmann 2002). Studien zur Pluralbildung (Wegener 1992) zeigen, dass Vierjährige den Plural häufig inkorrekt bilden, und noch im Alter von sieben Jahren tauchen nicht zielsprachliche Formen wie *Hünde* statt *Hunde* auf.

Interpretation syntaktischer Strukturen. Die zielsprachliche Produktion einer Struktur geht nicht notwendigerweise mit deren korrekter Interpretation einher. Diese Dissoziation zwischen Produktion und Verstehen zeigte sich bereits im Bedeutungserwerb. Einerseits verfügen Kinder bereits vor dem Auftreten der ersten Zweiwortäußerungen über beeindruckende passive syntaktische Kompetenzen. So verstehen Kinder im Alter von 24 Monaten bereits Funktionswörter (vgl. Weissenborn 2000). Andererseits verwenden Kinder komplexe syntaktische Strukturen, bevor sie über eine korrekte Interpretation dieser Struktur verfügen. Zu den am meisten untersuchten Phänomenen gehört die Interpretation von Infinitiv- und Passivsätzen und von verschiedenen Typen von Pronomen (für einen generellen Überblick siehe Guasti 2002).

Obwohl Infinitivsätze mit ca. drei bis vier Jahren produziert werden, bereitet das korrekte Verständnis noch bis zum Schulbeginn Schwierigkeiten (Grimm, Schöler & Wintermantel 1975). Dabei geht es um feine, aber folgenreiche Unterschiede zwischen Sätzen wie *Petra versprach Ulrike das Buch zu kaufen* und *Petra bat Ulrike das Buch zu kaufen*. Im ersten Satz ist Petra diejenige, die eventuell das Buch kauft. Die potentielle Buchkäuferin im zweiten Satz ist dagegen Ulrike. Jüngere Kinder wählen in beiden Fällen unabhängig vom Verb *Ulrike* als Handelnde im Nebensatz. Anders als bei Verben wie *bitten* führt diese Strategie bei Verben wie *versprechen* jedoch zu einer inkorrekten Interpretation. Die zielsprachliche Interpretation dieser Infinitivstrukturen wird zwischen fünf und sieben Jahren erworben.

Passivstrukturen treten im Alter zwischen drei und vier Jahren auf (Fritzenschaft 1994). Die zielsprachliche Interpretation wird jedoch erst ein bis zwei Jahre später erworben. So bereiten Sätze, die das Agens realisieren (*Die Katze wurde von dem Hund gesehen*), noch Fünfjährigen Probleme.

Erste Pronomen wie *ich* und *mich* treten im Alter von zwei Jahren auf. Interpretationsunterschiede zwischen verschiedenen Typen von Pronomen werden jedoch erst mit sechs oder sieben Jahren durchgängig erkannt. Sätze wie *Petra redet mit ihr* und *Petra redet mit sich* unterscheiden sich in der Bedeutung, weil das Personalpronomen *ihr* und das Reflexivpronomen *sich* auf unterschiedliche Referenten verweisen. Reflexivpronomen verstehen Kinder im Alter von vier bis fünf Jahren; ein bis zwei Jahre später wird dann die zielsprachliche Interpretation von Personalpronomen erworben (Chien & Wexler 1990).

Während die im Deutschen zulässigen syntaktischen Strukturen und flexionsmorphologischen Formen im Wesentlichen bis Schulbeginn als erworben gelten können (vgl. Tabelle 2), verfügen Kinder bei Eintritt in die Grundschule also noch nicht über das komplette Inventar der Interpretation verschiedener syntaktischer Strukturen.

Ebene	Alter	Sprachliches Phänomen
Morphosyntax	18 – 24 Monate	Zweiwortäußerungen (*Ball spielen*)
	2 – 3 Jahre	Hauptsatzstellung (*ich bau ein Mast*)
	2;6 – 3 Jahre	Nebensätze (*jetzt guckt mal der wauwau rein, ob ...*)
	3 – 5 Jahre	Kasus (Reihenfolge: *der, den, dem, des*)

Tabelle 2: Entwicklung syntaktischer Strukturen im Vorschulalter

2.3 Satzsemantik

Bedeutungen existieren nicht nur für einzelne Wörter (vgl. Abschnitt 2.1), sondern auch für Verbindungen von Wörtern und für Sätze. Zu den Phänomenen, die im Vorschulalter erworben bzw. angebahnt werden, gehören die Semantik von *w*-Fragen, die Semantik von Sätzen mit Mengenausdrücken wie *jeder* und die Semantik von Sätzen, die Tatsachen enthalten.[5]

Fragen wie *Wo ist die Flöte?*, die durch ein *w*-Fragewort eingeleitet werden, produzieren Kinder bereits im dritten Lebensjahr. Um die Bedeutung dieser so genannten *w*-Fragen zu erfassen, muss das Kind erkennen, dass – anders als in Entscheidungsfragen wie *Ist die Flöte da?* – nach einem im Satz nicht realisierten Satzglied gefragt wird. Außerdem muss erfasst werden, um welches Satzglied es sich handelt. Bis ca. zum dritten Geburtstag tauchen die verschiedenen Fragepronomen im aktiven Wortschatz auf, in der Reihenfolge *wo/was, wer, wie, warum, wann* (Mills 1985). Einfache Fragesätze wie *Was räumt Lisa auf?* verstehen Kinder im Alter von zwei bis drei Jahren noch häufig inkorrekt (Penner & Kölliker Funk 1998). Mit ca. vier Jahren beherrschen Kinder dann die Semantik von *w*-Fragen und antworten z.B. auf eine Frage wie *Was räumt Lisa auf?* korrekt mit *das Puppenhaus* (Penner 1999).

In bestimmten Kontexten erfordert eine *w*-Frage nicht nur die Nennung eines Elements, sondern die Auflistung aller in Frage kommenden Elemente. Stellt man beispielsweise beim Betrachten eines Bildes, das verschiedene Personen zeigt, die Frage *Wer trägt eine Brille?*, erwartet man eine Aufzählung aller Personen, auf die

---

[5] Zum Erwerb der Satzsemantik im Deutschen liegen nur wenige Untersuchungen vor (für einen generellen Überblick s. Guasti 2002).

diese Eigenschaft zutrifft. Kinder beherrschen die Semantik dieser so genannten exhaustiven *w*-Fragen im Alter von ca. fünf Jahren (Roeper u.a. 2007).

Mengenausdrücke wie *jeder* sind ein wichtiges sprachliches Element, um Generalisierungen auszudrücken. Dies wird im Vergleich zwischen Sätzen wie *Anna reitet auf einem Pferd* und *Jedes Kind reitet auf einem Pferd* deutlich. Während der erste Satz eine Aussage über Anna enthält, beschreibt der zweite Satz eine Generalisierung. Eine Situation, die zu diesem zweiten Satz passt, beinhaltet mehrere Kinder, die alle jeweils auf einem Pferd reiten. Um Sätze mit Mengenausdrücken korrekt zu interpretieren, müssen Kinder Bezeichnungen wie *Anna* also von Ausdrücken wie *jedes Kind* unterscheiden und die Beziehung zwischen dem sogenannten Quantor (*jedes*) und dem Bezugsnomen (*Kind*) korrekt erfassen (vgl. Guasti 2002). Die zielsprachliche Interpretation quantifizierender Sätze wird schrittweise erworben. Bereits im Alter von ca. vier Jahren können Kinder zwischen Referenzausdrücken wie *Anna* und Mengenausdrücken unterscheiden. Ungefähr mit fünf Jahren entwickeln sie ein partielles Verständnis der Sätze mit quantifizierenden Ausdrücken. Sie bevorzugen allerdings eine enge Interpretation der Quantoren, d.h. Sätze wie *Jedes Kind reitet auf einem Pferd* werden abgelehnt, wenn die Situation zusätzliche Elemente wie einen Extra-Esel enthält (Philipp 1995).

Die beiden oben diskutierten Konstruktionen tauchen in einfachen Sätzen auf. Komplexe Sätze, also Hauptsätze, die einen Nebensatz einbetten, stellen an die Interpretation besondere Anforderungen, da beide Teilsätze zu berücksichtigen sind. Ein einfacher Satz wie *Anna schläft* ist wahr, wenn Anna in der bestimmten Situation schläft. Ein komplexer Satz wie *Ich denke, dass Anna schläft* ist dagegen wahr, wenn ich als Sprecher der Ansicht bin, dass Anna in dem Moment, in dem ich den Satz äußere, schläft. Ob Anna in Wirklichkeit gerade schläft, ist für die Wahrheit des Satzes nicht relevant. In einem Satz wie *Ich bedaure, dass Anna schläft* wird dagegen ausgedrückt, dass ich die Tatsache bedaure, dass Anna gerade schläft. Der komplexe Satz setzt also als wahr voraus, dass Anna gerade schläft. Dieses Phänomen wird als ‚Präsupposition' bezeichnet (für einen Überblick vgl. Schulz 2003b). Bis zum Alter von ca. vier Jahren gehen Kinder davon aus, dass die im Nebensatz formulierte Aussage wahr sein muss. Durch den Erwerb der so genannten Theory of Mind, d.h. der kognitiven Einsicht, dass andere Personen ein anderes Wissen und andere Ansichten über die Wirklichkeit haben können als man selbst (vgl. de Villiers 1997), – mit ca. vier Jahren – können Kinder dann zwischen den verschiedenen Typen von Verben wie *denken* und *bedauern* unterscheiden (Pérez-Leroux & Schulz 1999; Schulz 2003b). Was ihnen jedoch noch bis zum Schuleintritt Schwierigkeiten bereitet, ist die Interpretation von Sätzen, die eine falsche Präsupposition enthalten, wie beispielsweise die Beschreibung *Lisa bedauert, dass sie Eis gegessen hat,* wenn Lisa tatsächlich gar kein Eis gegessen hat.

Der Erwerb der Satzsemantik zeichnet sich insgesamt durch einen schrittweisen Erwerbsprozess aus, der im Vorschulalter beginnt und mit Schuleintritt nicht abgeschlossen ist. Tabelle 3 fasst die wesentlichen Aspekte zusammen, die im Vorschulalter als erworben gelten können.

Ebene	Alter	Sprachliches Phänomen
Satz-semantik	ca. 4 Jahre	Einfache w-Fragen (*Was räumt sie auf?* – *das Puppenhaus*) verstehen
	ca. 5 Jahre	Exhaustive w-Fragen (*Wer kommt?*) verstehen

Tabelle 3: Entwicklung der Satzsemantik im Vorschulalter

2.4 Pragmatik

Grundlegende pragmatische Fähigkeiten werden bereits sehr früh erworben (vgl. Hickmann 2000). Dazu gehört die Fähigkeit, an andere Gesprächsbeiträge anzuknüpfen und dadurch einen Dialog aufrechtzuerhalten. Die Fähigkeit, verschiedene Sprechakte einzusetzen, bildet sich ebenfalls sehr früh heraus. So können Zweijährige Sprechhandlungen wie ‚Aufforderung' (*komm her!*), ‚Zustimmung' (*ja*) und ‚Bitte' (*bitte Kekse*) ausführen. Sie passen sich außerdem bereits an den kommunikativen Erfolg bzw. Misserfolg ihrer Sprechhandlung an und variieren beispielsweise ihre Bitte entsprechend.

Damit Zuhörer einer Geschichte folgen können, verwenden Sprecher bestimmte textverknüpfende Elemente. Dabei spielt die Einführung neuer Referenten eine zentrale Rolle. Indefinite Ausdrücke wie *ein Hund* führen einen neuen Referenten ein, während definite Ausdrücke wie *der Hund* oder Pronomen wie *er* auf einen bekannten Referenten verweisen. Diese Unterschiede verstehen Kinder bereits mit ca. drei Jahren (Maratsos 1976; Ramos 2000). Bis zum Alter von sechs bis sieben Jahren verwenden Kinder jedoch in ihren eigenen Gesprächsbeiträgen keine angemessenen Ausdrücke für die Referenteneinführung. Typisch sind für Kinder in dieser Altersspanne daher Äußerungen wie *Der Mann nahm die große Schaufel,* obwohl weder Mann noch Schaufel vorher erwähnt wurden.

Neben Referenzausdrücken tragen auch temporale Ausdrücke zur Textverknüpfung bei, indem sie die zeitliche Ordnung verschiedener Ereignisse herstellen. Während Konjunktionen wie *nachdem* die zeitliche Reihenfolge zweier Ereignisse explizit machen (*Nachdem Anna gegessen hatte, schlief sie ein*), kann die Reihenfolge dieser Ereignisse auch allein durch die Verwendung der Tempusform Plusquamperfekt ausgedrückt werden (*Anna schlief ein. Sie hatte gegessen*). Die Fähigkeit die Tempusformen als Indiz für die zeitliche Abfolge von Ereignissen zu interpretieren, erwerben Kinder im Alter zwischen fünf und sieben Jahren (vgl. Hamann, Lindner & Penner 2001).

Die Fähigkeit, Sprache in sozialen Situationen zu verwenden, wird über einen langen Zeitraum hinweg erworben. Einige fundamentale pragmatische Fähigkeiten, die zur Herstellung sozialer Beziehungen notwendig sind, beherrschen Kinder bereits im Kleinkindalter (vgl. Tabelle 4).

Ebene	Alter	Sprachliches Phänomen
Pragmatik	ca. 2 Jahre	Einfache Sprechhandlungen wie Aufforderung (*herkommen*) und Bitte (*bitte Kekse*)

Tabelle 4: Entwicklung pragmatische Fähigkeiten im Vorschulalter

Die Vielzahl der teilweise sehr subtilen sprachlichen Markierungen, die Voraussetzung für erfolgreiche Kommunikation sind, erwerben Kinder erst nach Schulbeginn.

2.5 Verbleibende Erwerbsaufgaben nach dem Schulanfang

Zu Schulbeginn verfügen Kinder bereits über ca. sechs Jahre intensiver Erfahrung im Aufbau sprachlichen Wissens. Welche weiteren Spracherwerbsaufgaben stehen ihnen während der Grundschulzeit bevor?

Der Lexikonerwerb zählt zu den Ebenen, die sich ein Leben lang weiter entwickeln (können). Der schon im Vorschulalter rasch wachsende Wortschatz erweitert sich in den ersten Schuljahren noch rapider. Zunehmend werden auch abstrakte Begriffe erworben; viele morphologisch komplexe Wörter wie *Taschengelderhöhung* oder *Hausaufgabenkontrolle* werden in das Lexikon integriert. Der geschätzte rezeptive Wortschatz Erwachsener beträgt 60.000 bis 80.000 Wörter, der aktive Wortschatz 20.000 bis 50.000 Wörter. Dieser Erwerbsprozess bezieht sich dabei nicht nur auf den Wortschatzumfang, sondern auch auf die Differenzierung und Erweiterung der Bedeutung bereits verwendeter Begriffe. Davon sind besonders komplexe abstrakte Ausdrücke betroffen. So konnte Claar (1990) für die Wörter *Geld* und *Bank* bei Kindern und Jugendlichen bis zum Alter von 18 Jahren eine Reorganisation der vorhandenen Bedeutungsaspekte nachweisen. In ähnlicher Weise entwickelt sich das Verständnis von Idiomen wie *Sie brach das Eis* oder *Er gab den Löffel ab*, indem die wörtliche Bedeutung mit zunehmendem Alter durch die übertragene Bedeutung ergänzt wird (vgl. Menyuk 2000).

Die Ebene der Morphosyntax zeichnet sich dadurch aus, dass die Produktion der verschiedenen morphosyntaktischen Strukturen bereits im Vorschulalter weitgehend gelingt. Zu den Phänomenen, die noch im Schulalter erworben bzw. weiter differenziert werden, gehören Formen des Konjunktivs (Knobloch 2001), komplexe Pluralformen (wie *-s* und *-n*), Kasusmarkierungen im Dativ und Passivstrukturen mit realisiertem Agens. Auch die Interpretation komplexer Satzstrukturen entwickelt sich noch über das Vorschulalter hinaus. So werden Infinitivsätze, in denen das eingebettete Subjekt dem Subjekt des Hauptsatzes entspricht wie in *Petra versprach Ulrike das Buch zu kaufen*, vielfach noch zu Beginn der Grundschule inkorrekt verstanden. Ebenso kann das zielsprachliche Verständnis von umkehrbaren Passivsätzen wie *Die Katze wurde von dem Hund gesehen* noch Schwierigkeiten bereiten; sie werden ‚umgekehrt' verstanden als *Die Katze sieht den Hund*. Schließlich ist die Interpretation von Pronomen noch im Alter von sieben Jahren nicht zielsprachlich; Personalpronomen werden häufig als gleichbedeutend mit dem Reflexivpronomen interpretiert, d. h. ein Satz wie *Er wäscht ihn* wird verstanden als *Er wäscht sich*.

Der Erwerb satzsemantischer Phänomene ist bis Schuleintritt nicht abgeschlossen. So zeigen Kinder noch bis zum Alter von acht Jahren Abweichungen in der Interpretation von Mengenausdrücken wie *jeder*. Sechs- bis Achtjährige wissen, dass ein Satz wie *Jedes Kind reitet auf einem Pferd* auch dann zutrifft, wenn in der Situation außer mehreren reitenden Kindern noch ein Esel enthalten ist. Kommt aber ein Extra-Pferd ohne Reiter dazu, akzeptieren erst Neunjährige korrekterweise den Satz (Guasti 2002). Ebenso bereiten Sätze, die nicht zutreffende Präsuppositionen enthalten, Schulanfängern noch Probleme. Dabei handelt es sich um komplexe Sätze wie *Er vergaß, dass Anna gerade schlief* in einer Situation, in der die Präsupposition ‚Anna schläft gerade' nicht erfüllt ist, weil Anna gerade nicht schläft. Sechsjährige sind nicht in der Lage, Sätze mit einer falschen Präsupposition zurückzuweisen (Pérez-Leroux & Schulz 1999; Schulz 2003b).

Der Pragmatikerwerb, der die Verknüpfung sprachlicher, sozialer und kognitiver Fähigkeiten erfordert, setzt sich bis zum Ende des Grundschulalters fort. Ein komplexes Phänomen stellen die verschiedenen sprachlichen Argumentationsausdrücke wie *nur, auch* und *fast* dar, die verwendet werden, um Aussagen zu modifizieren. Im Gegensatz zur Aussage *Anna hat ein Auto gewonnen* vermitteln die Modifikationen *Anna hat nur ein Auto gewonnen, Anna hat auch ein Auto gewonnen* und *Anna hat fast ein Auto gewonnen* zusätzliche – und im letzten Fall sogar eine ganz andere – Bedeutungen. Sechsjährige verstehen zwar die Funktion von einfachen Adverbien wie *mindestens*, schätzen jedoch die Wirkung komplexerer Adverbien erst im Laufe der Grundschulzeit korrekt ein. Die Adverbien *auch* und *nur* werden beispielsweise noch von Sechsjährigen bei der Interpretation von Sätzen einfach ignoriert (Hüttner u.a. 2004). Ein Adverb wie *fast* wird sogar bis zum Alter von zehn Jahren nicht korrekt interpretiert. Auch die Funktion bestimmter satzverknüpfender Konjunktionen wie *aber* wird erst im Laufe der Grundschulzeit, die von *sondern* sogar erst gegen Ende der Grundschulzeit erworben (Kail & Weissenborn 1984).

Eine angemessene Einführung neuer Referenten durch indefinite Nominalphrasen (*Ich habe gestern einen Mann gesehen. Der Mann ...*) gelingt Kindern erst im Alter von neun Jahren sicher (Hickmann 1995). Generell bildet sich die Fähigkeit zum Erzählen von Geschichten erst im Laufe des Grundschulalters in einem allmählichen Erwerbsprozess heraus, da der Aufbau einer Geschichte und die Integration der Einzelereignisse in die Erzählstruktur sowohl hohe sprachliche als auch hohe konzeptuelle Anforderungen stellen. Auch die Ironie als typisches Element von Erzählungen, die durch die Differenz zwischen wörtlicher Bedeutung und Sprecherabsicht entsteht, wird erst im Laufe der Grundschulzeit erworben (vgl. Winner 1988).

Der Aufbau und die Differenzierung pragmatischer und satzsemantischer Fähigkeiten sowie die Erweiterung und Differenzierung des Wortschatzes stehen also im Mittelpunkt der Grundschulzeit, während der Morphosyntaxerwerb im normalen Spracherwerb bis auf die genannten Phänomene weitgehend abgeschlossen ist (vgl. Tabelle 5).

Ebene	Alter	Sprachliches Phänomen
Lexikon	nach 7 J.	Abstrakte Begriffe (*Mitleid, Mut*) und Idiome (*Er brach das Eis*)
Morphosyntax	nach 7 J.	Konjunktiv (*Er käme, wenn...*)
	nach 7 J.	Infinitivsätze (*er versprach ihr zu kommen*) und Passivsätze (*Die Katze wird vom Hund gesehen*) verstehen
	nach 7 J.	Pronomen (*Sie redet mit ihr / sich*) verstehen
Satzsemantik	nach 7 J.	Quantoren (*Jedes Kind reitet auf einem Pferd*) verstehen
	nach 7 J.	Falsche Präsuppositionen (*Er vergaß, dass A. gerade schlief* – aber A ist wach) verstehen
Pragmatik	nach 7 J.	korrekte Referenteneinführung (*Ein Mann nahm eine große Schaufel* statt *Der Mann...*)
	nach 7 J.	Argumentationsausdrücke (*auch, nur*) und komplexe Konjunktionen (*aber, sondern*) verstehen
	nach 7 J.	Ironie verstehen

Tabelle 5: Entwicklung sprachlicher Fähigkeiten im Schulalter

Alle wesentlichen Erwerbsschritte im Vorschul- und Schulalter sind im Anhang noch einmal tabellarisch gegliedert nach Sprachebene zusammengefasst.

3 Implikationen für Diagnose und Förderung sprachlicher Fähigkeiten am Schulanfang

Wie in Abschnitt 1 angesprochen, unterliegt der Erwerb der Muttersprache anderen Gesetzmäßigkeiten als der Erwerb einer Fremdsprache durch Erwachsene. Die Muttersprache wird nicht bewusst gelernt, und der Erwerb erfolgt ohne systematische Unterweisung oder Korrektur. Daher beruhen die sprachlichen Fähigkeiten von

Kindern auf häufig nur implizit zugänglichem Wissen über in der Muttersprache zulässige Strukturen und deren Interpretation. Explizite Formen sprachlichen Wissens entstehen bereits im Kleinkindalter (Tracy 2000, 2005), entwickeln sich jedoch generell später als die impliziten Formen sprachlichen Wissens.[6]

Für die Diagnose dieser Fähigkeiten bedeutet das, dass zwischen impliziten und verschiedenen Stufen expliziten Sprachwissens zu unterscheiden ist, will man den sprachlichen Entwicklungsstand eines Kindes adäquat erfassen. So kann man testen, ob ein Kind auf grammatische und ungrammatische Sätze unterschiedlich reagiert (implizit), oder man kann es auffordern, Grammatikalitätsurteile über Sätze abzugeben (explizit). Fortgeschrittenes explizites Wissen schließlich ist notwendig, um die Ungrammatikalität eines Satzes erklären zu können.

Auch die Konzeption von Fördermaßnahmen für Kinder, die Deutsch als Zweitsprache erwerben, wird von der Tatsache beeinflusst, dass verschiedene Stufen des Sprachwissens existieren. Es gilt zum einen zu entscheiden, was vermittelt werden soll. Ist lediglich implizites oder auch explizites Sprachwissen Ziel des Förderunterrichts? Im ersten Fall soll das Kind beispielsweise lernen die Verbstellung korrekt zu verwenden, im zweiten Fall die verwendeten Satzstrukturen auch zu begründen. Zum anderen muss die Form der Sprachförderung festgelegt werden. Implizite Formen der Sprachförderung beruhen auf der Annahme, dass bis zum Alter von ca. sieben Jahren die natürlichen Spracherwerbsmechanismen noch wirksam sind. Analog zur Situation des Erstspracherwerbs könnte Sprachförderung zu Schulbeginn folglich auf dem Angebot vielfältigen Inputs in verschiedenen für das Kind relevanten Handlungskontexten basieren, ohne dass das Phänomen wie z.B. Verbstellung explizit zum Thema gemacht wird. Explizitere Formen der Sprachförderung basieren auf der Annahme, dass Kinder mit Deutsch als Zweitsprache die optimale Zeitspanne für den *ungesteuerten* Spracherwerb nicht ausreichend nutzen konnten, da sie deutschen Input ja erst mit einigen Jahren Verzögerung erhalten haben. Diese ‚verpassten Möglichkeiten' könnten mit Hilfe einer expliziten Form der Sprachförderung kompensiert werden (Schulz, 2006).

Die in Abschnitt 2 skizzierten Studien aus der Spracherwerbsforschung zeigen, dass sich sprachliche Fähigkeiten auf den verschiedenen Ebenen des Sprachsystems unterschiedlich schnell entwickeln und verändern. Daher setzt eine differenzierte Sprachstandsdiagnose voraus, dass alle grammatischen Teilsysteme – Phonologie, Lexikon, Morphosyntax, Satzsemantik und Pragmatik – berücksichtigt werden. In gängigen diagnostischen Verfahren werden satzsemantische und pragmatische Fähigkeiten oft vernachlässigt, obgleich ihre Beherrschung eine wichtige Voraussetzung für den Schulerfolg darstellt. In vielen schulischen Situationen und Aufgabenstellungen finden sich die genannten komplexeren Strukturen wie Mengenausdrücke (*Jeder bekommt eine Brezel*), exhaustive *w*-Fragen (*Beschreibe, was du auf dem Bild*

---

[6] Darüber hinaus vermittelt das Erlernen der Schriftsprache, das erst mit Schulbeginn in systematischer Form einsetzt, dem Kind einen – medial und konzeptuell – neuen Zugang zum System Sprache, der auch auf die mündlichen Sprachfähigkeiten zurückwirkt.

siehst: Wer fährt Fahrrad?) und Konjunktionen (*Ihr habt jetzt keine Pause, sondern macht die Aufgabe*). Da Verstehensdefizite oft unentdeckt bleiben (Knapp 1999), sollte bei der Sprachstandsdiagnose vor allem dem Verstehen syntaktischer, satzsemantischer und pragmatischer Strukturen ein großer Stellenwert eingeräumt werden. Diese komplexeren sprachlichen Strukturen sind keineswegs auf den Deutschunterricht beschränkt, sondern stellen gerade auch im Mathematikunterricht eine zentrale Voraussetzung für die Bewältigung fachspezifischer Aufgaben dar. So entstammt die folgende Aufgabe einem Lehrbuch der ersten Klasse: „Klaus und drei Freunde haben Hunger. Jeder bekommt eine Brezel. Wie viele Brezeln sind das?" Kinder, die *jeder* nicht korrekt verstehen, antworten statt „Vier" häufig „Eine" – aufgrund der Interpretation, dass alle zusammen eine Brezel bekommen.

Für die Förderung ergibt sich analog die Notwendigkeit, differenzierte und sehr spezifische Förderpläne zu erstellen, die Sprache als komplexes Gesamtsystem abbilden und nicht auf Elemente wie Wortschatztraining oder Anbahnung korrekter Flexionsendungen beschränkt sind.

Davon, dass Kinder sich gern mit diesen Herausforderungen des komplexen Systems Sprache auseinander setzen, zeugen die zahlreichen linguistischen Fragen, die ein Kind im Lauf seines Spracherwerbs stellt. Man kann nur hoffen, dass sie darauf ebenso anregende Antworten erhalten wie Pippis Freund Thomas auf seine Frage: „Wer hat eigentlich herausgefunden, was die Wörter alle bedeuten sollen?" „Vermutlich ein Haufen alter Professoren", sagte Pippi. „Und man kann wirklich sagen, dass die Leute komisch sind. Was für Wörter die sich ausgedacht haben! Wanne und Holzpflock und Schnur und all so was – kein Mensch kann begreifen, wo sie das herhaben. Aber Spunk, was wirklich ein schönes Wort ist, darauf kommen sie nicht. Was für ein Glück, dass ich es gefunden habe! Und ich werde schon noch herausfinden, was es bedeutet." (Lindgren 1987, S. 304)

ANHANG

Ebene	Alter	Sprachliches Phänomen
Lexikon	10 – 18 Monate	Erste Wörter (*Mama, Ball, da, nein*)
	ca. 6 J.	Aktiver Wortschatz von 3000 – 5000 Wörtern Passiver Wortschatz von 9000 – 14000 Wörtern
	nach 7 J.	Abstrakte Begriffe (*Mitleid, Mut*) und Idiome (*Er brach das Eis*)
Morphosyntax	18 – 24 Monate	Zweiwortäußerungen (*Ball spielen*)
	2 – 3 J.	Hauptsatzstellung (*ich bau ein Mast*)
	2;6 – 3 J.	Nebensätze (*jetzt guckt der wauwau rein, ob ...*)
	3 – 5 J.	Kasus (Reihenfolge: *der, den, dem, des*)
	nach 7 J.	Konjunktiv (*Er käme, wenn...*)
	nach 7 J.	Infinitivsätze (*er versprach ihr zu kommen*) und Passivsätze (*Die Katze wird vom Hund gesehen*) verstehen
	nach 7 J.	Pronomen (*Sie redet mit ihr / sich*) verstehen
Satzsemantik	ca. 4 J.	Einfache *w*-Fragen (*Was räumt sie auf?* – das Puppenhaus) verstehen
	ca. 5 J.	Exhaustive *w*-Fragen (*Wer kommt?*) verstehen
	nach 7 J.	Quantoren (*Jedes Kind reitet auf einem Pferd*) verstehen
	nach 7 J.	Falsche Präsuppositionen (*Er vergaß, dass A. gerade schlief* – aber A ist wach) verstehen
Pragmatik	ca. 2 J.	Einfache Sprechhandlungen wie Aufforderung (*herkommen*) und Bitte (*bitte Kekse*)
	nach 7 J.	korrekte Referenteneinführung (*Ein Mann nahm eine große Schaufel* statt *Der Mann...*)
	nach 7 J.	Argumentationsausdrücke (*auch, nur*) und komplexe Konjunktionen (*aber, sondern*) verstehen
	nach 7 J.	Ironie verstehen

Tabelle 6: Übersicht über die Entwicklung sprachlicher Fähigkeiten in den verschiedenen Sprachebenen

Literatur

Anglin, Jeremy M. (1993): Vocabulary Development: A Morphological Analysis. Monographs of the Society for Research in Child Development. Serial No. 238, Vol. 58, No. 10.

Chien, Yu-Chin / Wexler, Kenneth (1990): Children's knowledge of locality conditions in binding as evidence for the modularity of syntax and pragmatics. In: Language Acquisition. 1. Jg., S. 225-295.

Chomsky, Noam (1988): Language and Problems of Knowledge. The Managua Lectures. Cambridge, Ma.: MIT Press.

Claar, Annette (1990): Die Entwicklung ökonomischer Begriffe im Jugendalter. Eine strukturgenetische Analyse. Berlin, Heidelberg: Springer.

Clark, Eve (1993): The lexicon in acquisition. Cambridge, Ma.: Cambridge University Press.

de Villiers, Jill (1997): On acquiring the structural representation for false complements. In: Hollebrandse, Bart (Hrsg.): New perspectives on language acquisition. Amherst, MA: GLSA (University of Massachusetts Occasional Papers in Linguistics).

Dittmann, Jürgen (2002): Der Spracherwerb des Kindes. Verlauf und Störungen. München: C. H. Beck.

Fox, Annette / Dodd, Barbara J. (1999): Der Erwerb des phonologischen Systems in der deutschen Sprache. In: Sprache – Stimme – Gehör. 23. Jg., S. 183-191.

Fritzenschaft, Agnes (1994): Activating passives in child grammar. In: Tracy, Rosemarie / Lattey, Elsa (Hrsg): How tolerant is universal grammar? Essays on language learnability and language variation. Tübingen: Niemeyer, S. 155-184.

Fritzenschaft, Agnes / Gawlitzek-Maiwald, Ira / Tracy, Rosemarie / Winkler, Susanne (1990): Wege zur komplexen Syntax. In: Zeitschrift für Sprachwissenschaft. 9. Jg., S. 52-134.

Gawlitzek-Maiwald, Ira (1997): Der monolinguale und bilinguale Erwerb von Infinitivkonstruktionen: ein Vergleich von Deutsch und Englisch. Tübingen: Niemeyer.

Grimm, Hannelore (1999): Störungen der Sprachentwicklung. Göttingen: Hogrefe.

Grimm, Hannelore / Schöler, Hermann / Wintermantel, Margret (1975): Zur Entwicklung sprachlicher Strukturformen bei Kindern. Forschungsbericht zur Sprachentwicklung I: Empirische Untersuchungen zum Erwerb und zur Erfassung sprachlicher Wahrnehmungs- und Produktionsstrategien bei Drei- bis Achtjährigen. Basel: Beltz.

Grimm, Hannelore / Wilde, Sabine (1998): Sprachentwicklung: Im Zentrum steht das Wort. In: Keller, Heide (Hrsg.): Lehrbuch der Entwicklungspsychologie. Bern u.a.: Huber, S. 445-473.

Guasti, Maria Teresa (2002): Language acquisition. The growth of grammar. Cambridge, Ma: MIT Press.

Hamann, Cornelia / Lindner, Katrin / Penner, Zvi (2001): Tense, Reference Time and Language Impairment in German Children. In: Féry, Caroline. / Sternefeld, Wolfgang (Hrsg.): Audiatur vox sapientiae. Festschrift für Arnim von Stechow. Berlin: Akademie Verlag, S. 182-213.

Hausendorf, Heiko / Quasthoff, Uta (1996): Sprachentwicklung und Interaktion. Eine linguistische Studie zum Erwerb von Diskursfähigkeiten bei Kindern. Opladen: Westdeutscher Verlag.

Hickmann, Maya (1995): Discourse organization and the development of reference to person, space and time. In: Fletcher, Paul / MacWhinney, Brian (Hrsg.): Handbook of child language. Oxford: Blackwell, S. 194-218.

Hickmann, Maya (2000): Pragmatische Entwicklung. In: Grimm, Hannelore (Hrsg.), Sprachentwicklung. Enzyklopädie der Psychologie, CIII, Band 3. Göttingen: Hogrefe, S. 193-227.

Hüttner, Tanja / Drenhaus, Heiner / van de Vijver, Ruben / Weissenborn, Jürgen (2004): The acquisition of the German focus particle *auch* 'too': Comprehension does not always precede production. Vortrag anl. der 28th Annual Boston University Conference on Language Development, November 2003.

Kail, Michèle / Weissenborn, Jürgen (1984): A developmental crosslinguistic study of adversative connectives: French *mais* and German *aber/sondern*. In: Journal of Child Language. 11. Jg., S. 143-158.

Kauschke, Christina (2000): Der Erwerb des frühkindlichen Lexikons. Tübingen: Narr.

Klann-Delius, Gisela (1999): Spracherwerb. Stuttgart, Weimar: J. B. Metzler.

Klein, Wolfgang (1992): Zweitspracherwerb. 3. Auflage, unveränderter Nachdruck der 2. Auflage. Königstein: Athenäum.

Knapp, Werner (1999): Verdeckte Sprachschwierigkeiten. In: Die Grundschule. 99. Jg., H. 5, S.30-33.

Knobloch, Clemens (2001): Wie man den Konjunktiv erwirbt. In: Feilke, Helmuth / Knappes, Klaus-Peter / Knobloch, Clemens (Hrsg.): Grammatikalisierung, Spracherwerb und Schriftlichkeit Tübingen: Niemeyer, S. 67-90.

Lindgren, Astrid (1987): Pippi Langstrumpf. Hamburg: Oettinger.

Maratsos, Michael P. (1976): The use of definite and indefinite reference in young children. Cambridge, Ma.: Cambridge University Press.

Menyuk, Paula (2000): Wichtige Aspekte der lexikalischen und semantischen Entwicklung. In: Grimm, Hannelore (Hrsg.): Sprachentwicklung. Enzyklopädie der Psychologie, CIII, Band 3. Göttingen: Hogrefe, S. 171-192.

Mills, Anne E. (1985): The acquisition of German. In: Slobin, Dan I. (Hrsg.): The crosslinguistic study of language acquisiton. Vol. I: The data. Hillsdale, NJ: Erlbaum, S. 141-254.

Penner, Zvi (1999): Screeningverfahren zur Feststellung von Störungen in der Grammatikentwicklung. Luzern: Edition SZH.

Penner, Zvi / Kölliker Funk, Maya (1998): Therapie und Diagnose von Grammatikerwerbsstörungen. Ein Arbeitsbuch. Luzern: Edition SZH.

Penner, Zvi / Schulz, Petra / Wymann, Karin (2003): Learning the meaning of verbs: What distinguishes language impaired from normally developing children? In: Linguistics, 41. Jg., H. 2, S. 289-319.

Penner, Zvi / Tracy, Rosemarie / Wymann, Karin (1999): Die Rolle der Fokuspartikel AUCH im frühen kindlichen Lexikon. In: Meibauer, Jörg / Rothweiler, Monika (Hrsg.): Das Lexikon im Spracherwerb. Tübingen: A. Francke Verlag, S. 229-251.

Pérez-Leroux, Ana Teresa / Schulz, Petra (1999): The role of tense and aspect in the acquisition of factivity: children's interpretation of factive complements in English, German and Spanish. In: First Language, 19. Jg., H. 55, S. 30-54.

Philip, William (1995): Event quantification in the acquisition of universal quantification. Doctoral Dissertation, University of Massachusetts, Amherst.

Ramos, Elaine B. (2000): Acquisition of noun phrase structures in children with specific language impairment. Ph.D. Dissertation, University of Massachusetts, Amherst.

Roeper, Tom / Schulz, Petra / Pearson, Barbara / Reckling, Ina (2007): From Singleton to Exhaustive: the Acquisition of Wh-. In: Becker, Michael / McKenzie, Andrew (Hrsg.): Proceedings of the 3rd conference on the semantics of underrepresented languages in the Americas (SULA). University of Massachusetts Occasional Papers in Linguistics 33 (UMOP). Amherst, Ma., 87-102.

Rothweiler, Monika (1993): Der Erwerb von Nebensätzen im Deutschen. Eine Pilotstudie. Tübingen: Niemeyer.

Rothweiler, Monika (2001): Wortschatz und Störungen des lexikalischen Erwerbs bei spezifisch sprachentwicklungsgestörten Kindern. Heidelberg: Winter (Edition S).

Rothweiler, Monika (2002): Spracherwerb. In: Meibauer, Jörg / Demske, Ulrike / Geilfuß-Wolfgang, Jochen / Pafel, Jürgen / Ramers, Karl Heinz / Rothweiler, Monika. (Hrsg.): Einführung in die germanistische Linguistik. Stuttgart: J.B. Metzler, S. 251-293.

Schulz, Petra (2003a). Frühes Verblernen als Prädiktor für Wortschatz- und Grammatikentwicklung. Vortrag anl. Forschungskolloquium des SFB 538 „Mehrsprachigkeit", Hamburg.

Schulz, Petra (2003b): Factivity: Its nature and acquisition. Tübingen: Niemeyer (Reihe Linguistische Arbeiten).

Schulz, Petra (2006): Deutsch als Zweitsprache - eine schwere Sprache? Vortrag anl. der 4. Fachtagung „Förderlehrerausbildung und Evaluation im Projekt *Förderunterrricht*" der Mercatorstiftung Essen, Mannheim.

Schulz, Petra (2007): Verzögerte Sprachentwicklung. In: Schöler, Hermann / Welling, Alfons (Hrsg.): Sonderpädagogik der Sprache. (= Handbuch der Sonderpädagogik, Bd.1). Göttingen: Hogrefe, 178-190.

Schulz, Petra / Wittek, Angelika (2003): Opening doors and sweeping floors: What children with specific language impairment know about telic and atelic verbs. In: Beachley, Barbara / Brown, Amanda / Colin, Frances (Hrsg.): Proceedings of the 27th Annual Boston University Conference on Language Development, Vol 2. Somerville, Ma.: Cascadilla Press, S. 727-738.

Schulz, Petra / Wymann, Karin / Penner, Zvi (2001): The early acquisition of verb meaning in German by normally developing and language impaired children. In: Brain and Language. 77. Jg., S. 407-418.

Szagun, Gisela (1990): Die Konstruktion mentaler Begriffe am Beispiel des Begriffs "Mut". In: Unterrichtswissenschaft. 18. Jg., S. 368-381.

Tomasello, Michael (2000): Do young children have adult syntactic competence? In: Cognition. 74. Jg., S. 209-253.

Tracy, Rosemarie (1986): The acquisition of case morphology in German. In: Linguistics. 24, S. 47-78.

Tracy, Rosemarie (1990): Spracherwerb trotz Input. In: Rothweiler, Monika (Hrsg.): Spracherwerb und Grammatik: Linguistische Untersuchungen zum Erwerb von Syntax und Morphologie. Opladen: Westdeutscher Verlag, S. 22-49.

Tracy, Rosemarie (1994): Raising Questions: Formal and Functional Aspects of the Acquisition of Wh-Questions in German. In: Tracy, Rosemarie / Lattey, Elsa (Hrsg.): How tolerant is universal grammar? Essays on language learnability and language variation. Tübingen: Niemeyer, S. 1-34.

Tracy, Rosemarie (2000): Sprache und Sprachentwicklung: Was wird erworben? In: Grimm, Hannelore (Hrsg.): Sprachentwicklung. Enzyklopädie der Psychologie, CIII, Band 3. Göttingen: Hogrefe, S. 3-39.

Tracy, Rosemarie (2001): Spracherwerb durch Epigense und Selbstorganisation. In: Feilke, Helmuth / Kappest, Klaus-Peter / Knobloch, Clemens (Hrsg.), Grammatikalisierung, Spracherwerb und Schriftlichkeit. Tübingen: Niemeyer, S. 49-65.

Tracy, Rosemarie (2005): Spracherwerb bei vier- bis achtjährigen Kindern. In: Guldiman, Titus / Hauser, Bernhard (Hrsg.), Bildung 4-bis 8-jähriger Kinder. Münster u.a.: Waxmann, S. 59-75.

Wegener, Heide (1992): Kindlicher Zweitspracherwerb. Der Erwerb der Nominalflexion des Deutschen durch Kinder aus Polen, Russland und der Türkei. Habilitationsschrift.Universität Augsburg.

Weissenborn, Jürgen (2000): Der Erwerb von Morphologie und Syntax. In: Grimm, Hannelore (Hrsg.): Sprachentwicklung. Enzyklopädie der Psychologie, CIII, Band 3. Göttingen: Hogrefe, S. 141-170.

Winner, Ellen (1988): The Point of Words: Children's Understanding of Metaphor and Irony. Cambridge: Harvard University Press.

Sven Nickel

Beobachtung kindlicher Literacy-Erfahrungen im Übergang von Kindergarten und Schule

In Zusammenhang mit Schriftkompetenz setzt sich immer mehr der Begriff Literacy[1] durch. Damit soll an dieser Stelle die Teilhabe an der Buch-, Schrift- und Erzählkultur gemeint sein. Mehrere Wirksamkeitsvergleiche (z.B. de Jong & Lesemann 2001; Bus u.a. 1995) belegen ihre immense Bedeutung für den Schriftspracherwerb. Und anders als isolierte Teilleistungstrainings (z.B. zur phonologischen Bewusstheit) sind diese Effekte nicht nur kurzfristig und bereichsspezifisch auf das Trainierte begrenzt, sondern bieten langfristige Vorteile beim Transfer auf das Lesen und Schreiben (z.B. Bus & Ijzendoorn 1999). In einer aktuellen Vergleichsstudie zu Effekten vorschulischer Förderprogramme findet beispielsweise Lenel (2005) die nachhaltigsten Effekte in einem vorschulischen Programm, das die Erfahrungen mit Schrift in den Mittelpunkt der pädagogischen Förderung rückt. Allerdings sammeln Kinder im Laufe ihrer Entwicklung stark unterschiedliche Schrifterfahrungen. Gerade, weil diesen Erfahrungen eine hohe Bedeutung für die Ausbildung der Lese- und Schreibkompetenzen zukommt, ist es von Interesse, sie bereits im Übergang vom Elementar- und Primarbereich einschätzen zu können.

1 Was ist Literacy?

Für den Begriff Literacy gibt es keine eindeutige deutsche Entsprechung[2]. Am ehesten lässt er sich noch mit Schriftlichkeit verdeutlichen. Doch was ist Schriftlichkeit?

Die diesbezügliche Forschung unterscheidet Sprache zweidimensional hinsichtlich Medium und Konzeption (vgl. Günther 1997). Medial kann Sprache entweder phonisch (in Form von dynamischen Schallwellen) oder graphisch (in Form von statischen Symbolen) kodiert werden. Interessanter aber ist die Bestimmung der sprachlichen Konzeption, d.h. der sprachlichen Strategien und der kommunikativen Bedingungen. Mündlichkeit als »Sprache der Nähe« ist beispielsweise gekennzeichnet

---

[1] Das Literacy-Konzept kennt im angelsächsischen Raum ein breites Bedeutungsspektrum. So wird der Begriff Literacy auch als Metapher für eine anwendungsorientierte Grundbildung benutzt, die sich auf sämtliche Bereiche beziehen kann. So wird ebenso von einer Mathematic Literacy gesprochen wie von einer Health-, Financial- oder Nutrition Literacy. Die genannten Bereiche kommen integriert beispielsweise in der Frage zum Einsatz, wie ich mich oder meine Familie mit den mir/uns gegebenen finanziellen Mitteln gesund und ausgewogen ernähren kann. Der Reading- und Writing Literacy kommt indes eine Schlüsselrolle für alle weiteren Formen von Literacy zu. Sie wird durch die Erfahrung einer Early Literacy, von der im vorliegenden Beitrag die Rede ist, eingeleitet und grundgelegt.

[2] Häufig wird Literacy mit Literalität gleichgesetzt. Literalität jedoch ist an Buchstaben, also an graphische Zeichen gebunden. Literacy hingegen bezieht auch den Bereich der Literarität, also die ästhetische Dimension der Ideen und Imaginationen mit ein.

durch stärkere Prozesshaftigkeit und Interaktion sowie eine stärker parataktische Organisation. Private E-Mails beispielsweise können daher – obwohl medial graphisch kodiert – sehr wohl konzeptionell mündliche Texte sein. Schriftlichkeit als »Sprache der Distanz« ist demgegenüber charakterisiert durch eine stärker monologische Struktur und eine hypotaktische Organisation sowie durch ein höheres Maß an Komplexität, Informationsdichte, Bewusstheit und Elaboriertheit. So sind TV-Nachrichten oder Predigten konzeptionell in hohem Maße schriftlich, wiewohl sie phonisch übertragen werden.

2   Wie erwerben Kinder Literacy?

Auf Kinder bezogen wird nun deutlich, dass das gemeinsame Betrachten von Bilderbüchern oder das Vorlesen von Kinderbüchern sprachliche Interaktionen sind, die den Erwerb konzeptioneller Schriftlichkeit – und damit die Sprach- und Kognitionsentwicklung – nachhaltig unterstützen. Beim Vorlesen kommen Kinder mit vertexteter Sprache in Kontakt, sie lernen einen anderen Wortschatz und andere syntaktische Verbindungen kennen, ganz zu schweigen von den spannenden, unterhaltsamen, lustigen oder interessanten Inhalten. Über diese Inhalte kann gesprochen, Bedeutung ausgehandelt, Fortgänge einer Geschichte können antizipiert oder das Verhalten der Hauptfigur interpretiert werden. Dabei ist die Sprache dieser Interaktionen anders strukturiert als die Sprache des vorgelesenen Buches. Bettina Hurrelmann (1994) hat es mit einem Satz auf den Punkt gebracht: Vorlesen ist ein „Schaukelstuhl" zwischen Mündlichkeit und Schriftlichkeit.

Kinder gleiten in *die* Schriftkultur, die sie unmittelbar umgibt. Die Familie ist die erste und wichtigste Bildungsinstitution. Dort kommen Kinder zum ersten Mal mit Schriftlichkeit in Kontakt. Sie erfahren Anregung und nutzen Modelle. Reichhaltige Lese- und Schreibaktivitäten der Eltern sind es, die Kinder neugierig machen auf diese Zeichen und ihre Funktion. Allerdings nur, wenn dies im familiären Rahmen auch kommuniziert wird. Denn wie sonst sollen Kinder verstehen, warum die Mutter nach dem Frühstück auf das große, faltbare Blatt Papier starrt oder warum der Vater beim Herausgehen noch schnell einige Striche auf den Papierblock neben der Wohnungstür kritzelt?

Insgesamt profitiert die literale Sozialisation von einer sprachlich stimulierenden sozialen Umgebung. Wichtig dabei ist die Begegnung mit konzeptioneller Schriftlichkeit im zunächst mündlichen Gebrauch, also in Formen prä- und paraliterarischer Kommunikation wie z.B. Erzählen, Vorlesen, Singen, Reimen, Sprach- und Fingerspiele etc. Diese Formen mündlicher Kinderkultur werden im Gebrauch angeregt und können durch Erwachsene unterstützt werden. Später, im Grundschulalter, ist die soziale Einbindung des Lesens in die Familien-Interaktion der wirksamste Faktor für die kindliche Leseentwicklung. Dazu gehören z. B. gemeinsame Lesesituationen und gemeinsame Buchinteressen, der gemeinsame Besuch von Bibliotheken und Buchhandlungen sowie Eltern, die Kinderbücher auch aus eigenem

Interesse lesen, und im Übrigen auch die Häufigkeit elaborierter, also alltagsferner Gespräche in der Familie (vgl. Hurrelmann 2005).

Ihre allerersten literalen Erfahrungen machen Kinder somit weit vor ihrer Einschulung, d.h. der Prozess der Literalisierung von Kindern ist zum Zeitpunkt ihres ersten Schultages bereits in vollem Gang. Seit mehreren Jahren haben Kinder durch ihre Teilhabe an der Schriftkultur vielfältige Erkenntnisse bezüglich der Funktion von Schrift gewonnen und erste Strukturen ihres Aufbaus erkannt. Schon im Kindergartenalter entwickeln sie einige der folgenden wesentlichen Einsichten. Dass diese Einsichten Entwicklungsprozesse sind und erst mit der Zeit erworben werden, machen Brügelmann und Brinkmann (1998) anhand kindlicher Verschriftungen auf Zwischenstufen der Entwicklung deutlich.

- Kinder erkennen, dass Buchstaben keine willkürlichen Striche und Rundungen sind, sondern fest definierte Zeichen, die eine Bedeutung tragen und somit eine Funktion haben. Die Schrift ist mithin Trägerin von Bedeutung.
- Kinder erkennen, dass Schrift etwas mit dem zu tun hat, was sie sprechen. Unsere Schrift ist keine Lautschrift, bildet also die Lautung nicht exakt ab. Gleichwohl ist sie lautorientiert. Das war historisch nicht immer so und ist auch heute in anderen Kulturräumen anders – dort, wo es Sinn macht. Zum Beispiel kennt das Japanische eine Schrift, die mit einem Zeichensatz für eine überschaubare Anzahl abgrenzbarer Silben auskommt. Und im Chinesischen sichert eine Begriffsschrift nicht zuletzt die Verständigung in einem Kulturraum, in dem die Menschen angesichts der starken Dialekte mündlich nicht miteinander kommunizieren könnten.
- Kinder erkennen, dass unsere Schrift von links nach rechts geschrieben und gelesen wird. Auch dies ist nicht selbstverständlich, wie das Arabische oder das Hebräische zeigen. Gerade Kinder mit Migrationshintergrund sind in ihrem familiären Sozialisationsraum häufig mit Menschen konfrontiert, die von rechts nach links schreiben oder beim Lesen mit ihrem Finger die Zeilen in dieser Richtung mitfahren.
- Kinder erkennen, dass die Raumlage der Buchstaben bedeutungsvoll ist. Mühevoll haben sie im Laufe ihrer Entwicklung eine Objektpermanenz entwickelt und erkannt, dass eine Tasse eine Tasse bleibt – egal wohin der Henkel zeigt. Ein <b> jedoch ist ein ganz anderes Zeichen als <d> und <p> ein anderes als <q>. Ähnliches gilt selbstredend für <M> vs. <W>, <u> vs. <n> und andere visuell ähnliche Paare. Den einzelnen Zeichen kommt dabei eine bedeutungsunterscheidende Funktion zu.
- Kinder erkennen schließlich, dass die Zuordnung von graphischen Zeichen und gesprochenem Laut willkürlich ist. So werden /g/ und /k/ an derselben Artikulationsstelle gebildet, sehen graphisch jedoch sehr verschieden aus. Die visuelle Ähnlichkeit von <k> und <h> hingegen findet keine Entsprechung in einer ähnlichen Lautung.

- Mit vorschreitendem Schriftspracherwerb erkennen Kinder schließlich, dass die Beziehung zwischen Lautzeichen (Phonem) und Schreibzeichen (Graphem) nicht eindeutig ist. So existieren Korrespondenzen, bei denen für ein Phonem verschiedene Grapheme stehen können (/f/ → <f>, <v>) als auch solche, bei denen umgekehrt ein Graphem für diverse Phoneme steht (<v> → /f/, /w/).
- Später erkennen Kinder zudem, dass das phonemische Prinzip nicht das einzige ist, sondern durch übergreifende Regularitäten, allen voran durch das morphematische und das syntaktische Prinzip, überformt wird.

3   Literacy-Erfahrungen wahrnehmen und beurteilen

Einsichten in die Struktur der Schrift sind Resultate von Erfahrungen, die zu Mustern geordnet wurden. Diese sozial vermittelten Erfahrungen mit Schriftkultur lassen sich nur schwerlich mit Hilfe von normierten Tests oder Screenings messen. Literacy lässt sich nur über Indikatoren erfassen, die auf das Vorhandensein entsprechender Erfahrungen hinweisen. Notwendig dafür ist ein Raum, der ein pädagogisches Beobachten möglich macht. Gemeint ist damit ein pädagogisches Szenario, das den lesenden und schreibenden Umgang mit Schrift als soziales Ereignis betrachtet und Möglichkeiten für diesen Umgang anbietet: Zum Lesen braucht man ein in verschiedener Hinsicht (Leseinteressen, Lesekompetenzen...) differenziertes Angebot an Büchern, die einen Aufforderungscharakter haben, sowie eine anregende Leseatmosphäre, z.B. in Form einer Lesehöhle, eines Lesethrons etc. Zum Schreiben werden die unterschiedlichsten Materialien benötigt, mit denen graphische Zeichen notiert werden können.

Die eigentliche Beobachtung grenzt sich deutlich von einer psychologischen Diagnostik ab, die darauf abzielt, Leistungen möglichst objektiv zu ermitteln, zu klassifizieren und typologisieren. Pädagogische Beobachtung findet im pädagogischen Alltag statt, sie ist dialogisch und prozessorientiert. Hinter ihr steht eine Haltung, die Beobachtung mit Be-Achtung verbindet. Im Vordergrund steht nicht die Suche nach Defiziten und Förderbedarfen, sondern eine kompetenzorientierte Beschreibung des Kindes in seiner Gesamtheit, in der sich eine Achtung, eine Wertschätzung der Fähigkeiten und Interessen des Kindes ausdrückt. Obwohl diese Beobachtung alltäglich, d.h. lernwegsbegleitend stattfindet, gibt es gute Gründe, sie an institutionellen Übergängen im Bildungslauf der Kinder zu intensivieren.

Derartige Beobachtungsmöglichkeiten sollen im Folgenden diskutiert werden. Aus Gründen der Systematik werden an dieser Stelle vier wesentliche Stränge der Literacyarbeit unterschieden, die in der Praxis auf vielfältige Weise miteinander verflochten und aufeinander bezogen sind. Diese vier Stränge umfassen folgende Bereiche (Abb. 1):

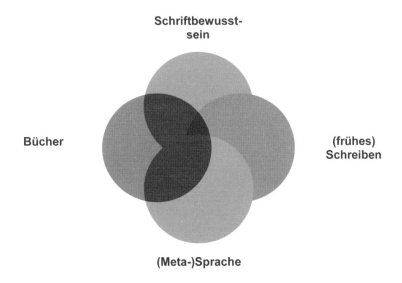

Abbildung 1: Stränge der Literacy-Arbeit

Im Rahmen der Beobachtung lassen sich zwei unterschiedliche methodische Herangehensweisen unterscheiden. Zum einen kann die freie Beobachtung zur Anwendung kommen, also die Wahrnehmung von kindlichen Äußerungen, Spontanschreibungen oder Gesprächen mit bzw. zwischen den Kindern. Zum anderen lassen sich strukturierte Beobachtungsmomente schaffen, in denen die Kinder eine didaktisch inszenierte Aufgabe lösen sollen. Es empfiehlt sich zudem, die eigenen Beobachtungen zum Zwecke der Reflexion durch pädagogische Tagebücher oder mit Hilfe von Beobachtungsbögen zu dokumentieren.

3.1 (Meta-)Sprache

Selbstredend ist Literacy eng an die allgemeine Sprach- bzw. besonders an die Metasprachentwicklung geknüpft. Im Rollenspiel entwickeln Kinder Formen symbolischer Sprachverwendung, sie verwenden Sprache für eine andere Person und treten phasenweise aus dieser Rolle heraus, um sich in einer Metasprache über das Spiel zu verständigen (vgl. Andresen 2002). Für die Literacy-Entwicklung ist diese Fähigkeit zur Dekontextualisierung von großer Bedeutung, also die Fähigkeit, von dem Inhaltsaspekt des Wortes abzusehen und sich auf die formale Struktur von Sprache zu beziehen. Finger- und Sprachspiele, Reime und Alliterationen unterstützen die weitere Ordnung von Sprache nach formalen Aspekten.

Zunächst gehen Kinder von der semantischen Seite der Sprache, also von der Bedeutung aus. Für sie ist beispielsweise das Wort „Kuh" länger als das Wort

„Eichhörnchen", da die Kuh das wesentlich größere Tier ist. Ein solcher Wortlängenvergleich gibt Hinweise darauf, inwieweit sich Kinder von der semantischen Seite lösen und ihre Aufmerksamkeit der formalen Struktur von Sprache schenken können. Der Wortlängenvergleich lässt sich mündlich („Welches Wort ist länger: Kuh oder Eichhörnchen?") oder schriftlich durchführen. Für Letzteres werden auf einem Arbeitsblatt Bildpaare mit jeweils zwei Dingen möglichst maßstabsorientiert abgebildet. Die Kinder sollen sich die Begriffe (z.b. Tiernamen) vorsprechen und entscheiden, welches Wort bzw. welcher Name der längere ist, und dieses Bild anmalen.

Bei der Entwicklung des Sprachbewusstseins kommt in dieser Phase des Literacy-Erwerbs der phonologischen Bewusstheit, also der bewussten Manipulation von phonetischen Elementen der Sprache, eine besondere Bedeutung zu[3]. Diese Fähigkeit lässt sich zum einen im Rahmen einiger Screenings (vor dem Schuleintritt: BISC & MÜSC; »Bielefelder« bzw. »Münsteraner« Screening zur Früherkennung von Lese-Rechtschreibschwierigkeiten) bzw. mit Hilfe informeller Verfahren (nach dem Schuleintritt: »Der Rundgang durch Hörhausen«) erfassen. Für eine freie Beobachtung eignen sich Sprachspiele, die die notwendigen Fähigkeiten spielerisch erfassen und gleichzeitig fördern: Die abgehackte Ro-bo-ter-spra-che unterstützt die phonologische Bewusstheit im weiteren Sinne, Zungenbrecher, Alliterationen und Reimspiele bahnen den Übergang zur phonologischen Bewusstheit im engeren Sinne an. Auch situationsorientierte Spiele wie „Ich sehe was, was du nicht siehst, das fängt mit /l/ an" fordern die Orientierung am Anlaut eines Wortes und damit die Anfänge einer Phonembewusstheit. Sind zudem die Gegenstände im Raum mit Begriffskarten versehen, hilft dies Kindern bei der Entwicklung eines Buchstabenkonzepts. Diese gedankliche Materialisierung der Phoneme erleichtert den Kindern den Schritt, von der Silbenbewusstheit zu einer Phonembewusstheit zu kommen, also von der phonologischen Bewusstheit im weiteren Sinne zu einer im engeren Sinn.

---

[3] Die phonologische Bewusstheit ist der Teil des Sprachbewusstseins, der sich auf den phonologischen Aspekt der Sprache bezieht. Die Bewusstwerdung des phonologischen Aufbaus ist einerseits nötig zum alphabetischen (lautorientierten) Lesen und Schreiben; andererseits unterstützen diese ersten frühen Schreib- und Leseversuche die metasprachliche Entwicklung.
Unterschieden werden können verschiedene Stadien der Bewusstwerdung. Die sich zuerst entwickelnde phonologische Bewusstheit im weiteren Sinne bezieht sich auf eine Teilung der Sprache in Silben, die körperlich und/oder artikulatorisch rhythmisch spürbar sind (klopfen, springen, klatschen...). Für die phonologische Bewusstwerdung im engeren Sinne ist hingegen eine kognitive Auseinandersetzung notwendig, um die Worte bzw. Silben in ihre Phoneme zu zerteilen. Dies gelingt am besten mit Hilfe der geschriebenen Sprache, bei der Kinder die gesprochenen Phoneme auch „sehen" und sich somit vorstellen können. Der Übergang von der phonologischen Bewusstheit im weiteren zu einer im engeren Sinne geschieht durch die Trennung des Anlautes vom Reim einer Silbe, der Silbenreim selbst kann in diesem Übergangsstadium noch nicht analysiert werden und verbleibt als Ganzheit.

3.2 Schriftbewusstsein

Die Entwicklung eines Bewusstseins für Schrift und Schriftlichkeit ist für die Literacy-Entwicklung von immenser Bedeutung. Im öffentlichen Raum sind wir im tagtäglich von Schrift umgeben. Viele Kinder jedoch sehen Schrift, ohne Ihnen Bedeutung beizumessen, weil sie (noch) keine entsprechenden kognitiven Schemata ausgebildet haben. Kinder entdecken im Laufe ihrer Entwicklung zunehmend, dass Schrift Trägerin von Bedeutung ist und dass sie sich strukturell von anderen Zeichensystemen (z.B. Zahlen) unterscheidet. Mit zunehmender Erfahrung werden sie auf Logos, Schriftzüge oder den eigenen Namen aufmerksam und können diese Zeichen einem Menschen, einer Tätigkeit, einer Sache oder einem Ort zuordnen.

Inwieweit Kindern allgemeine Logos und Schriftzüge bekannt sind, lässt sich mit Hilfe der recht verbreiteten Logo-Übersichten (z.B. Probst 2002, Füssenich & Löffler 2005b) erfassen. Eine weitere Möglichkeit ist es, Logos aus dem Wohn- und Schulumfeld der Kinder zu fotografieren und mit den Kindern ins Gespräch zu kommen, ob sie diese Zeichen schon einmal gesehen haben und was sie bedeuten. Spannend ist es auch, Schriftzüge, Logos etc. mit den Kindern zusammen zu fotografieren und die Kinder später mit den Fotos loszuschicken, um sich vor Ort nach der Bedeutung zu erkundigen.

Ähnliche Gedanken zur Sinnstiftung von Schrift im öffentlichen Raum haben Niedermann & Sassenroth (2004) in einem förderdiagnostischen Instrument aufgegriffen, das sich auf ein Bilderbuch bezieht. Auf der abgebildeten Doppelseite aus „Dani hat Geburtstag" (Abb. 2, im Original farbig) können Lesezugriffe auf verschiedenen Niveaustufen beobachtet werden. Unter anderem geht es an dieser Stelle auch darum, ob Kinder Embleme benennen oder ob sie Schriftzüge ohne das dazugehörige Emblem erkennen.

Abbildung 2: Schrift in der Umwelt erkennen
(aus: Niedermann & Sassenroth 2004)

Die Einsicht in die Funktion von Schrift steht dabei zeitlich vor der Einsicht in die Struktur. Kinder müssen zunächst erfahren, was man mit Schrift anfangen kann. Zum Bereich Schriftbewusstsein zählt daher auch ein pragmatisches Bewusstsein, das sich entwickelt, wenn Kinder andere Menschen beim Schreiben und Lesen beobachten und Schlüsse daraus ableiten, was diese Menschen da tun und warum. Gemeinsame Aktivitäten in der Familie („Komm, wir schreiben einen Einkaufszettel." „Was haben wir uns vorhin notiert?") helfen den Kindern, diese Funktionalität frühzeitig zu entdecken.

Im pädagogischen Handlungsfeld lässt sich zunächst durch Gespräche erfahren, ob Kinder ihre Umgebung als lesend oder schreibend wahrnehmen. Beiläufige Fragen wie „Wer liest dir am häufigsten vor?" „Wer schreibt bei euch?" lassen erste vorsichtige Rückschlüsse auf die erlebte Schriftlichkeit zu. Gespräche zum Thema „Warum willst du eigentlich lesen und schreiben lernen?" zeigen, welchen persönlichen Sinn Kinder in der Schriftnutzung sehen. Die Aussagen der Kinder reichen erfahrungsgemäß von sehr funktionalistischen Ansichten („Damit man in die zweite Klasse kommt." „Damit man später Erfolg im Beruf hat.") bis zu persönlichen Motiven („Weil ich meiner Oma selbst antworten möchte."). Kinder, die für sich keinen persönlichen Nutzen in der Beherrschung der Schrift sehen, geben sich ebenfalls häufig durch charakteristische Antworten zu erkennen („Weil man das muss.").

Mit Hilfe etlicher Varianten bekannter Spiele lässt sich erkennen, ob sich Kinder die Schriftinformation zunutze machen. Beim gezinkten Memory (Brinkmann & Brügelmann 1993) werden die Rückseiten der Bildkarten mit den entsprechenden Begriffen versehen. Einige Kinder spielen das Spiel wie ein herkömmliches Memory, indem sie versuchen, die Bilder und ihre Anordnung visuell zu speichern, ohne die Schriftinformation zu beachten. Andere haben den Zusammenhang erkannt, lassen sich evtl. aber durch Ähnlichkeiten (gleiche Wortlänge, gleicher Anfangsbuchstabe, Minimalpaare…) irritieren. Die Beobachtung des Umgangs mit einem solchen Spiel (bei dem als zusätzliche Variante nur eine Karte des Bildpaares beschriftet werden kann) legt erste Erkenntnisse der Kinder offen. Sollen diese „Spieltricks" anschließend untereinander erklärt werden, wird aus der Beobachtungs- eine Fördersituation. Die Anforderung, die eigene Strategie auf einer Metaebene zu verbalisieren, kann zudem helfen, die eigenen Erkenntnisse weiter zu verfestigen.

3.3 Bücher

Beim Bilderbuchbetrachten bzw. Vorlesen ergeben sich vielfältige Möglichkeiten zur Beobachtung, wie sich Kinder in diesen Situationen verhalten und ob diese für sie interessant bzw. motivierend sind. Welche Kinder greifen von sich aus zu Büchern? Haben einzelne Kinder bestimmte Vorlieben? Nutzen einzelne Kinder eher Sachbücher? Welches Kind nutzt welche Zugriffe auf ein Buch? Welche Kinder wirken vorleseerfahren? Gibt es Kinder, die sich am liebsten zu zweit oder/ zu mehreren mit einem Buch beschäftigen? Wird über das Buch gesprochen?

Selbstredend ergeben sich aus diesen Situationen vielfältige Möglichkeiten der Sprachbeobachtung und -förderung. Dies ist besonders der Fall, wenn Bücher zum Erzählen auffordern, wie z.B. bei „Frag mich!" (Damm 2002). Dieses Buch besteht aus einer Sammlung von interessanten Fragen zu unterschiedlichen Aspekten (z.B. „Wovor hast du Angst? Hast du schon mal ein totes Tier angefasst?"), die allesamt sehr persönlich sind und von den Kindern als kommunikationsanregend empfunden werden.

In diesem Rahmen können zudem hervorragend Gespräche zum Lieblingsbuch, zum bevorzugten (Vor-)Leseort oder zur angenehmsten (Vor-)Lesesituation initiiert werden. Durch die Erzählungen der Kinder zu ihrem familiären Alltag lassen sich vielfältige Eindrücke bezüglich der gelebten Schriftkultur gewinnen.

Eine weitere Möglichkeit bietet das Mitbringen und Vorstellen von Lieblingsbüchern. Wenngleich Kinder literarischen Figuren heutzutage in einem Medienverbund (Kino, DVD, Hörspiel, Buch…) begegnen, lässt die Bekanntheit solcher Figuren einige Rückschlüsse auf die Literacy-Erfahrung zu, beispielsweise zu ersten literarischen Vorlieben. Haben die Kinder Gelegenheit, sich im szenischen Spiel der Rolle anzunehmen, lässt sich beobachten, ob Kinder die Besonderheiten der entsprechenden literarischen Figur konstruieren. Überhaupt eignen sich handlungs- und produktionsorientierte Verfahren in dieser Altersgruppe besonders zur Aneignung von Texten. Dies gilt im Übrigen auch für das Vorlesen mit vorleseunerfahrenen

Kindern, die sich noch sehr schlecht auf reine Lesesituationen einlassen können: Sie profitieren massiv von einer begleitenden Gestik, durch die sie in die Geschichte einbezogen werden.

3.4 Frühes Schreiben

Die Entwicklung der Einsichten in die Funktion und die Struktur von Schrift lässt sich mit Hilfe von kindlichen Schreibprodukten besonders gut beobachten und dokumentieren. Als Folge einer frühen Nachahmungstätigkeit produzieren Kinder schon früh erste Kritzelbilder. Mit dem Erkennen der Mitteilungsfunktion werden aus ihnen Kritzelbriefe, bevor sie die Buchstabenbindung unserer Schrift erkennen und weitere, oben genannte Einsichten erwerben.

Die Schriftspracherwerbsforschung hat die Entwicklung der Schreibstrategien, in denen sich die individuell dominierenden Theorien bzw. Hypothesen über Schrift ausdrücken, entwicklungspsychologisch betrachtet und modelliert. Die Reihenfolge der Entwicklungsetappen ist zwar entwicklungslogisch (es kann keine Phase übersprungen werden), aber nicht als „Lehrgang" didaktisch umsetzbar. Die Modelle besitzen vor allem förderdiagnostische Relevanz. Nach einem an dieser Stelle so genannten PLAOMS-Modell erwerben Kinder ausgehend von der präliteral-symbolischen Strategie [P] zunächst die logographemische [L], anschließend die alphabetische [A] und schließlich eine orthographische [O] Strategie, die sich weiter in eine morphematische [M] und eine syntaktische [S] differenzieren lässt. Jede neue Strategie ist charakterisiert durch einen spezifischen Zugriff auf Schrift und eine Einsicht höherer Ordnung. Die Ausbildung der Strategien erfolgt regelgeleitet. Dies geschieht in Form von eigenaktiven, kontextsituierten und sozial vermittelten Konstruktionsprozessen, bei denen Kinder vorwiegend intuitiv Hypothesen bilden, sie im Gebrauch überprüfen und in Folge weiterer Auseinandersetzung mit dem Gegenstand weiterentwickeln.

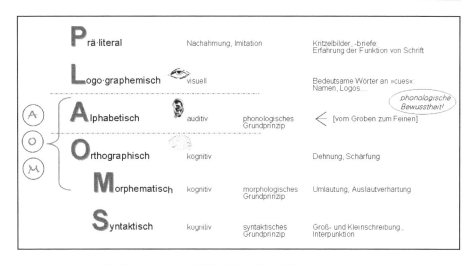

Abbildung 3: »PLAOMS«-Modell der Schreibentwicklung

Für den Bereich des Übergangs vom Kindergarten in die Schule ist in der Regel die Spanne von der logographemischen zur alphabetischen Strategie interessant. Die logographemische Phase ist charakterisiert durch einen visuellen Zugriff auf Schrift und ein sich entwickelndes Symbolbewusstsein. Durch eine visuelle Vorgehensweise unterscheiden Kinder Geschriebenes anhand von markanten und/oder individuell bedeutsamen graphischen Merkmalen (»cues«). Beispielhaft merkt sich Mette ihren Namen anhand der „beiden Kreuze in der Mitte". Die Wahrnehmung von Schrift richtet sich auf prägnante Einzelheiten. Von diesem Merkmal aus schließen Kinder auf das Wort. Während der Wahrnehmungsvorgang also analytisch geprägt ist, ist das Wahrnehmungsresultat bzw. der Wahrnehmungsschluss ganzheitlich. Im Alltag äußert sich die logographemische Strategie im Erkennen von Logos, Emblemen oder dem eigenen Namen, wobei die Kinder noch stark auf den Kontext angewiesen sind. Außerhalb dieses Kontextes wird der Schriftzug oftmals noch nicht erkannt. So kommt es vor, dass Kinder beispielsweise das ALDI-Emblem an Supermärkten als solches erkennen, in einer Werbebeilage der Zeitung aber noch nicht.

Der erste Zugang zur logographemischen Strategie ist somit durch die Modalität Lesen, also durch eine Rezeption von Schrift, geprägt. Erst danach setzt die Produktion von Schrift, zum Beispiel das Schreiben des Namens oder anderer subjektiv bedeutsamer Wörter ein. Dabei kommt es zu typischen Verschreibungen. Beispielsweise werden alle Grapheme des Namens geschrieben, aber immer wieder in einer anderen Reihenfolge, da das Kind noch keine auditive Kontrollmöglichkeit (Mitsprechen) ausgebildet hat.

Diese Strategie ist jedoch ökonomisch begrenzt, da sich nicht alle Wörter visuell speichern lassen. Mit zunehmender Schrifterfahrung erkennen Kinder einen Zusammenhang zwischen der gesprochenen und der geschriebenen Sprache. Diese Erkenntnis leitet die alphabetische Strategie ein, der Zugriff auf Schrift ist nun auditiv geprägt. Hier setzt die Entwicklung mit der Produktion von Schrift ein, die Rezeption folgt später nach. Die Kinder fühlen ihre Artikulation ab und versuchen, eine Zuordnung der gesprochenen Phoneme zu geschriebenen Graphemen zu finden. Dies tun sie auch bei Wörtern, die sie logographemisch schon kennen. Das heißt, dass sie Wörter nun auditiv orientiert falsch schreiben, die sie zuvor visuell orientiert korrekt verschriftet haben. Diese Zunahme von Falschschreibungen markiert an dieser Stelle jedoch einen Fortschritt der Entwicklung!

Mit Beginn der alphabetischen Strategie entwickeln sich das phonologische Bewusstsein (im engeren Sinne) und zunehmend differenziertere Phonem-Graphem-Korrespondenzen. Der Zugriff auf Schrift wird immer feiner. Zunächst können Kinder oftmals den Anlaut, also das erste Phonem des Wortes, isolieren. Im nächsten Stadium schreiben Kinder immer mehr Phoneme, oftmals Konsonanten, da diese kinästhetisch besser fühlbar sind. Dieser Punkt der Schreibentwicklung ist nicht selten durch eine wachsende Schreibbegeisterung gekennzeichnet. Aus Sicht der Kinder steht ihnen die Welt der Schriftlichkeit offen: „Ich kann alles schreiben, was ich spreche!". Im Verlauf der alphabetischen Phase, die meist Jahre andauert, versuchen sie zunehmend, ihre Strategie zu perfektionieren und jedes wahrgenommene, phonetische Detail in der Schrift abzubilden.

Das Lesen in dieser Phase ist von einer zerdehnten Artikulation geprägt, zu diesem künstlichen Wortklang wird anschließend eine Entsprechung im Sinne eines gespeicherten Wortes im inneren, mentalen Lexikon gesucht. Die lesende Auseinandersetzung mit Schrift ist es, die Kinder auf übergreifende, orthographische Regularitäten aufmerksam macht und die nächste Strategie einläutet. Generell ist davon auszugehen, dass sich die einzelnen Strategien überlappen und nicht sauber abgrenzbar in Reinform existieren.

Dieser gekennzeichnete Prozess setzt selbstredend nicht erst mit Schuleintritt ein. Im Gegenteil ist davon auszugehen, dass sich Kinder auf ihrem jeweiligen Wahrnehmungs-, Handlungs- und Denkniveau schon weit vor der Kindergartenzeit mit Schrift auseinandersetzen. Beim Übergang vom Kindergarten zur Schule zeigt sich meist, dass nahezu alle Kinder bereits über Buchstabenkenntnis verfügen. Allerdings kennen Kinder unterschiedlich viele und je nach persönlicher Bedeutung jeweils andere. Denn außerschulisches, informelles Lernen folgt keinem festgelegten Gerüst, wie es beispielsweise in einem lehrgangsbasiertem Anfangsunterricht vorgesehen ist.

Um diese frühen Buchstaben- bzw. Schriftkenntnisse zu erfassen, eignet sich das »leere Blatt« (Dehn & Hüttis-Graff 2006): Die Kinder bekommen die Aufgabe, an den Buchstabenvogel zu schreiben. Sie erhalten ein leeres Blatt, auf dem sie ihren Namen, alle Buchstaben und Wörter abbilden sollen, die ihnen bekannt sind. Im Anschluss stecken sie ihr Blatt in einen Umschlag und werfen diesen in den im Gruppenraum postierten Briefkasten.

Frühe Schreibfähigkeiten lassen sich jedoch nicht nur frei beobachten, sondern auch gezielt in strukturierten Situationen. Diese haben den Vorteil, dass sie sich wiederholen lassen, so vergleichbar werden und Entwicklungen sichtbar machen.

Eine Abwandlung des Kim-Spiels (Brinkmann & Brügelmann 1993) ist geeignet, die kindlichen Einsichten in Struktur von Schrift offen zu legen: Auf einem Tisch in der Klasse sind mehr als sieben Gegenstände in unterschiedlicher Stückzahl ausgebreitet und zugedeckt. Für einen gewissen Zeitraum wird das Tuch angehoben und die Kinder haben Gelegenheit, sich die Gegenstände einzuprägen, bis sie wieder verdeckt werden. Da die Auflösung erst in der nachfolgenden Woche stattfinden wird, sollen sich die Kinder Notizen als Erinnerungshilfe machen, so ähnlich wie ihre Eltern auf einen Einkaufszettel. In Gruppen mit jüngeren Kindern werden die Notizen gemacht, während die Gegenstände offen liegen. Hier lässt sich beobachten, ob die Kinder die Gegenstände schriftlich oder malerisch festhalten.

Das Neun-Wörter-Diktat (Brinkmann & Brügelmann 2005) eignet sich besonders für eine lernprozessbegleitende Beobachtung. Zu drei oder vier Terminen während des ersten Schuljahres werden den Kindern folgende neun Wörter unterschiedlichen Schwierigkeitsgrades entweder diktiert oder als Bilderliste vorgelegt: Kanu, Maus, Rosine, Schimmel, Leiter, Wand, billig, Lokomotive, Strumpf.

Anschließend werden die kindlichen Verschriftungen mit Punkten bewertet. Das Verfahren dient dazu herauszufinden, inwieweit Kinder Wörter bereits lauttreu konstruieren können (alphabetische Strategie) und somit die Voraussetzungen für den Erwerb orthographischer Kompetenzen erlangt haben.

Die meisten Beobachtungssituationen wird jedoch der pädagogische Alltag bieten, insbesondere innerhalb einer räumlichen Umgebung, die zum Schreiben mit den unterschiedlichsten Materialien einlädt. Ausgewählte Produkte können dabei in das Entwicklungsportfolio des Kindes aufgenommen werden. Mit Hilfe von Leitfragen lassen sich Schreibproben sehr differenziert interpretieren. In vielen Fällen jedoch wird es zu unklaren Interpretationsversuchen kommen, für deren Lösung nur das Kind sorgen kann. Äußerungen der Kinder sind auch während des Schreibprozesses hilfreich und geben uns vielfältige Einblicke in das kindliche Denken und die kindliche Hypothesenbildung („Methode des lauten Denkens"). Diese Veräußerung innerer Gedanken lässt sich im pädagogischen Alltag durch authentische Nachfragen provozieren: „Wie bist du denn da darauf gekommen?" Wie hast du das gemacht?" „Was hast du gerade überlegt?" usw.

Je nach Art eines vorliegenden Schreibproduktes kann zudem nicht nur die literale Entwicklung, sondern auch die literarische Entwicklung (also die Herausbildung von Schreibmodi bzw. Schreibhaltungen, vgl. Spitta 1999) beobachtet werden, die an dieser Stelle jedoch nicht betrachtet werden soll.

Im folgenden Beispiel[4] schreibt und malt Jonas eine Geburtstagskarte für seine Mutter.

Abbildung 4: Schreibbeispiel »Geburtstagskarte«

Jonas schreibt: »Schön, dass du heut' Geburts- | tag hast 29 | Neunundzwanzig | 29 | Herzlichen Glückwunsch«. Was verrät uns diese Karte nun über die Literacy-Entwicklung des Jungen?

- Was kann das Kind schon? (Dehn & Hüttis-Graff 2006)

Jonas zeigt hier Ende September, also wenige Wochen nach der Einschulung, eine Verschriftung, die in die alphabetische Phase fällt. Er berücksichtigt die Schreibrichtung (von links nach rechts, von oben nach unten), die Schreibung von <29> entgegen der schwierigen nummerischen Schreibrichtungskonvention sei hier nicht berücksichtigt. Jede Silbe ist abgebildet, jede prominente Silbe ist zudem vokalisch durch Abbildung des Silbenkerns gekennzeichnet. Er benutzt eine Vielzahl von Großbuchstaben und verwendet auch mehrgliedrige Grapheme (<SCH>). Das auf den ersten Blick inkorrekte <JA> in "Herzlichen" markiert den fallen Diphtong [e⊗] und macht deutlich, wie genau sich Jonas bereits kurz nach der Einschulung an der eigenen, norddeutschen Aussprache orientiert. Lediglich das verschriftete <L> im Kompositum "Glückwunsch" verändert die Lautfolge und ist somit in den Augen des Lesers/der Leserin keine adäquate Lösung (was nichts darüber sagen kann, wie er selbst das <L> erklärt).

---

[4] Je nach Art eines Schreibproduktes kann zudem nicht nur die literale, sondern auch die literarische Entwicklung, also die Herausbildung von Schreibmodi bzw. Schreibhaltungen (assoziativ-chronologisch, normorientiert, kommunikativ orientiert, subjektiv-authentisch u.a., vgl. Spitta 1999) beobachtet werden, die an dieser Stelle jedoch nicht betrachtet werden soll.

Zudem trägt seine Schreibung Bedeutung. Jonas kennt nicht nur den kulturellen Gebrauch von Geburtagskarten, sondern macht sich diesen kulturellen Brauch zu eigen. Er verwendet Schrift als Bedeutungsträgerin (s.o.), um seiner Mutter gegenüber einen Wunsch auszudrücken und diesen mittels der statisch-graphischen Repräsentation der Schrift zu verdauern, also zu verstetigen. Jonas Schreibung zeigt damit sowohl an, dass er sich der Funktion der Schriftverwendung bewusst ist, als auch, dass er bereits tief gehende Einblicke in die Struktur unserer Schrift erworben hat.

- Was kann das Kind (noch) nicht und was soll/kann/will es als nächstes lernen? (Dehn & Hüttis-Graff 2006; Füssenich & Löffler 2005a)

Jonas kennzeichnet bei seiner Geburtstagskarte noch keine Wortgrenzen und nutzt noch keine Minuskeln. Diese beiden Dinge liegen in seiner "Zone der nächsten Entwicklung" (Wygotski 1987, vgl. Textor 1999). Es ist zu vermuten, dass Jonas mit Impulsen wie "Schreibe jedes Wort in einer anderen Farbe", "Mache nach jedem Wort einen Strich" oder "Lege nach jedem Wort den Zeigefinger der anderen Hand hinter das Wort und schreibe neben dem Finger weiter" sehr schnell Möglichkeiten entdecken wird, die Wortstruktur zu kennzeichnen und Spatien in seiner Verschirftungen einzubauen.

Einzelne Zeichen (<E>, <J> sowie <9>) treten zurzeit spiegelverkehrt auf, dies jedoch nicht durchgehend, sondern ausschließlich in der letzten Zeile, was eher auf Zusammenhänge von Konzentration und Müdigkeit hinweist. Eine besondere Beachtung dieses Phänomens ließe sich nur begründen, wenn derartige Spiegelungen auch in anderen Texten und über eine längere Zeit hinweg auftauchten. Mit hoher Wahrscheinlichkeit jedoch lässt sich dieses Phänomen als typisches und entwicklungslogisches Durchgangsstadium begreifen.

4 Schriftkultur im Anfangsunterricht – eine Schlussbemerkung

Der Schulbeginn ist – wie gemeinhin bekannt – keine Stunde Null, auch nicht bzw. schon gar nicht im Hinblick auf die Literacy-Entwicklung. Doch es ist bekannt, dass nicht alle Kinder diese wichtigen Erfahrungen mit Schrift vor ihrer Schulzeit machen. Milieubedingte Unterschiede wirken sich auf den Schulerfolg aus (z.B. Lesemann & de Jong 2004) und dies tun sie in Deutschland besonders stark (vgl. Baumert u.a. 2002). Dem Kindergarten und dem Anfangsunterricht in der Schule kommt somit eine entscheidende Bedeutung für die Chancengleichheit auf Bildungsbeteiligung zu. Kita und Schule als soziale Räume können Schriftlichkeitserfahrungen den Kindern ermöglichen, denen die Teilhabe an einer elementaren Schriftkultur bisher verschlossen blieb.

Für den Bereich der Schule sind schriftkulturelle Ansätze vielfach beschrieben: (z.B. Bambach 1989; Dehn 1990, 1996), für den Elementarbereich erscheinen zunehmend Arbeiten, die sich mit der Literacy-Erziehung im Kindergarten konzeptionell auseinandersetzen (Ulich 2003; Zinke 2004; Blumenstock 2004; Näger 2005; Klein 2005) und/oder methodische Anregungen geben (Tenta 2002; Weinrebe 2005).

Besonders effizient erscheint Literacy-Förderung meines Erachtens, wenn folgende drei Verknüpfungen mit berücksichtigt werden:

- Verknüpfung mit einer umfassenden und beziehungsorientierten sprachlichen Förderung – statt eines isolierten metasprachlichen Trainings wenige Wochen vor der Einschulung (vgl. Merkel 2005).
- Verknüpfung des Kita- und des Schullebens mit anderen literalen Handlungsfeldern, beispielsweise mit Bibliotheken, wie in dem von der Stiftung Lesen prämierten Projekt »Kinder entdecken die Welt der Schrift und Zeichen (KeSZ)« (vgl. www.buchstabensuppe-online.de).
- Verknüpfung mit dem Alltagsleben der Familie. Angesichts der skizzierten Bedeutung familiärer Erfahrung von Schriftkultur wäre es angemessen, das Selbstverständnis von Kindergärten und Grundschulen zu erweitern und gezielt Angebote für Familien in besonderen Lebenslagen zu machen. Erste Ansätze der Weiterentwicklung zu Familienzentren (analog der Early Excellence Centres in Großbritannien) sind in Berlin zu beobachten. Für die gezielte Unterstützung der Literacy-Entwicklung existieren bereits viel versprechende Family Literacy-Modellierungen (Nickel 2004, Wasik 2004; Nutbrown, Hannon & Morgan 2005), deren Effektivität international belegt ist und denen eine weite Verbreitung und Erprobung hierzulande zu wünschen ist.

Literatur

Andresen, Helga (2002): Interaktion, Sprache und Spiel. Zur Funktion des Rollenspiels für die Sprachentwicklung im Vorschulalter. Tübingen: Narr.

Bambach, Heide (1989): Erfundene Geschichten erzählen es richtig. Lesen und Leben in der Schule. Konstanz: Libelle.

Baumert, Jürgen u.a. (Hrsg.) (2001): PISA 2000. Basiskompetenzen von Schülerinnen und Schülern im internationalen Vergleich. Opladen: Leske & Budrich.

Blumenstock, Leonhard (2004): Spielerische Wege zur Schriftsprache im Kindergarten. Weinheim, Basel: Beltz.

Brinkmann, Erika / Brügelmann, Hans (1993): IDEEN-KISTE Schriftsprache. Hamburg: vpm.

Brinkmann, Erika / Brügelmann, Hans (2005): Deutsch. In: Bartnitzky, Horst u.a. (Hrsg.): Pädagogische Leistungskultur: Materialien für Klasse 1 und 2. Beiträge zur Reform der Grundschule. Bd. 119. Frankfurt a. M.: Grundschulverband.

Brügelmann, Hans / Brinkmann, Erika (1998): Die Schrift erfinden. Konstanz: Libelle.

Bus, Adriana G. / van Ijzendoorn, Marinus H. (1999): Phonological awareness and early reading: A metaanalysis of experimental training studies. In: Journal of Educational Psychology, Vol. 91, S. 403-414.

Bus, Adriana G. / van Ijzendoorn, Marinus H., & Pellegrini, Anthony D. (1995): Joint book reading makes for success in learning to read: A meta-analysis on intergenerational transmission of literacy. Review of Educational Research, 65, 1-21.

Damm, Antje (2002): Frag mich! 108 Fragen an Kinder, um miteinander ins Gespräch zu kommen. Frankfurt a. M.: Moritz.

De Jong, P.F. / Lesemann, P.P.M. (2001): Lasting effects of home literacy on reading achievement in school. In: Journal of School Psychology, Vol. 35, Heft 5, S. 389-414.

Dehn, Mechthild (1990): Christina und die Rätselrunde – Schule als sozialer Raum für Schrift. In: Brügelmann, Hans / Balhorn, Heiko (Hrsg): Das Gehirn, sein Alfabet und andere Geschichten. Konstanz: Libelle, S. 112-124.

Dehn, Mechthild (1996): Einleitung: Elementare Schriftkultur. In: Dehn, Mechthild / Hüttis-Graff, Petra / Kruse, Norbert (Hrsg): Elementare Schriftkultur. Schwierige Lernentwicklung und Unterrichtskonzept. Weinheim, Basel: Beltz, S. 8-14.

Dehn, Mechthild / Hüttis-Graff, Petra (2006): Zeit für die Schrift II: Beobachtung und Diagnose. Berlin: Cornelsen scriptor.

Füssenich, Iris / Löffler, Cordula (2005a): Schriftspracherwerb. Einschulung, erstes und zweites Schuljahr. München, Basel: Reinhardt.

Füssenich, Iris / Löffler, Cordula (2005b): Materialheft Schriftspracherwerb. Einschulung, erstes und zweites Schuljahr. München, Basel: Reinhardt.

Günther, Hartmut (1997): Mündlichkeit und Schriftlichkeit. In: Balhorn, Heiko / Niemann, Heide (Hrsg): Sprachen werden Schrift. Mündlichkeit – Schriftlichkeit – Mehrsprachigkeit. Lengwil am Bodensee: Libelle, S. 64-73.

Hecker, Ulrich (2003): Lesekompetenz entwickeln und würdigen. Leseförderung als Aufgabe der ganzen Schule. Grundschulverband aktuell, Heft 84, S. 11-14.

Hurrelmann, Bettina (1994): Leseförderung. In: Praxis Deutsch 127, S. 17-26.

Hurrelmann, Bettina (2005): Wie Kevin zum Leser werden könnte. Wege zur Lesekompetenz im Medienzeitalter. Vortrag auf dem Kongress „Lesen.Lernen" am 16.11.2005 in Dortmund. URL: http://www.bildungspartner.nrw.de /fachthema/publikationen/ dokukongress2005.htm.

Klein, Helke (2005): Kinder schreiben. Erste Erfahrungen mit Schrift im Kindergarten. Seelze; Friedrich.

Lenel, Aline (2005): Schrifterwerb im Vorschulalter. Weinheim, Basel: Beltz PVU.

Lesemann, P.P.M. / de Jong, P.F. (2004). Förderung von Sprache und Präliteralität in Familie und (Vor-)Schule. In: Faust, Gabriele u.a. (Hrsg.): Anschlussfähige Bildungsprozesse im Elementar- und Primarbereich. Bad Heilbrunn/Obb.: Klinkhardt, S.168-189.

Merkel, Johannes (2005): Warum das Pferd von hinten aufzäumen? Grundsätze zur Sprachförderung im Elementarbereich, insbesondere von Kindern mit anderer Muttersprache. URL: http://www.kindergartenpaedagogik.de/1296.html.

Näger, Sylvia (2005): Literacy - Kinder entdecken Buch-, Erzähl- und Schriftkultur Freiburg: Herder.

Nickel, Sven (2004): Family Literacy — Familienorientierte Zugänge zur Schrift. In: Carle, Ursula / Panagiotopoulou, Argyro (Hrsg.): Sprachentwicklung und Schriftspracherwerb. Beobachtungs- und Fördermöglichkeiten in Familie, Kindergarten und Grundschule. Baltmannsweiler: Schneider Hohengehren, S. 71-83.

Niedermann, Albin / Sassenroth, Martin (2004): Lesestufen - Dani hat Geburtstag. Ein Instrument zur Feststellung und Förderung der Leseentwicklung. Horneburg: Persen.

Nutbrown, C.E. / Hannon, P. / Morgan, A. (2005). Early Literacy Work with Families: policy, practice and research. London: SAGE.

Probst, Holger (2002): Testaufgaben zum Einstieg in die Schriftsprache. Horneburg: Persen.

Spitta, Gudrun (1999): Wenn Kindertexte uns berühren – oder Gedanken zur (literarischen) Qualität von Kindertexten beim freien Schreiben. In: Duderstadt, Matthias & Forytta, Claus (Hrsg). Literarisches Lernen. Frankfurt a.M.: Grundschulverband, S. 211-228.

Tenta, Heike (2002): Schrift- & Zeichenforscher. Was Kinder wissen wollen. München: Don Bosco.

Textor, Marton R. (1999): Lew Wygotski - entdeckt für die Kindergartenpädagogik. URL: http://www.kindergartenpaedagogik.de/19.html

Ulich, Michaela (2003): Literacy – sprachliche Bildung im Elementarbereich. In: kiga heute, Heft 3, S. 6-18.

Wasik, Barbara Hanna (Hrsg.) (2004): Handbook of Family Literacy. Mahwah, New Jersey & London: Lawrence Erlbaum Associates.

Weinrebe, Helge (2005): ABC - wohin ich seh. Wörter, Laute und Buchstaben entdecken. Freiburg: Herder.

Wygotski, Lew Semjonowitsch: Ausgewählte Schriften. Band 2: Arbeiten zur psychischen Entwicklung der Persönlichkeit. Berlin: Volk und Wissen.

Zinke, Petra (2004): Vom Zeichen zur Schrift. Begegnungen mit Schreiben und Lesen im Kindergarten. Weinheim, Basel: Beltz.

Stefan Jeuk

Einschätzung des Sprachstands bei mehrsprachigen Kindern

1 Einleitung

Die Einschätzung des Sprachstands bei mehrsprachigen Kindern, die deutsche Schulen besuchen, ist in einem Spannungsfeld zwischen der Feststellung eines Förderbedarfs einerseits und den individuellen Förderbedürfnissen der Kinder andererseits angesiedelt. Die Feststellung des Förderbedarfs ist vorrangig eine schulorganisatorische Aufgabe. Es soll die Frage geklärt werden, welche Kinder (zusätzlich) sprachlich gefördert werden müssen, um den Anforderungen des Bildungsplans folgen zu können. Außerdem werden in jüngerer Zeit in nahezu allen Bundesländern Sprachförderprogramme aufgelegt, bei denen der Frage nach der Verteilung von Ressourcen und somit nach einer Quantifizierung förderbedürftiger Schülerinnen und Schüler ein zentraler Stellenwert zukommt. Bei der Ermittlung individueller Förderbedürfnisse geht es hingegen um didaktisch relevante Antworten auf die Frage, wie ein einzelnes Kind tatsächlich gefördert werden kann, sei es im Regelunterricht, in Förderklassen oder im Rahmen zusätzlicher Förderstunden.

Es herrscht weitgehend Einigkeit darüber, dass mehrsprachige Kinder, zumal solche mit Migrationshintergrund, nicht immer den Sprachstand in der Zweitsprache Deutsch erreichen, der notwendig wäre, um mit deutschen Kindern ohne zusätzliche Sprachförderung nach einheitlichen Bildungsplänen gemeinsam beschult zu werden. Dies hat unter anderem mit den Lernbedingungen zu tun, unter denen viele mehrsprachige Kinder die Zweitsprache Deutsch erwerben (vgl. Oomen-Welke 2002, Jeuk 2003). Schwierigkeiten und Defizite beim Erwerb der Zweitsprache Deutsch führen im Laufe der Schulzeit zu immer größeren Lernschwierigkeiten, die sich zunehmend auch auf die Sachfächer auswirken (Knapp 1999). Die Kompetenzen in den Herkunftssprachen der Kinder spielen in der deutschen Schule hingegen keine Rolle. So werden mehrsprachige Kinder häufig als Defizitträger wahrgenommen, indem sie von Beginn der Schulzeit an mit einsprachig deutschen Kindern verglichen werden, die nur in einer Sprache kommunizieren müssen und die zum Zeitpunkt der Einschulung in der Regel die Unterrichtssprache altersgemäß beherrschen. Die Missachtung der mehrsprachigen Kompetenzen der Kinder steht im Gegensatz zu Zielsetzungen europäischer Bildungspolitik, nach denen Mehrsprachigkeit als Chance gesehen wird und in der Schule gefördert werden soll.

Zur Erhebung des Förderbedarfs wird von Testverfahren erwartet, schnell zu validen (gültigen) und zuverlässigen Ergebnissen zu gelangen. Im folgenden Beitrag möchte ich aufzeigen, welche Probleme sich dabei ergeben können: Mit quantitativen Tests kann zwar ein Bedarf festgestellt werden, die Ergebnisse müssen im Einzelfall jedoch relativiert werden. Zur Ermittlung individueller Förderbedürfnisse ist ein differenziertes, am Kind orientiertes Vorgehen notwendig.

2 Allgemeine Probleme von Sprachstandsmessungen

„Die Aneignung von Sprache bedeutet, dass ein Kind Sprache als Handlungsmittel umfassend erwirbt und Sprechen so zu einer eigenen, gesellschaftlich hinreichenden Handlungsressource für sich entwickelt" (Ehlich 2005, S. 19). Dieses Zitat verweist darauf, dass Spracherwerb ein komplexer Vorgang ist, der sich auf sehr verschiedenen Ebenen vollzieht. Hierzu gehört der Erwerb der allgemeinen Fähigkeit zur symbolischen Interaktion mit einem Gegenüber genauso wie das Lernen der komplexen Regeln der Grammatik in Bezug auf die Bildung von Wörtern, Sätzen und längeren Äußerungen und der Erwerb eines differenzierten Wortschatzes mit den dazu gehörenden Bedeutungen der Wörter. Da beim Spracherwerb der Gebrauch von Formen von Beginn an in pragmatische Funktionen eingebunden ist, ist die Einteilung in sprachliche Strukturebenen, auf der die Konstruktion der meisten Tests beruht, ein verfahrenstechnisches Hilfskonstrukt.

Das derzeitige Wissen über Sprachaneignungsprozesse ist keineswegs vollständig und umfassend. Welche Bedeutung z.b. der Satzmelodie und der Betonung für den Erwerb von Satz- und Wortstrukturen zukommt, ist nach dem gegenwärtigen Stand der Forschung erst in Ansätzen erfasst. Insgesamt gibt es bei weitem nicht genügend Untersuchungen des Spracherwerbs, um daraus eine quantifizierbare Datengrundlage zu schaffen. Um Spracherwerb in seiner Gesamtheit zu erfassen, ist eine sehr umfangreiche Datenerhebung und Analyse notwendig. Deshalb sind relevante empirische Untersuchungen zum Spracherwerb qualitative Einzelfallstudien (vgl. Ehlich 2005). Aus diesen Studien lässt sich ablesen, dass es eine enorme Bandbreite an Entwicklungsschritten und zeitlichen Abläufen bei der Sprachaneignung gibt, so dass verallgemeinernde Schlussfolgerungen nur mit der größtmöglichen Vorsicht zulässig sind. Hinzu kommt, dass es auch in der Spracherwerbsforschung unterschiedliche Forschungsparadigmen gibt, deren Vertreter Spracherwerbsdaten unterschiedlich einordnen. Daten aus Sprachstandserhebungen und Tests können nur in Abhängigkeit von zu Grunde gelegten Theorien interpretiert werden.

Die Annahme, dass der sprachliche Entwicklungsstand eines Kindes mit relativ wenig Aufwand richtig eingeschätzt werden könne, ist vor allem deshalb problematisch, weil die Sprachaneignung alles andere als linear verläuft. Ein Beispiel ist der U-förmige Verlauf beim Erwerb der Konjugationsformen unregelmäßiger Verben (vgl. Bredel 2005, S. 86f). Kinder verwenden zunächst sowohl das schwache Konjugationsmuster (d.h. regelmäßig: z.B. *lieben – liebte – geliebt*) und das starke Konjugationsmuster (d.h. unregelmäßig: z.B. *singen – sang – gesungen, gehen – ging – gegangen*) zielsprachlich richtig. Im weiteren Verlauf gehen die Kinder dann dazu über, starke Verben schwach zu flektieren (*gehen – gehte – gegeht, singen – singte – gesingt*). Diese Fehlbildungen entpuppen sich erst dann als Fortschritt, wenn man davon ausgeht, dass die Kinder in der ersten Phase die Verbformen unanalysiert und als Ganzheiten übernommen haben und in der zweiten Phase die Regeln der Verbbildung erkannt haben und diese übergeneralisieren. Erst in einer dritten Phase lernen die Kinder, Ausnahmen (starke Verben) von regelhaften Bildungen zu unterscheiden. Tracy (2002 u.a.) führen eine Reihe weiterer Beobachtungen auf, die es schwer machen, Spracherwerbsstände angemessen zu beurteilen:

- Einige Kinder nahmen zunächst Ganzheiten wahr (*wasistdas*), die erst nach und nach entschlüsselt werden. Sie sind bereits auffallend früh zu relativ komplexen Äußerungen fähig, die sie nicht immer entschlüsselt haben. Andere Kinder lernen zunächst die kleineren Einheiten, die nach und nach zusammengesetzt werden.
- Einige Kinder beginnen erst sehr spät (manche erst mit drei Jahren) mit dem aktiven Sprechen, dann steigen sie schnell in komplexe Äußerungen ein. Diese so genannten Late Talkers holen den Rückstand in der Sprachentwicklung nicht immer so schnell auf, dass sie mit fünf oder sechs Jahren den gleichen Sprachstand haben wie andere Kinder.
- Kinder lassen aus pragmatischen Gründen systematisch Konstituenten aus (z.B. Nomen, Fragepronomen oder Konjunktionen, z. B. *macht der?* für *was macht der?*), die zur Aufrechterhaltung der aktuellen Kommunikation nicht unbedingt benötigt werden. Diese Auslassungen sind Abweichungen von der Zielsprache, die situativ entstehen und nicht durchgängig auftreten.
- Bereits beherrschte Formen werden nicht immer angewendet. Von dem Moment an, ab dem ein Kind eine Form beherrscht, bis zu seiner konsistenten Verwendung kann es, je nach den Spracherwerbs- und Kommunikationsbedingungen, recht lange dauern. Dies kann z.B. an der Koexistenz falscher und richtiger Nebensatzäußerungen bei Kindern bis ins Schulalter hinein beobachtet werden (*...und der nach Hause geht* vs. *...und der geht nach Hause*).

Bei der Konstruktion von Sprachtests tritt zu der Schwierigkeit, Spracherwerb einheitlich zu beschreiben, ein Problem der Psychometrik hinzu: Die Testsituation muss sich, um objektivierbar zu sein, auf Handlungssituationen beziehen, die kommunikatives Handeln weitgehend kontrollieren und steuern. In solchen künstlichen Situationen können Kinder nicht immer so kommunikativ tätig werden, dass ihre tatsächlichen Fähigkeiten sichtbar werden. Viele Tests beziehen sich darüber hinaus auf (unreflektierte) Alltagsvorstellungen von Sprache (Bredel 2005, S. 77). Ein Beispiel aus dem Berliner Verfahren „Bärenstark" (Pochert 2003) für Kinder kurz vor der Einschulung mag dies verdeutlichen: Die Kinder sollen ein Bild beschreiben, auf dem unter anderem die Badegäste eines Freibads mit einem Ball spielen. Für die Äußerungen der Testpersonen werden Punkte verteilt. Für die Auswertung werden als Beispiele die folgenden Äußerungen genannt:

1 Sie spielen mit dem Ball	4 Punkte
2 Zwei Mädchen auch Ball spielen	2 Punkte
3 Es spielen	1 Punkt
4 Alles, da alle Kinder spielt	0 Punkte

Wie die Bewertungsskala zeigt, wird als Grundlage für die Punkteverteilung die Vollständigkeit der Äußerung bzw. die Nähe zu einem zielsprachlich vorgegebenen

Ideal gewählt. Eine an der kindlichen Sprachaneignung orientierte Einschätzung würde zu einem anderen Ergebnis kommen: Ein Kind, das die Markierung der 2. Person Singular (*spielt* in Äußerung 4) erworben hat ist, unabhängig vom korrekten Einsatz der Form, beim Spracherwerb unter Umständen einen Schritt weiter als ein Kind, das nur die infinite Verbform (*spielen*) gebraucht und noch keine Verbflexionsformen beherrscht (vgl. Grießhaber 2005, S. 4). Außerdem wird bei der Auswertung des Verfahrens nicht berücksichtigt, dass viele Kinder bei Bildbeschreibungen nur rudimentäre Äußerungen mit vielen Pronomen, deiktischen Elementen (*da, dort, hier, so*) und Zeigegesten einsetzen und es ganz „normal" ist, dass solche Äußerungen aus dem Blickwinkel einer an der schriftlichen Norm orientieren Komplexität nicht immer richtig sind.

Ein an den möglichen Variationsbreiten kindlicher Sprachaneignung, den Gesetzmäßigkeiten des kommunikativen Gebrauchs, den systematischen Bezügen der verschiedenen sprachlichen Bereiche untereinander und den Entwicklungsmöglichkeiten eines Kindes orientiertes Verfahren müsste in der Lage sein, Abweichungen von Entwicklungsverzögerungen differenzieren zu können. Ein derartiges Verfahren ist nicht in Sicht. Als Möglichkeit bleibt, bestehende Verfahren einzusetzen und die Daten mit einer sehr großen Vorsicht zu interpretieren und zu Beobachtungen und anderen Verfahren in Beziehung zu setzen. Die derzeit zuverlässigsten Verfahren beruhen auf der Aufnahme und Transkription von Spontansprachdaten, die im Idealfall in verschiedenen Kontexten erhoben werden. Diese Verfahren sind in der Regel recht aufwändig und nur mit psycholinguistischem Hintergrundwissen durchzuführen. Valide und reliable Sprachdiagnostik ist auch dann, wenn sie nur der quantitativen Einordnung dient und keine Hinweise auf die Förderung enthält, nicht in zehn Minuten zu haben!

3 Probleme der Sprachstandserhebung bei mehrsprachigen Kindern

Bei Kindern, die mehrsprachig aufwachsen, stellt sich über die oben genannten Schwierigkeiten hinaus die Frage, welche Bezugsnorm gewählt werden soll. Wird der Sprachstand einsprachiger Kinder desselben Alters als Bezugsnorm gewählt, werden Fähigkeiten in der Erstsprache ignoriert und Aspekte der Lernersprache ausgeblendet. Die Orientierung an der Altersnorm Einsprachiger spiegelt allerdings die Realität an den Schulen wider, in denen sich mehrsprachige Kinder mit einsprachigen vergleichen lassen müssen, ohne dass auf ihre spezifischen Bedürfnisse im Hinblick auf den Zweitspracherwerb eingegangen wird.

Wird die Sprachentwicklung zweisprachiger Kinder als Bezugsnorm gewählt, besteht die Gefahr, eine Sonderbehandlung zu etablieren, die der Integration entgegen laufen könnte (vgl. Reich 2003, S. 915f). Außerdem ist es kaum möglich, gleichaltrige Kinder, die Deutsch als Zweitsprache lernen, miteinander zu vergleichen, zu unterschiedlich ist das Ausmaß der Lernmöglichkeiten, die Dauer des Sprachkontakts, die Qualität und die Quantität der Förderung und die Beherrschung der jeweiligen Herkunftssprachen. So ist fraglich, ob diese Kinder überhaupt als eine einheitliche Population gesehen werden können oder ob nicht zumindest die Zeit des Kontakts mit der Zweitsprache Deutsch als weiteres Unterscheidungskriterium hinzugezogen werden müsste.

Wählt man ein am Kind orientiertes Vorgehen, impliziert dies einen Wechsel von einem Normbezug zu einem Kriterienbezug (vgl. Reich 2003, S. 915). Nicht Kinder einer bestimmten Alterskohorte sind der Bezugspunkt, sondern Kriterien sprachlichen Lernens, die unter Rückgriff auf Theorien und empirische Forschungen als relevant für die Sprachaneignung gesehen werden. In Bezug auf Entwicklungsschritte in der Grammatik entwickelte Grießhaber (2005) ein Stufenmodell, bei dem davon ausgegangen wird, dass Kinder mit Deutsch als Zweitsprache beim Erwerb der Grammatik in der Regel vergleichbare Entwicklungsschritte nachvollziehen. Diese sind unabhängig vom Lebensalter. Festgestellt wird lediglich die Reihenfolge der Phasen: Auf einer ersten Stufe erwirbt das Kind z.B. die einfache Wortstellung Subjekt-Verb-Objekt, die mit der grundlegenden Wortstellung mitteleuropäischer Sprachen übereinstimmt. Auf der zweiten Stufe wird die für das Deutsche charakteristische Trennung von finitem Verb und infiniten Verbteilen erworben (*der Junge hat .... gespielt*), bei der dritten Stufe werden Adverbiale vorangestellt (*dann hat der Junge gespielt*), die Kinder können die Inversion (Wechsel der Position) von Subjekt und finitem Verb vollziehen. Bei der vierten Stufe schließlich werden die Nebensatzstellung und die Endstellung des flektierten Verbs erworben (...., *weil der Junge gespielt hat*). Die Annahme solcher Stufen bedeutet, dass Kinder, die Deutsch als Zweitsprache erwerben, beim Erwerb der Morphosyntax im Wesentlichen vor denselben Problemen stehen und ähnliche Entwicklungsschritte machen, relativ unabhängig vom grammatischen System ihrer Erstsprache. Das bedeutet jedoch nicht, dass der Zweitspracherwerb unabhängig von sprachlichem Wissen in der Erstsprache erfolgt. Besonderheiten beim Zweitspracherwerb sind z.B. folgende Aspekte:

- Da die Kinder bereits eine Sprache beherrschen, produzieren sie zu einem sehr frühen Zeitpunkt relativ lange Äußerungen. Abweichungen von der zielsprachlichen Norm, die einsprachige Kinder auf der Ebene von Zweiwortäußerungen machen, können in wesentlich längeren Äußerungen beobachtet werden. Z.B. kann die Auslassung eines Modalverbs (*Micha trinken* für *Micha will trinken*) bei einsprachigen Kindern im Zweiwortstadium beobachtet werden, bei mehrsprachigen Kindern tritt sie in längeren Äußerungen auf (*ich eine Tasse Schokolade trinken*).
- Einige Bereiche der Grammatik, im Deutschen z.B. das grammatische Geschlecht der Nomen (*das Haus, der Baum*) stellen für einsprachig deutsche Kinder kaum ein nennenswertes Problem dar, mehrsprachigen Kindern bereitet dieser Bereich häufig die allergrößten Schwierigkeiten, insbesondere in Verbindung mit dem Kasus (*dem Mann, der Frau, des Kindes*).
- Bezüge zur Herkunftssprache können sich, insbesondere bei älteren Kindern, in so genannten Sprachmischungen äußern, bei denen Strukturen der Erstsprache

auf die Grammatik der Zweitsprache übertragen werden. Solche „Fehler" werden ebenfalls als kreative Übergangsphänomene gewertet. Sie treten insgesamt weniger häufig auf als allgemein angenommen wird. Sprachmischungen sind nur mit der allergrößten Vorsicht zu interpretieren, die Analyse erfordert eine fundierte Kenntnis beider Sprachen (vgl. Tracy 1996).

- Das Wissen der Kinder in ihrer Herkunftssprache zeigt sich auch daran, dass sie beim Erwerb des Wortschatzes und der Wortbedeutung auf ihr Vorwissen zurückgreifen können. Beim Erwerb eines neuen Begriffs muss nicht der komplette Begriff neu erworben werden, sondern nur das entsprechende Wort mit der vorhandenen kognitiven Struktur verknüpft werden (Jeuk 2003, S. 288ff). Dies setzt allerdings voraus, dass in Kindergarten und Schule auf das Vorwissen, d.h. die Herkunftssprache des Kindes, Bezug genommen wird. Kompetenzen in der Herkunftssprache zeigen sich auch in kommunikativen und semantischen Strategien.

Im Folgenden wird ein Fallbeispiel vorgestellt, bei dem die Kompetenzen und Schwierigkeiten eines zweisprachigen Kindes, das die erste Klasse einer Grundschule besucht, beschrieben werden. Anhand dieser exemplarischen Analyse soll gezeigt werden, wie eine am Kind und an der Förderung orientierte Beurteilung des Sprachstandes aussehen könnte. Wie oben erläutert, geht es bei der Sprachaneignung um wesentlich mehr als um den Erwerb der korrekten sprachlichen (grammatischen) Form. Wenn ich mich im Folgenden dennoch auf den Bereich der Grammatik begrenze, hat dies im Wesentlichen drei Gründe:

- Der Erwerb der Grammatik ist vergleichsweise gut untersucht und es gibt in der psycholinguistischen Forschung Vorgehensweisen, wie z.B. die Profilanalyse sprachlicher Spontandaten (Clahsen 1988, Grießhaber 2005, s.o.), auf die zurückgegriffen werden kann.

- Gerade mehrsprachige Kinder haben mit bestimmten Aspekten der deutschen Grammatik sehr große Schwierigkeiten. Welche Stolpersteine es beim Erwerb der deutschen Grammatik für die Lernenden gibt, ist aus dem Arbeitsbereich „Deutsch als Fremdsprache" hinlänglich bekannt (Huneke & Steinig 2002, S. 48ff). Wie mehrsprachige Kinder in der Grundschule damit umgehen, ist bisher wenig untersucht.

- Wenn die Kinder in die Schule kommen, wird davon ausgegangen, dass sie die Unterrichtssprache Deutsch so beherrschen, dass sie auch in den Sachfächern dem Unterricht folgen können. Entsprechend gibt es in den Bildungsplänen keine Hinweise, wie der Erwerb der Grammatik im Unterricht unterstützt werden könnte. Lehrerinnen und Lehrer, die Klassen mit vielen mehrsprachigen Kindern unterrichten, sind die Probleme im Bereich der Grammatik hingegen hinlänglich bekannt. Am folgenden Beispiel kann exemplarisch gezeigt werden, worin die sprachlichen Schwierigkeiten genau bestehen und wie im Unterricht damit umgegangen werden kann.

4 Fallbeispiel: sprachliche Kompetenzen kurz nach der Einschulung

Ziel eines Forschungsprojekts der Pädagogischen Hochschule Ludwigsburg ist, den Zweitspracherwerb von Kindern mit Migrationshintergrund in den ersten beiden Schuljahren zu untersuchen und Vorschläge für die Verbesserung der unterrichtlichen Praxis in mehrsprachigen Lerngruppen zu erarbeiten. Zunächst wird der Sprachstand aller Kinder einer Grundschule zum Zeitpunkt der Einschulung erhoben (n = 60). Im Laufe der ersten beiden Schuljahre sind weitere Messzeitpunkte geplant, sodass von allen Kindern ein sprachliches Entwicklungsprofil entsteht. Die Testsituation wird aufgezeichnet, um die Daten einer Profilanalyse zugänglich zu machen.

In einer Pilotstudie wurden verschiedene Vorgehensweisen und Tests erprobt. Ein Verfahren, das schließlich zur Anwendung kam, ist das HAVAS (Hamburger Verfahren zur Analyse des Sprachstandes bei 5-jährigen, Reich & Roth 2004). Es wurde an 527 Kindern, davon 184 zweisprachig, in Hamburg erprobt und optimiert. Es beruht auf der Erhebung freier Sprachproben, weil dies nach Ansicht der Autoren geeignet ist, Erst- und Zweitsprache zu berücksichtigen und die Verbindung zwischen den Sprachen zu erfragen. Es kann in mehreren Sprachen durchgeführt werden. Im Mittelpunkt des Verfahrens steht die Fähigkeit des Kindes, eine Situation angemessen zu erfassen und darin sprachlich zu handeln. Dem Kind wird ein visueller Sprechimpuls in Form einer Bildergeschichte mit 6 Bildern vorgegeben (eine Katze versucht vergeblich einen Vogel zu fangen). Die Äußerungen werden aufgezeichnet, transkribiert und analysiert, bei der Auswertung werden grammatikalische, kommunikative und lexikalische Aspekte berücksichtigt. Unter anderem soll die Frage beantwortet werden, ob das Kind das Geschehen mehr oder weniger vollständig, genau und im Zusammenhang darstellen kann. Mit dem HAVAS wurde erstmals der Versuch unternommen, Sprachentwicklung zweisprachig aufwachsender Kinder zum Bezugspunkt zu nehmen. Das Spektrum erfasster sprachlicher Handlungen ist vergleichsweise breit, mit einiger Übung ist bei der Auswertung ein Ergebnis zu erwarten, das Auskunft über zu fördernde sprachliche Bereiche bei einem Kind gibt.

Über die Anwendung des HAVAS hinaus wurde mit den Kindern ungefähr eine halbe Stunde lang gespielt und kommuniziert. Somit liegt eine Fülle spontansprachlicher Daten vor. Im Folgenden wird nicht die Auswertung des Verfahrens beschrieben, vielmehr wird mit Hilfe des Transkripts einer Testsituation angedeutet, wie die Analyse *grammatischer* Fähigkeiten und Schwierigkeiten eines mehrsprachigen Kindes um den Zeitpunkt der Einschulung aussehen könnte. Am folgenden Beispiel wird also nur *ein* Aspekt sprachlicher Handlungsmöglichkeiten des Kindes erörtert.

Der Junge Barış (Name geändert) ist türkischer Herkunft. Er wird zum Schuljahr 2005/2006 in die Grundschule eingeschult. Barış ist in Deutschland geboren und aufgewachsen. Er hat einen älteren Bruder und ist in Deutschland in den Kindergarten gegangen. Mit seiner Familie spricht Barış Türkisch.

	Barış	**S. Jeuk**
1.	(zeigt) Ein Vogel und ein Katze.	
2.		Und was machen die denn?
3.	Die Katze will die Vogel essen.	
4.		Und der Vogel?
5.	Flie/ der Vogel singt.	
6.		Der Vogel singt. Und dann?
7.	Dann hüpft der Katze hierhin, (zeigt)	
8.		Die Katze hüpft auf die Mauer, ja
9.	Ja, dann/ dann fliegt die Vogel dav/	
10.	weg, Vogel Angst,	
11.	dann fliegt er auf den Baum,	
12.	dann Katze hüpft in Baum.	
13.		Die Katze hüpft hinterher, genau. Und dann?
14.	Und dann hat sie in Baum,	
15.	dann war er in Baum, dann hat Vo/	
16.		Mhm, halt, dann der Vogel, (zeigt)
17.	Dann hat Vogel ihn hier hat er,	
18.		ja,
19.	Dann hat Vogel hier geflogen,	
20.		Dann ist der Vogel runter geflogen.
21.		Und die Katze?
22.	Und die Katze hat im Baum geblieben.	
23.		Und hier, auf dem letzten Bild?
24.	Und da singt der Vogel.	
25.		Und die Katze?
26.	Der Katze weint.	
27.		Warum weint die Katze?
28.	Weil er im Baum war.	
29.		Weil sie im Baum oben ist.
30.	Ja.	

Bei der Analyse muss beachtet werden, dass es sich um einen mündlichen Text handelt. Viele „Fehler" des Kindes entstehen, weil im mündlichen Sprachgebrauch, insbesondere bei der Bildbetrachtung, nicht alles explizit werden muss. So wäre auch meine Äußerung in Zeile 16 als fehlerhaft zu betrachten, wenn man die korrekte schriftliche Form zum Maßstab nehmen würde.

In Bezug auf den Gebrauch der Verben zeigt sich, dass Barış sowohl die Verbzweitstellung im einfachen Hauptsatz (Zeile 26) als auch die Trennung der Prädikatsteile (Zeilen 3, 19) beherrscht. Auch der Tausch von Prädikat und Subjekt (Inversion) bei vorangestelltem Adverbial wird vollzogen (Zeilen 7, 9, 17), außerdem beherrscht Barış die Endstellung des Prädikats im Nebensatz (Zeile 28) sowie die Bildung unregelmäßiger Partizipien (*geflogen* Zeile 19, *geblieben* Zeile 22). Damit hat Barış alle Phasen des Erwerbsmodells nach Grießhaber (2005) erworben. Ein Problembereich ist die Übergeneralisierung des Hilfsverbs *haben* und die gelegentliche Auslassung der Prädikats (Zeile 10). Wesentlich problematischer als der Gebrauch der

Verben scheint der Gebrauch der Nomen. Barış verwendet sowohl für *Katze*, als auch für *Vogel* einmal das männliche, dann wieder das weibliche Geschlecht oder er lässt den Artikel ganz aus. Folglich kann er auch den richtigen Kasus der Artikel bzw. Nomen nicht bilden. Er scheint in diesem Bereich sehr unsicher zu sein, allerdings kann Barış bei manchen Nomen auch den richtigen Artikel sicher zuordnen. Unsicherheiten beim Gebrauch der Nomen zeigen sich auch im Zusammenhang mit dem Gebrauch von Präpositionen (Zeile 14).

Diese Interpretation ist nicht vollständig und müsste ausgebaut werden. Die Analyse des gesamten Materials (ca. 30 Minuten Aufnahme) zeigt jedoch, dass der analysierte Ausschnitt repräsentativ für die gesamte Stichprobe ist. Beim Vergleich der Sprachproben aller 60 untersuchten Kinder zeigt sich, dass ein Großteil der Kinder mit Migrationshintergrund im Bereich der Nomen wesentlich größere Schwierigkeiten hatte als beim korrekten Einsatz der Verben. Dies bedeutet nicht, dass die Aneignung des korrekten Verbgebrauchs nicht der weiteren Förderung bedarf. Im Falle von Barış und anderen Kindern scheint jedoch zumindest im Moment der korrekte Gebrauch von Nomen und Pronomen in Bezug auf das grammatische Geschlecht (Genus) und den damit verbundenen Kasus, außerdem in Verbindung mit Präpositionen, der Bereich zu sein, der besonderer Förderung bedarf.

Da die Kommunikation durch die Wahl des falschen Genus meist nicht beeinflusst wird, ist dies eine Schwierigkeit, die erst in der Schule im Zusammenhang mit dem Gebrauch schriftlicher Texte zu nachhaltigen Problemen führt. Zum Verständnis schriftlicher Texte ist ein Wissen um das richtige grammatische Geschlecht in Verbindung mit dem Kasus unerlässlich, unter anderem weil mit Pronomen in komplexen Sätzen häufig Kohärenz hergestellt wird („*Miss von der Strecke, die von a nach b geht, ...*"). Zudem hängt von der Wahl eines unbestimmten oder bestimmten Artikels ab, ob die starke Adjektivflexion (*ein großer Mann*) oder die schwache Adjektivflexion (*der große Mann*) gewählt werden muss. Für Knapp (1999) ist es ein Aspekt „verdeckter Sprachschwierigkeiten", dass Probleme beim Erwerb der Grammatik in der Alltagskommunikation nicht oder zu spät erkannt werden und erst bei komplexer werdenden schulischen Anforderungen ein Handlungsbedarf gesehen wird.

Aus der Analyse sprachlicher Kompetenzen und Fähigkeiten von Barış und anderen Kindern folgt, dass Grammatikunterricht in der Grundschule einen höheren Stellenwert einnehmen muss. Damit ist kein explizites Üben grammatischer Begriffe gemeint (*unterstreiche die Nomen rot und die Verben grün*), sondern ein Unterricht, in dem nicht nur der Inhalt, sondern auch die sprachliche Form thematisiert wird. Dies kann z.B. mit Hilfe von Sprachspielen, Liedern, Versen und Reimen geschehen, bei denen die Thematisierung der sprachlichen Form spielerischen Charakter bekommt (vgl. Belke 2002). Im schulischen Fremdsprachenunterricht sind Aspekte dieses didaktischen Grundsatzes umgesetzt. Darüber hinaus kann durch den Vergleich sprachlicher Formen in verschiedenen Sprachen schon früh sprachliches Wissen gefördert werden (Oomen-Welke 2003). Im Anfangsunterricht ist es sinnvoll, solche Methoden zunächst auf den semantisch-konzeptionellen Bereich zu beziehen. Grundsätzlich gibt es, im Gegensatz zum Gebrauch der Prädikate, kein System von Regeln, nach denen man das Genus sicher bestimmen kann. Deshalb muss mit Kindern, die Deutsch als Zweitsprache lernen, der jeweilige Begleiter, auch im grammatischen Kontext, explizit hervorgehoben und durch viel Wiederholen und Üben gelernt werden (vgl. Rösch u.a. 2003, S. 132). Der Hinweis, dass Wörter mit bestimmten Endungen ein bestimmtes Geschlecht haben (*die Zeit-ung*) ist im Anfangsunterricht, also mit Kindern, die Schrift noch nicht sicher nutzen können, nicht hilfreich. Es ist allenfalls möglich, die Übereinstimmung des Genus bei bestimmten Sachgruppen zu nutzen (z.b. sind die meisten Früchte feminin). Hilfreich ist z.B., von Beginn an bei Nomen mit farbigen Markierungen je nach grammatischem Geschlecht zu arbeiten. Bei der Arbeit mit Begriffen können Gruppen von Wörtern mit gleichem Genus zusammengestellt werden. Besonders in der ersten Klasse kann mit spielerischen Übungsformen (Memorys, Lottos, Bingo,...) das Genus immer wieder benannt und geübt werden. Ein weiteres Beispiel sind Kim-Spiele, bei denen spielerisch Satzmuster geübt werden, in denen das Genus angewendet wird (*wo ist der..., ich suche den...,...*) (vgl. Rösch u.a., S. 134f). Diese Übungsformen können gut mit dem Schriftspracherwerb kombiniert werden, da die Kinder sich auch in Bezug auf Schreibungen einen Lernwortschatz aneignen müssen. Solche Methoden sind vielen Lehrerinnen und Lehrern bestens vertraut, insbesondere wenn sie in Förderklassen oder internationalen Vorbereitungsklassen arbeiten. Solche Methoden, die dem Erwerb grammatischer Formen dienen, müssen im Anfangsunterricht in mehrsprachigen Klassen hochfrequent eingesetzt werden (Engin 2005, Rösch 2003).

5 Resümee

Die Fähigkeiten und Defizite von Bariş im Bereich der Grammatik, die sich bei der Analyse des Transkripts gezeigt haben, dürften Lehrerinnen und Lehrern, die mit großen Migrantenpopulationen arbeiten, alles andere als unbekannt sein. Die ersten Ergebnisse meiner Untersuchung zeigen, dass viele Kinder mit Migrationshintergrund solche oder ähnliche Schwierigkeiten beim Erwerb der deutschen Sprache haben. Der Hinweis, dass die Kinder diese Kompetenzen erlernen müssen, ist also banal. Banal ist hingegen nicht, dass der Umfang sprachlichen Wissens und Könnens, der aufgeholt werden muss, zu groß ist, um die Kinder ohne weitere Förderung gemeinsam mit deutschen Kindern zu unterrichten.

Dass Institutionen die Lernschwierigkeiten als individuelles Problem sehen, liegt in der Natur der Sache. Dass zur Erhebung eines Förderbedarfs diagnostische Verfahren gefordert werden, ist die logische Folge daraus. Die nicht ausreichende sprachliche Förderung von Kindern mit Migrationshintergrund ist jedoch kein individuelles Problem, dem man mit der Sprachstandsuntersuchung bei einzelnen Kindern oder großflächigen Screenings begegnen könnte. Es stellt sich vielmehr die Frage, welche

Sprachlerngelegenheiten und damit verbunden welche Integrationsmöglichkeiten wir zweisprachigen Kindern eröffnen. Da das Ausmaß des sprachlichen Förderbedarfs in der Praxis hinlänglich bekannt ist, sollten vorhandene Ressourcen in einen Ausbau der Förderung und in die Weiterentwicklung einer interkulturellen Pädagogik fließen. Im Rahmen einer differenzierten Förderung können Verfahren wie das HAVAS wichtige Hinweise geben. Eine solche Förderdiagnostik hat jedoch nicht die Selektion einzelner lernschwacher Kinder, sondern deren Integration zum Ziel.

Literatur

Belke, Gerlind (2002): Mehrsprachigkeit im Deutschunterricht. Baltmannsweiler: Schneider Hohengehren.

Bredel, Ursula (2005): Sprachstandsmessung – Eine verlassene Landschaft. In: Bundesministerium für Bildung und Forschung (Hrsg.): Anforderungen an Verfahren der regelmäßigen Sprachstandsfeststellung als Grundlage für die frühe und individuelle Förderung von Kindern mit und ohne Migrationshintergrund. Berlin.

Clahsen, Harald (1986): Die Profilanalyse. Berlin: Marhold.

Ehlich, Konrad (2005): Sprachaneignung und deren Feststellung bei Kindern mit und ohne Migrationshintergrund. Was man weiß, was man braucht, was man erwarten kann. In: Bundesministerium für Bildung und Forschung (Hrsg.): Anforderungen an Verfahren der regelmäßigen Sprachstandsfeststellung als Grundlage für die frühe und individuelle Förderung von Kindern mit und ohne Migrationshintergrund. Berlin.

Engin, Havva u.a. (2005): Kinder lernen Deutsch als zweite Sprache. Berlin: Scriptor

Grießhaber, Wilhelm (2005): Sprachstandsdiagnose im kindlichen Zweitspracherwerb: Funktional-pragmatische Fundierung der Profilanalyse. [online]: http://spzwww.uni-muenster.de/~griesha/pub/tprofilanalyse-azm-05.pdf (Stand: 14.09.2005)

Huneke, Hans-Werner / Steinig, Wolfgang (2002): Deutsch als Fremdsprache. Berlin: Schmid.

Jeuk, Stefan (2003): Erste Schritte in der Zweitsprache Deutsch. Eine empirische Untersuchung des Spracherwerbs türkischer Migrantenkinder in Kindertageseinrichtungen. Freiburg: Fillibach.

Knapp, Werner (1999): Verdeckte Sprachschwierigkeiten. In: Grundschule 5/1999, S. 30-34.

Oomen-Welke, Ingelore (2002): Ein Viertel laut PISA „ganz unten". In: Abraham, Ulf u.a. (Hrsg): Deutschdidaktik und Deutschunterricht nach Pisa. Freiburg: Fillibach.

Oomen-Welke, Ingelore (2003): Entwicklung sprachlichen Wissens und Bewusstseins im mehrsprachigen Kontext. In: Bredel, Ursula u.a. (Hrsg.): Didaktik der deutschen Sprache Band 1, S. 452-463.

Pochert, Andreas (2003): Bärenstark. Berliner Sprachstandserhebung. Berlin: Senatsverwaltung für Bildung, Jugend und Sport.

Reich, Hans H. (2003): Tests und Sprachstandsmessungen bei Schülern und Schülerinnen die Deutsch nicht als Muttersprache haben. In: Bredel, Ursula u.a. (Hrsg.): Didaktik der deutschen Sprache Band 2, S. 914-923.

Reich, Hans H. / Roth, Hans-Joachim (2004): HAVAS 5. Hamburger Verfahren zur Analyse des Sprachstandes bei 5-jährigen. Hamburg: Behörde für Bildung und Sport.

Rösch, Heidi u.a. (2003): Deutsch als Zweitsprache. Grundlagen, Übungsideen, Kopiervorlagen. Braunschweig: Schrödel.

Tracy, Rosemarie (1996): Vom Ganzen und seinen Teilen. Überlegungen zum doppelten L1 Erwerb. In: Sprache & Kognition 15, S. 70-92.

Tracy, Rosemarie / Gawlitzek-Maiwald, Ira (2002): Bilingualismus in der frühen Kindheit. In: Grimm, Hannelore (Hrsg.): Enzyklopädie der Psychologie Serie III Band 3: Sprache. Göttingen: Hogrefe, S. 495-535.

Cordula Löffler

Lernprozesse beim Orthographieerwerb beobachten – im Schulalltag realisierbar?!

Lehrer/innen übernehmen mit einer ersten Klasse eine schwierige Aufgabe: Sie sollen Kindern, die mit sehr unterschiedlichen Voraussetzungen eingeschult werden, Lesen, Schreiben und noch mehr beibringen – am besten allen bis zum Ende der zweiten Klasse auf gleichem Niveau. Einige der Schulanfänger/innen konnten schon vielseitige Erfahrungen mit Schrift sammeln, vielleicht können sie schon erste eigene Wörter oder kleine Geschichten verschriften, und sie wissen, dass Sprache eine inhaltliche und eine formale Seite hat. Andere Kinder verfügen über keinerlei oder nur geringe Schrifterfahrungen. Die erste Gruppe muss im Unterricht gefordert werden, damit dieser nicht zur langweiligen Zumutung wird, die Kinder der letztgenannten müssen zunächst an Bedeutung und Funktion der Schriftsprache herangeführt werden und brauchen zum Teil individuelle Unterstützung, damit der Schriftspracherwerb nicht von Vorneherein zum Scheitern verurteilt ist. Eine weitere Gruppe verfügt nur über rudimentäre Kenntnisse der Unterrichtssprache. Diese Kinder benötigen umfassende Sprachförderung, damit sie dem Unterricht überhaupt folgen können. Die genannten Gruppen sind in sich nicht homogen und zwischen ihnen gibt es eine breite Palette individueller Lernstände.

Doch wie lässt sich von den ersten Schultagen an beurteilen, was für das einzelne Kind das Beste ist? Und wie sollen gezielte Beobachtungen und Diagnostik in den ohnehin anstrengenden und zum Teil mit vielen Anforderungen überfrachteten Unterrichtsalltag integriert werden? Kopfzerbrechen bereiten den Lehrkräften – neben den Kindern nicht-deutscher Muttersprache – vor allem Kinder mit besonderen Problemen bei der Aneignung der Schriftsprache.

Im Folgenden werden Diagnoseaufgaben vorgestellt, die Einblicke in Lernstand und Lernprozesse von Schulanfängerinnen und Schulanfängern ermöglichen und größtenteils problemlos in den Unterrichtsalltag integrierbar sind. Zusammengestellt bzw. entwickelt und erprobt wurden diese Aufgaben im Rahmen des Projekts „Prävention von Analphabetismus in den ersten beiden Schuljahren".[1] Im Rahmen dieses Forschungsprojekts wurden ca. 200 Schüler/innen aus Grund- und Sonderschulen von der Einschulung bis zum Ende der zweiten Klasse in ihren Schriftspracherwerbsprozessen begleitet (vgl. Füssenich & Löffler 2005). Daran anknüpfend führte ich mit zwei Gruppen von Erstklasslehrerinnen eine praxisbegleitende Fortbildung durch (vgl. Löffler 2003; 2004). In dieser Lehrerfortbildung wurden Diagnoseaufgaben besprochen und dann von den teilnehmenden Lehrerinnen in ihren Klassen durchgeführt. Die Auswertung der Diagnostik und Ableitung von Konsequenzen für

---

[1] Teilprojekt des baden-württembergischen Forschungs- und Nachwuchskollegs „Lehr- und Lernprozesse bei der Ausbildung und Entwicklung der Lese- und Schreibfähigkeit in der Primarstufe".

Unterricht und Förderung wurde wiederum in der Fortbildung diskutiert. Somit liegen auch Erfahrungen zum Einsatz von Diagnoseaufgaben im Schulalltag vor.

Schriftspracherwerb ist nicht einfach das Erlernen eines Grundwortschatzes, also Üben von Wörtern, sondern eine eigenaktive Aneignung von Lese- und (Recht-)Schreibstrategien. Ob Schüler/innen Wörter ausreichend geübt haben, wird oft mittels Diktat überprüft. Es gibt aber Kinder, die durchaus in der Lage sind, eine Anzahl von Wörtern für ein Diktat hinreichend auswendig zu lernen. Wer Lernkarrieren funktionaler Analphabeten kennt, weiß, dass sich diese ihre Unauffälligkeit in der Schulzeit lange damit gesichert haben, sogar ganze Texte aus dem Gedächtnis zu schreiben, ohne Graphem-Phonem-Korrespondenz-Regeln (GPK-Regeln = Regeln der Buchstabe-Laut-Zuordnung) wirklich zu durchschauen. Lernprobleme lassen sich daher sicherer identifizieren, wenn Kinder ungeübte Wörter schreiben und lesen sollen; nur so wird erkennbar, ob jedes einzelne Kind über die erarbeiteten GPK-Regeln verfügt und bis zum Ende der 1. Klasse in der Lage ist, alphabetisch zu lesen und zu schreiben.

Zur Beurteilung der Lese- und Rechtschreibkompetenz wurden verschiedene Verfahren entwickelt; einerseits standardisierte Verfahren, andererseits Beobachtungsaufgaben. Standardisierte Verfahren ermöglichen den Vergleich mit einer Norm, was jedoch für die Ermittlung des Lernstandes bzw. zur Feststellung von Lernprozessen nicht zwingend notwendig ist. Sowohl für die standardisierten als auch für die Beobachtungsverfahren gilt, dass nicht nur quantitativ ausgewertet, also Fehler gezählt, sondern Fehler und Strategien beim Lesen und Schreiben qualitativ analysiert werden sollten. Auch wenn Lesen- und Schreibenlernen miteinander in engem Zusammenhang stehen (vgl. Frith 1985, Günther 1986), ist es aus diagnostischer Perspektive sinnvoll, Orthographieerwerb, Leseerwerb und die Entwicklung von Textkompetenz getrennt zu betrachten. Im vorliegenden Beitrag beschränke ich mich auf die Beobachtung von Lernprozessen im Orthographieerwerb, genauer gesagt: auf den Erwerb des alphabetischen, also lauttreuen Schreibens. Als lauttreu gelten Schreibungen, die abhörbar sind: hörbaren Lauten können auf – relativ – einfache Weise Schriftzeichen zugeordnet werden. An dieser Stelle kann auch keine umfassende Darstellung vorliegender Verfahren erfolgen, es sollen vielmehr exemplarisch zwei erprobte Verfahren herausgegriffen werden.

1   Orthographieerwerb

Als Orthographieerwerb wird nicht erst das Erlernen von Rechtschreibregeln betrachtet, sondern bereits der Erwerb der GPK-Regeln. Schreibanfänger/innen müssen zunächst lernen, gesprochene in geschriebene Sprache umzusetzen. Diese erste Umsetzung, die sich an der individuellen Artikulation orientiert, wird in Abgrenzung zum Schreiben als Verschriften bezeichnet (vgl. Dehn 1983; Thomé 2003, 370).

Zur Aneignung der Orthographie wurden bislang einige Modelle vorgestellt (z.B. Scheerer-Neumann [6]2003) und von Thomé (2003) zusammengeführt (vgl. Füssenich & Löffler 2005, S. 75 ff.). In seinen Ausführungen nimmt Thomé (2003, 370) eine Zweiteilung des Graphemsystems vor. Die jeweils häufigsten Grapheme als Schriftzeichen für ein Phonem bezeichnet er als Basisgrapheme (z.B. <f> für /f/ in *fallen*). Die statistisch gesehen selteneren Grapheme, die sich auf dasselbe Phonem beziehen, werden als orthographische Grapheme verstanden und als Orthographeme bezeichnet (z.B. <v> für /f/ in *viel*). So stellt das einfache <a> das Basisgraphem für das /a:/ (lang gesprochenes a) dar (da häufigste Schreibung, z.B. *sagen*, *raten*), während <ah> und <aa> Orthographeme für dasselbe Phonem sind (Ausnahmeschreibungen, z.B. *fahren*, *Saal*). In den meisten Fällen ist die Unterscheidung offensichtlich, in anderen muss die Beziehung des Graphems zum korrespondierenden Phonem hergestellt werden: Das <g> in Garten ist Basisgraphem, weil es für das Phonem /g/ steht, das <g> in *Zwerg* ist Orthographem, weil es für das Phonem /k/ steht (Auslautverhärtung).

Ihren Weg zur Schriftsprache beginnen Kinder meist mit der Imitation: Sie „schreiben" Kritzelbriefe oder -notizen. Fortgesetzt wird die Entwicklung über das Nachschreiben wichtiger Wörter; Kinder lassen sich z.B. den eigenen Namen vorschreiben und kopieren ihn – oft ohne Rücksicht auf Details. Die erste Orientierung an GPK-Regeln ist ein nächster qualitativer Sprung. Erste Verschriftungen sind zunächst rudimentär und bestehen aus den für das Kind besonders hervortretenden Merkmalen, also z.B. <M> für *Mama*. Eine Steigerung im Hinblick auf die Anzahl der verschrifteten Elemente tritt auf der Stufe der beginnenden lautorientierten Schreibung ein. Die verschrifteten Wörter lassen bereits ein Buchstabengerüst erkennen (Skelettschreibungen). Typischerweise werden Silbenanfänge verschriftet, z.B. <HS> für *Hase*. Auf der nächsten Stufe, der Stufe der phonetisch orientierten Schreibung, haben die Wörter bereits lesbare Form. Dabei orientieren sich die Schreibanfänger/innen an der eigenen Aussprache – also auch am Dialekt – und verschriften z.B. <OAN> für *Ohren*.

Eine Einsicht in komplexere Zusammenhänge von Phonemen und Graphemen gewinnen Schreibanfängerinnen beim Erwerb der alphabetischen Strategie. Wörter, die aus Basisgraphemen bestehen, werden schon vollständig korrekt verschriftet, und Wörter, die Orthographeme enthalten, an den entsprechenden Stellen vereinfacht (z.B. <Hunt>). Beim Erwerb der alphabetischen Strategie sind die Verschriftungen auf der Stufe der phonetisch-phonologischen Schreibung komplett, jedoch noch eher phonetisch, also an der konkreten Lautung orientiert (<wasa> für *Wasser*). Auf der Stufe der phonologisch orientierten Schreibung sind erste Schritte der Überwindung der phonetischen Orientierung feststellbar. Schreiber/innen beginnen, die phonologische Wortstruktur zu berücksichtigen und verschriften z.B. Endungen wie -er (<waser> für *Wasser*, aber auch Übergeneralisierungen: <Omer> für *Oma*). Für die alphabetische Strategie sind entwicklungsbedingte Fehlschreibungen wie <hunt> für *Hund* positiv zu werten, denn für die Schreibung <d> am Wortende ist die Kenntnis des morphologischen Prinzips („schreibe gleiche Wortbausteine gleich"), also der „Ableitungsregel" notwendig, die erst beim Erwerb der orthographischen Strategie erworben wird. Mit dieser erlangen Schreibanfänger/innen die Fähigkeit, auch komplexe orthographische Anforderungen zu bewältigen, d.h. auch Orthographeme werden erfasst.

2 Beobachtung von Lernfortschritten im Orthographieerwerb

2.1 *Lernbeobachtung Schreiben (Dehn & Hüttis-Graff 2006)*

Will man ergründen, ob ein Kind in der Lage ist, alphabetisch zu verschriften, ist es wie bereits erwähnt notwendig, vom Kind ungeübte Wörter schreiben zu lassen. An der Konstruktion fremder Wörter ist erkennbar, ob und inwieweit ein Kind in der Lage ist, alphabetisch zu verschriften und ob es bereits erste orthographische Muster verwendet. Dieser Gedanke ist umgesetzt in der *Lernbeobachtung Schreiben* (Dehn & Hüttis-Graff 2006), die bereits ab November der ersten Klasse eingesetzt werden kann. Dabei geht es nicht ums Richtigschreiben, sondern um die Beobachtung der Veränderung der Lösungswege und des Lernprozesses über das gesamte Schuljahr hinweg (Dehn & Hüttis-Graff 2006, 65). Für November des ersten Schuljahres umfasst die *Lernbeobachtung Schreiben* vier Wörter, für Januar und Mai sechs Wörter. Zudem ist jeweils eine Zeile für ein eigenes (Lieblings-)Wort vorhanden. Damit die Schreib*entwicklung* eines Kindes über das erste Schuljahr hinweg deutlich wird, werden die Wörter der *Lernbeobachtung Schreiben* „November" im Januar und Mai wiederholt. Die *Lernbeobachtung Schreiben* „November" enthält die Wörter *Sofa*, *Mund*, *Limonade* und *Turm*, ab Januar kommen die Wörter *Reiter* und *Kinderwagen* hinzu. Die Wörter können jeweils durch Alternativ-Wörter mit gleicher Silbenstruktur ersetzt werden (Dehn & Hüttis-Graff 2006, 126). Die *Lernbeobachtung Schreiben* enthält somit sowohl unterschiedliche Silbenstrukturen (Konsonant-Vokal: KV; KVK; KVKK) als auch unterschiedliche Wortlängen (Einsilber, Zweisilber und Viersilber). Die Wörter werden dabei nicht im üblichen Sinne diktiert. Zu den Wörtern sind Abbildungen vorgegeben. Mit den Schreiber/inne/n wird besprochen, was die Abbildungen zeigen, die Wörter werden von der Lehrperson jedoch nicht überdeutlich artikuliert.

Im November und Januar sind – sofern Buchstaben im Unterricht eingeführt werden – noch nicht alle in diesen Wörtern vorkommenden Buchstaben bekannt. Auf Nachfrage können den Schreiber/inne/n fremde Buchstaben vorgegeben werden, was aber auf dem Bogen des Kindes zu notieren ist. Hier zeigt sich der Umgang der Schreibanfänger/innen mit solchen Anforderungen. Fortgeschrittene sind bereits in der Lage zu erkennen – und zu verbalisieren –, dass ihnen bestimmte GPK-Regeln noch nicht bekannt sind, oder sie können mit Hilfe einer Anlauttabelle fehlende Zuordnungen ermitteln. Die korrekte Schreibung des Wortes *Mund* kann entweder gespeichert sein oder hergeleitet werden. Ein Kind muss jedoch das morphologische Prinzip in der ersten Klasse noch nicht kennen. Es gibt aber Kinder, die das <d> am Wortende bereits verschriften, sei es, weil sie bereits beginnen, sich mit dem morphologischen Prinzip auseinander zu setzen, oder aber aus anderen Gründen, wie z.B. dem Bilden von Analogien (<Mund> analog zu <und>). Kinder, die das <d> am Ende von Wörtern wie *Mund* konstant verschriften, haben bereits eine wichtige Regel erkannt.

Für die Auswertung der *Lernbeobachtung Schreiben* unterscheiden Dehn & Hüttis-Graff (2006, 74ff.) – neben der Kategorie *verweigert* – drei Zugriffsweisen: *diffus*, *rudimentär* und *besser*. Als *diffus* werden Schreibungen dann eingestuft, wenn die verschrifteten Grapheme mit dem Ausgangswort kaum in Zusammenhang stehen, z.B. <LF> für *Sofa* oder <OL> für *Turm*. *Rudimentäre* Schreibungen enthalten bereits Grapheme des Ausgangswortes, z.B. <OA> für *Sofa* oder <MT> für *Mund*. Die Schreibungen dieser Kategorie orientieren sich an den GPK-Regeln, sind aber stark verkürzt (auch Thomé 2003). Als rudimentär gelten nach Dehn & Hüttis-Graff (2006) Schreibungen, bei denen weniger als zwei Drittel der Grapheme regelgeleitet verschriftet sind. Oberhalb dieser Grenze werden die Schreibungen als *besser* eingestuft. Diese Kategorie umfasst richtige, relativ vollständige Schreibungen, „deren Fehler darin bestehen, dass sich das Kind an der eigenen Artikulation orientiert oder Prinzipien der Orthographie falsch verallgemeinert" (Dehn & Hüttis-Graff 2006, 74ff.). Setzt man diese Kategorien in Beziehung zu den Ausführungen von Thomé (2003), so sind alle Schreibungen als *besser* zu werten, die als alphabetisch – oder später orthographisch – zu bezeichnen sind. Innerhalb dieser *besseren* Schreibungen wird weiter differenziert: Zunächst sind Schreibungen zu nennen, die *vollständiger* sind als rudimentäre Schreibungen, bei denen aber dennoch Grapheme fehlen, z.B. <SOF> für Sofa. *Bessere* Schreibungen sind – wie nach Thomé (2003) beim Erwerb der alphabetischen Strategie auf der Stufe der phonetisch-phonologischen Schreibung – häufig noch phonetisch orientiert, also an der (eigenen) Artikulation, z.B. <Mont> für *Mund* oder <Limunade> für *Limonade*. Eine *phonemisch richtige* Schreibung ist z.B. <Munt> für *Mund* (nach Thomé 2003 die Stufe der phonologisch orientierten Schreibung). Andere *bessere* Schreibungen zeigen, dass *Einsichten aus der Auseinandersetzung mit Schrift falsch verallgemeinert* wurden, z.B. <Munnd> für *Mund*. Hier haben Schreibanfänger/innen bereits erkannt, dass der Konsonant nach Kurzvokal häufig verdoppelt wird, wie z.B. *Mann*. Die Regel lautet jedoch, dass auf den Repräsentanten eines kurz gesprochenen Vokals in der Schrift innerhalb des betreffenden Morphems mindestens zwei Konsonantenbuchstaben folgen, die bei *Mund* bereits vorhanden sind, daher ist die Verdopplung sozusagen überflüssig. Als letzte Unterkategorie der besseren Schreibungen nennen Dehn & Hüttis-Graff (2006, 76) die *orthographisch richtigen* Schreibungen.

Dehn & Hüttis-Graff (2006, 74ff.) unterscheiden folgende Zugriffsweisen:
1. *verweigert*
2. *diffus*: verschriftete Grapheme stehen mit dem Ausgangswort kaum in Zusammenhang,
   z.B. <LF> für Sofa oder <OL> für Turm
3. *rudimentär*: Grapheme des Ausgangswortes sind enthalten,
   z.B. <OA> für Sofa oder <MT> für Mund
   (weniger als zwei Drittel der Grapheme regelgeleitet verschriftet)
4. *besser*: richtige, relativ vollständige Schreibungen, deren Fehler darin bestehen, dass sich das Kind an der (eigenen) Artikulation orientiert oder Prinzipien der Orthographie falsch verallgemeinert:
   - *vollständiger* als rudimentäre Schreibungen, bei denen aber dennoch Grapheme fehlen, z.B. <SOF> für Sofa
   - *an der eigenen Artikulation orientiert*, z.B. <Mont> für Mund oder <Limunade> für Limonade
   - *phonemisch richtig*, z.B. <Munt> für Mund
   - Einsichten aus der Auseinandersetzung mit Schrift *falsch verallgemeinert*, z.B. <Munnd> für Mund
5. *orthographisch richtig*

Die erneute Schreibung der Wörter zu drei Zeitpunkten im Schuljahr lässt auch die Feststellung qualitativer Sprünge im Entwicklungsverlauf zu.

Stagnationen oder Rückschritte lassen sich durch die kontinuierliche Durchführung von Lernbeobachtungen erkennen. Die Lernbeobachtungen der Schülerinnen *Jenny*, *Sarah* und *Lara* legen unterschiedliche Entwicklungsverläufe offen (Füssenich & Löffler 2005, S. 101).

Jennys Verschriftungen sind im Dezember rudimentär. Im Februar orientiert sich *Jenny* bereits erfolgreich an ihrer Aussprache (phonetische Orientierung), ihre Verschriftungen sind vollständiger, aber es fehlen Grapheme. Bis zur letzten Lernbeobachtung des Schuljahres kann *Jenny* ihre Kompetenz weiter steigern, die Wörter <Tom, Reter, Kiderwagen> sind noch nicht vollständig und an der Artikulation orientiert, aber *Sofa* und *Badehose* sind orthographisch richtig, <Munt> phonemisch (phonologisch) .

Im Dezember sind *Sarahs* Schreibungen als diffus bis rudimentär einzuordnen. Sie hat offenbar größere Schwierigkeiten mit den GPK-Regeln. Das einfach strukturierte Wort *Sofa* schreibt sie jedoch im Februar richtig, die Schreibungen <Mon, Tom, Rait> sind vollständiger, aber Grapheme fehlen. Die Schreibungen <Dano> und <Knwa> zeigen, dass *Sarah* noch größere Schwierigkeiten mit der Durchgliederung hat, die vor allem bei den längeren Wörtern deutlich zutage treten.

	Lernbeobachtung Schreiben Dezember	*Lernbeobachtung Schreiben* Februar	*Lernbeobachtung Schreiben* Juni
Jenny			
Sofa Mund Badehose Turm Reiter Kinderwagen	OSA MUN ALEOS LOM	Sofa Mud Dadeose TorM Rater KidDOWae	Sofa Munt Badehose Tom Reter Kiderwagen
Sarah			
Sofa Mund Badehose Turm Reiter Kinderwagen	SoTa MiRT AoSR TtlA	Sofa Mon Dano Tom Rait Knwa	Sofa Mut PaDhose Tom Raita KiDwagän
Lara			
Sofa Mund Badehose Turm Reiter Kinderwagen	SOFA MUNT PATEHOSE TUM	SOFA MUNT BATehose Turm raiTer KiNderwAcen	Sofa munT BaDeHose Turm Reiter KinDerwaGen

Tabelle 1: Lernbeobachtung Schreiben: Verschriftungen von Jenny, Sarah und Lara

Lara schreibt im Dezember phonetisch bzw. phonemisch orientiert, ihre Schreibungen sind – abgesehen vom schwer identifizierbaren /r/ in *Turm*, das an dieser Stelle in der Regel vokalisiert wird – vollständig. Die Verschriftung dieses schwierigen Phonems gelingt *Lara* im Februar, sie schreibt auch korrekt <B> am Anfang von *Badehose*. Auffällig ist nur, dass sie Großbuchstaben mitten im Wort setzt. Dies zeigt sich auch im Juni noch. Abgesehen davon schreibt sie orthographisch richtig, <munT> phonemisch. In *Kinderwagen* verschriftet Lara /g/ als <c>; offenbar hat sie <c> bereits als Orthographem für /k/ kennen gelernt. Im Vergleich mit den größeren Lernsprüngen ihrer Mitschülerinnen und gemessen an ihren sehr guten Leistungen im Dezember sind *Laras* Fortschritte eher klein, ihre Entwicklung scheint zu stagnieren.

Erfahrungen in der Anwendung

Laut Fragebogenerhebung (Durchschnitt aller Bewertungen) und Äußerungen in den Fortbildungssitzungen waren die Lehrerinnen der oben genannten Fortbildung am Ende der ersten Klasse der Meinung, dass die *Lernbeobachtung Schreiben* eine frühzeitige Identifikation von Schwierigkeiten ermöglicht und dass der Aufwand in angemessenem Verhältnis zum Nutzen stehe. Alle teilnehmenden Lehrerinnen würden die *Lernbeobachtung Schreiben* in einer (neuen) ersten Klasse wieder durchführen. Beim Vergleich der vorliegenden Lernbeobachtungen aus mehreren Klassen unterschiedlicher Schultypen stellte eine Lehrerin den Bezug zu Modellen des Schriftspracherwerbs her: Lege man die Schreibungen aller Schüler/innen nebeneinander, zeigten sich alle Stufen des Schriftspracherwerbs. Während einige Kinder vom einfach strukturierten Wort *Sofa* nur die Konsonanten verschriften, gelingt anderen Kindern bereits die Durchgliederung und korrekte Schreibung des Wortes *Limonade*. Solche Vergleiche bewirkten auch eine Veränderung in der Sicht von „Fehlern", die von den Lehrerinnen mehr und mehr als notwendige Entwicklungsschritte gewertet werden konnten. Deutlich wurde, welche Fehler in bestimmten Phasen des Schriftspracherwerbs zu erwarten sind und welche eher als erwartungswidrig und schwer erklärbar gelten können.

In schriftlichen Reflexionen zur Sicht von „Fehlern" am Ende des ersten Fortbildungsjahres hielt eine Lehrerin fest, dass sie Fehler fast ausschließlich als Dokument des erreichten Entwicklungsstandes sehe, die ihr Hinweise auf Vorgehensweisen und Strategien zeigten. Eine Kollegin betonte den notwendigen Schritt vom Erkennen der angewandten Strategien hin zur Überlegung, was das Kind als Nächstes lernen könnte.

Eine andere Teilnehmerin wertete Lernbeobachtungen als Möglichkeit, die Schreibungen der Schüler/innen zu kategorisieren und fühlte sich so eher in der Lage, Auffälligkeiten herauszufiltern.

Eine weitere Lehrerin fasste zusammen, sie sehe Fehler noch stärker als Indikatoren für den Stand der Schriftsprachentwicklung. Ihr Wunsch, möglichst nur vollständig richtige Schreibungen im Schülerheft sehen zu wollen, habe nachgelassen. Sie korrigiere oft nur die Fehler, die der Schüler bei seinem jetzigen Stand „verstehen" bzw. mit einer ins Gedächtnis gerufenen Arbeitstechnik oder Regel selber finden könne. Dies könne bei einem Schüler noch die Lauttreue sein, während von einem anderen schon die Ableitung oder die Wortartbestimmung gefordert werde. Diese Beschränkung entspanne die Situation für Schüler/innen und Lehrer/innen.

Hilfreich empfanden die Lehrerinnen der Fortbildungsgruppen gegenseitige Unterstützung innerhalb des Kollegiums: Da immer mehrere Lehrerinnen einer Schule an der Fortbildung teilnahmen, konnten sich die Lehrerinnen nicht nur bei den Fortbildungssitzungen über Durchführung, Auswertung und Konsequenzen der Lernbeobachtungen austauschen, sondern auch mit der Lehrerin der Parallelklasse. Bei anderen Diagnoseaufgaben, die mit einzelnen Kindern durchgeführt werden mussten, konnten sich die Kolleginnen auch „Freiraum" verschaffen, indem sie wechselseitig die Schüler/innen unterrichteten bzw. bei der Freiarbeit unterstützten.

2.2 *Besondere Schwierigkeiten beim Erwerb der alphabetischen Schreibstrategie*

Beim Erwerb der alphabetischen Schreibstrategie gibt es einige Hürden, die von Schreibanfängern und Schreibanfängerinnen zu bewältigen sind. Neben ersten Regularitäten, wie z.B. der Schreibung von Endungen wie -er (s.o.), stellen Konsonantenhäufungen eine Schwierigkeit dar. Im Unterricht sollen sich Schüler/innen häufig schon mit komplexeren orthographischen Prinzipien oder Regeln auseinander setzen, wenn sie das alphabetische Schreiben noch gar nicht vollständig erworben haben. Dies soll nicht heißen, dass Kindern, die noch auf alphabetischem Niveau schreiben, Wörter mit orthographischen Besonderheiten vorenthalten werden sollen. Es ist aber m.E. nicht sinnvoll, Wörter z.B. mit Doppelkonsonant zu üben, wenn Konsonantenhäufungen noch Schwierigkeiten machen. In diesem Fall sollte eher die Verschriftung schwieriger Konsonantencluster gefestigt werden.

Für die Überprüfung fortgeschrittener Fähigkeiten im alphabetischen Schreiben wurde im Rahmen des Projekts „Prävention von Analphabetismus" die Aufgabe „Alphabetisches Schreiben" entwickelt, die Wörter mit Konsonantenhäufungen enthält (Füssenich & Löffler 2003 a,b; 2005 a,b). Die Aufgabe kann im ersten Schulhalbjahr der zweiten Klasse, bevorzugt im Januar eingesetzt werden. Bei dieser Aufgabe werden zunächst die Wörter *Regenschirm, Schmetterling, Geburtstagskuchen, Marmelade* und *Papagei* als Silbensalat (mit Abbildung zum Wort) dargeboten, die zu sortieren und aufzuschreiben sind. Dann sollen zu den entsprechenden Abbildungen die Wörter *Schwein, Fenster, Brot, Gurke, Traktor, Schlange, Ananas, Gartenzwerg, Kreuz, Schokolade, Trompete, Krokodil, Drache* und *Wurst* geschrieben werden. Dabei werden – wie auch in der *Lernbeobachtung Schreiben* – die Wörter nicht diktiert. Die Abbildungen werden besprochen und dienen dann als Gedächtnisstütze. Die Wörter *Schwein, Brot, Traktor, Schlange, (Garten-)Zwerg, Kreuz, Trompete, Krokodil* und *Drache* enthalten eine Mehrfachkonsonanz am Wortanfang, bei den Wörtern *Fenster, Gurke, Traktor, Gartenzwerg* und *Trompete* fallen mehrere Konsonanten an der Silbenfuge zusammen, die Wörter *Fenster, (Garten-)Zwerg* und *Wurst* haben Konsonantenhäufungen am Wort- bzw. Silbenende. Zudem sind schwierige Grapheme, wie z.B. <ng>, zu verschriften.

Die Auswertungskategorien stammen zum Teil aus der Spracherwerbsforschung bzw. der Sprachbehindertenpädagogik (Hacker 2004). Auch im normalen Spracherwerb bereiten bestimmte Konsonanten(-häufungen) vielfach Probleme, sodass vom Kind regelhafte Vereinfachungen vorgenommen werden. Vor allem unbetonte Silben werden ausgelassen („Nane" für *Banane*), Laute werden vereinfachend angeglichen (Assimilation: „babel" für *Gabel*) und Mehrfachkonsonanz am Wortanfang wird reduziert („tumf" für *Strumpf*). Diese so genannten „phonologischen Prozesse" (Hacker 2004) können sich auch beim Schreiben zeigen. Zu Beginn des Schriftspracherwerbs gehört die Verwechslung von Konsonantenpaaren, die sich nur im Kriterium stimmhaft vs. stimmlos unterscheiden (b/p; d/t; g/k; f/w) zur normalen Entwicklung (vgl. May 1990).[2] Es sollte aber beobachtet werden, ob Kinder dieses Problem in der Schriftaneignung wirklich überwinden.

In Anlehnung an Herné & Naumann (2002) werden zunächst die Oberkategorien *Graphem-Folge* (Vertauschungen/Hinzufügungen und Auslassungen von Graphemen) und *Graphem-Auswahl* (Verwechslungen und Ersetzungen von Graphemen) unterschieden.

Innerhalb der Oberkategorie *Graphem-Folge* bilden Vertauschungen und Hinzufügungen von Graphemen die erste Unterkategorie. Die Auslassungen von Graphemen werden weiter differenziert: Auslassungen von Konsonanten bei Konsonantenhäufungen und Auslassungen von Konsonanten an der Silbengrenze bilden jeweils gesonderte Kategorien, da Konsonanten in solchen Häufungen schwer zu identifizieren sind. Gesondert kategorisiert werden auch die so genannten „speziellen Grapheme" (vgl. Herné & Naumann 2002); gemeint sind Grapheme, die schwer identifizierbare Phoneme repräsentieren, wie z.B. /r/ oder der Schwa-Laut /ə/. Die Verschriftung von Wörtern wie *Papagei* oder *Ananas* beinhaltet für Schreibanfänger/innen die Schwierigkeit, dass eine ähnliche Silbe doppelt zu verschriften ist. Da solche Wörter aber selten vorkommen, bildet die Auslassung ähnlicher Silben keine eigene Kategorie, sondern wird in die Kategorie GF 2 Auslassung von Graphemen integriert.

Zu Fehlern der Oberkategorie *Graphem-Auswahl* gehören zunächst Verwechslungen stimmhafter und stimmloser Konsonanten, die – wie oben erwähnt – am Anfang des Schriftspracherwerbs häufig zu beobachten sind. Die Kategorie ist streng genommen eine Unterkategorie der Kategorie „Verwechslung (weiterer) ähnlicher Konsonanten oder Vokale", soll aber hier wegen der Vorkommenshäufigkeit der Fehler eine eigene Kategorie bilden. Von diesen Verwechslungen mit ähnlich klingenden Vokalen oder Konsonanten sind Ersetzungen durch einen Konsonanten oder Vokal zu unterscheiden, der zum Zielgraphem keine lautliche Ähnlichkeit hat. Zu beachten ist jedoch, dass die Grenzen der „Ähnlichkeit" oft fließend sind. Auch innerhalb der Oberkategorie *Graphem-Auswahl* bilden Fehler bei speziellen Graphemen und -verbindungen eine eigene Kategorie.[3] Zu speziellen Graphemen und -verbindungen gehören z.B. die Diphthonge, aber auch z.B. das <k>, weil das Phonem /k/ auch durch die die Orthographeme <c> (*Computer*), <ch> (*Chor*) oder <ck> (*Decke*) verschriftet werden kann. Diese Kategorie umfasst sozusagen lautliche Rechtschreibregeln, also Besonderheiten innerhalb der GPK-Regeln. Die Kategorie „Lautangleichung" ist (noch) stärker interpretativ als die anderen, da die Angleichungen immer auch den anderen Kategorien von Verwechslung und Ersetzung zugeordnet werden könnten.

---

[2] Dieses Phänomen wird in einigen Regionen, z.B. im süddeutschen Sprachraum, durch Dialekt und regionale Umgangssprache noch verstärkt.
[3] Herné & Naumann (2002) differenzieren spezielle Grapheme und -verbindungen in vier Kategorien, dies erscheint jedoch für das „Alphabetische Schreiben" nicht notwendig.

Die Übergeneralisierung nicht lautlicher Rechtschreibregeln stellt die letzte Kategorie dar. Hier werden „Fehler" signiert, die eine Auseinandersetzung mit Regeln wie Auslautverhärtung, Dehnung und Schärfung zeigen.

Die folgende Tabelle gibt eine Übersicht der Fehlerkategorien zum „Alphabetischen Schreiben" mit Beispielen (vgl. Füssenich & Löffler 2005, Kategorien erweitert und verändert[4]).

	Kürzel	*Fehlerkategorie*	*Zielwörter*	*Schreibungen*
Graphem-Folge	GF 1	Vertauschung der Reihenfolge und Einfügung von Graphemen	**Zw**erg **Br**ot **Br**ot	Zwger Bort Berot
	GF 2	Auslassung von Graphemen (außer bei Konsonantenhäufung oder speziellen Graphemen)	Brot **Anan**as	Bro Anas
	GF 2a	Konsonantenauslassung bei Konsonantenhäufung (initial und silbenfinal)	**Kr**okodil **Tr**ompete Zwer**g** Fe**ns**ter	Kokodil Tompete Zweg Fester
	GF 2b	Konsonantenauslassung an der Silbengrenze	Trom-pete Gur-ke	Tropete Guke
	GF 2c	Auslassung von speziellen Graphemen (Repräsentanten schwer identifizierbarer Phoneme, z.B. /r/ oder /ə/)	Gurke Fenster	Guke Fenstr

---

[4] Dieses Raster hat sich auf der Basis von Diskussionen in unterschiedlichen Hochschulzusammenhängen schrittweise verändert. Ich danke allen Diskussionspartnerinnen und Diskussionspartnern für ihre konstruktive Kritik, vor allem den Mitgliedern des Forschungskolloquiums an der Universität Hannover unter der Leitung von Prof. Dr. Carl Ludwig Naumann.

Graphem-Auswahl	GA 1	Verwechslung von stimmhaften und stimmlosen Konsonanten (auch dialektal)	Trompete Drachen Kreuz	Trombete Tachen Greuz
	GA 2	Verwechslung (weiterer) ähnlicher Konsonanten oder Vokale (auch dialektal)	Drachen (r-ch) Wurst (r-ch) Gurke (o-u) Trompete (n-m) Fenster (a/o-er)	Tare Wuchst Gorke Tonpete Fensta/Fensto
	GA 3	Ersetzung durch einen lautlich nicht ähnlichen Konsonanten oder Vokal	Kreuz Gurke	Kraz Girke
	GA 4	Ersetzungen/Verwechslungen von speziellen Graphemen und -verbindungen (spezielle GPK-Regeln, wie z.B. <ng>, <eu>, <st>, <sp>, <k>)	Schwein Kreuz Schlange Krokodil	Schwain Kroiz Schlane Crokodil
	GA 5	Lautangleichungen (Assimilationen)	Gurke Traktor Trompete	Kurke Kaktor Brompete
Ü		Übergeneralisierung von (nicht lautlichen) Rechtschreibregeln	Brot Brot	Broot Brod

Tabelle 2: Fehlerraster zum „Alphabetischen Schreiben" (vgl. Füssenich & Löffler 2005, Kategorien erweitert und verändert, vgl. auch Löffler 2006)

Die Kategorisierung der Fehler im „Alphabetischen Schreiben" einzelner Schreiber/innen zeigt meist eine Häufung in einzelnen Kategorien, während in anderen keine Fehler auftreten. Dies ermöglicht die Entscheidung, an welchen Wortstrukturen im Einzelfall verstärkt gearbeitet werden sollte und lässt unter Umständen Rückschlüsse auf Auffälligkeiten in der gesprochenen Sprache zu bzw. impliziert eine notwendige genauere Betrachtung.

Erfahrungen in der Lehrerbildung haben mir gezeigt, dass die Arbeit mit solchen Fehlerkategorien eine Auseinandersetzung mit Wortstrukturen und orthographischen Regeln erfordert. Unter anderem kann deutlich gemacht werden, welche Wortstrukturen schwierig sind – dass z.B. das Wort *Ente* aufgrund seiner Struktur VK-KV kein einfach zu verschriftendes Wort ist.

Lernbeobachtungen dieser Art lassen sich sinnvoll als Alternative zum Klassendiktat einsetzen. Um Eltern z.B. beim Elternabend zu verdeutlichen, welche Lernschritte und -sprünge zum Schriftspracherwerb gehören, kann ihnen eine Klassenübersicht der Schreibungen eines Wortes (z.B. des langen, aber aus einfach strukturierten Silben bestehenden Wortes *Limonade*) zu mehreren Erhebungszeitpunkten gezeigt werden – anonymisiert, um dem Datenschutz gerecht zu werden und Bloßstellungen zu vermeiden.

Literatur

Dehn, Mechthild (1983): Vom „Verschriften" zum Schreiben. In: Grundschule, 15. Jg., Heft 7, S. 28-31.
Dehn, Mechthild / Hüttis, Petra / May, Peter (2003): Schreiben und Lesenlernen. Beobachtung des Lernprozesses im 1. Schuljahr. Herausgegeben von: Freie Hansestadt Hamburg, Behörde für Bildung und Sport, Amt für Schule. Nachdruck (Erstveröffentlichung 1987).
Dehn, Mechthild / Hüttis-Graff, Petra (2006): Zeit für die Schrift II. Beobachtung und Diagnose. Berlin: Cornelsen Skriptor.
Frith, Uta (1985): Beneath the Surface of Developmental Dyslexia. In: Patterson, K. E. / Coltheart, M. (eds.) (1985): Surface dyslexia: neuropsychological and cognitive studies of phonological reading. London, S. 301-330.
Füssenich, Iris / Löffler, Cordula (2003a): Erwerb des Alphabetischen Schreibens: Aufgaben für die Überprüfung des Entwicklungsstands bei der Einschulung, im ersten und zweiten Schuljahr. Praxis Grundschule, 26. Jg., 2003, Heft 3, S. 4-17.
Füssenich, Iris / Löffler, Cordula (2003b): Lern- und Lehrprozesse beim alphabetischen Schreiben. Grundschule, 35. Jg., 2003 Heft 5, S. 9-12.
Füssenich, Iris / Löffler, Cordula (2005a): Schriftspracherwerb. Einschulung, erstes und zweites Schuljahr. München: Reinhardt.
Füssenich, Iris / Löffler, Cordula (2005b): Materialheft Schriftspracherwerb. Einschulung, erstes und zweites Schuljahr München: Reinhardt.
Günther, Klaus-B. (1986): Ein Stufenmodell der Entwicklung kindlicher Lese- und Schreibstrategien. In: Brügelmann, Hans (Hrsg.) (1986): ABC und Schriftsprache: Rätsel für Kinder, Lehrer und Forscher. Konstanz: Faude, S. 32-54.
Hacker, Detlef (2002): Phonologie. In: Baumgartner, Stephan / Füssenich, Iris (Hrsg.): Sprachtherapie mit Kindern. 5. Auflage. München, Basel, S. 13-62.
Herné, Karl-Ludwig / Naumann, Carl Ludwig (2002): AFRA Version 4: Aachener Förderdiagnostische Rechtschreibfehler-Analyse. 4. völlig überarbeitete und erweiterte Auflage. Aachen: Alfa Zentaurus.
Löffler, Cordula (2003): Kompetenzerweiterung in einer praxisbegleitenden Lehrerfortbildung – Diagnose und Förderung im Schriftspracherwerb unter besonderer Berücksichtigung sprachlicher Auffälligkeiten. Exposé zur Habilitation. http://www.ph-weingarten.de/deutsch/downloads/lehrende-loeffler-publikationen_expose.pdf.
Löffler, Cordula (2004): Zum Wissen von Primarstufenlehrerinnen zu Orthographie und Orthographieerwerb – Konsequenzen für die Lehreraus- und -fortbildung. In: Bremerich-Vos, Albert; Herné, Karl-Ludwig; Löffler, Cordula (Hrsg.) (2004): Neue Beiträge zur Rechtschreibtheorie und -didaktik. Festschrift für Carl Ludwig Naumann zum 60. Geburtstag. Freiburg: Fillibach, S. 145-161.

Löffler, Cordula (2006): Rechtschreibdiagnostik in der Alphabetisierung. In: Bewährte und neue Medien in der Alphabetisierung und Grundbildung. Herausgegeben im Auftrag des Bundesverbandes Alphabetisierung und Grundbildung e.V. von Ferdinande Knabe. Stuttgart: Klett, S. 119-130.

May, Peter (1990): Kinder lernen rechtschreiben: Gemeinsamkeiten und Unterschiede guter und schwacher Lerner. In: Brügelmann, Hans / Balhorn, Heiko (Hrsg.) (1990): Das Gehirn, sein Alfabet und andere Geschichten. Konstanz: Faude, S. 245-253.

Scheerer-Neumann, Gerheid (^{6}2003): Rechtschreibschwäche im Kontext der Entwicklung. In: Naegele, Ingrid M. / Valtin, Renate (Hrsg.) (2003): LRS – Legasthenie in den Klassen 1-10. Handbuch der Lese-Rechtschreib-Schwierigkeiten. Band 1: Grundlagen und Grundsätze der Lese-Rechtschreib-Förderung. 6., vollständig überarbeitete Auflage. Weinheim, Basel: Beltz, S. 45-65.

Thomé, Günther (2003): Entwicklung der basalen Rechtschreibkenntnisse. In: Bredel, Ursula u.a. (Hrsg.): Didaktik der deutschen Sprache. Band 1. Paderborn: Schöningh, S. 369-379.

II. Bereichspezifische Diagnostik und Lernförderung im Elementar- und Primarbereich

Mathematisches Lernen

Elisabeth Moser Opitz, Ursina Christen & Renate Vonlanthen Perler

Räumliches und geometrisches Denken von Kindern im Übergang vom Elementar- zum Primarbereich beobachten

Kindergärtnerin: „Warum bauen die Leute die Häuser eckig und nicht rund?"
Simon (6 Jahre): „ ... dann hätte man auch eine runde Wand, dann hätte man ein rundes Wohnzimmer. Wenn man einen geraden Tisch hinstellen möchte, müsste man diesen halbrund machen ... In viereckigen Häusern hat man mehr Platz, da kann man die Betten gerade hinstellen."

1   Einleitung

Die Beobachtung von räumlichem Denken bei Vorschulkindern ist eine spannende Angelegenheit. Einerseits zeigt das zitierte Beispiel von Simon, dass schon Kindergartenkinder über erstaunliche Kompetenzen räumlichen Denkens verfügen und ihre Vorstellungen und Gedanken auch formulieren können. Andererseits ist seit den Forschungen von Piaget & Inhelder (1975), aber auch aus der Zeichnungsentwicklung (z.B. Reiß 1996) bekannt, dass das räumliche Denken von Vorschulkindern noch Einschränkungen unterworfen ist und dass die Kinder die Fähigkeit, räumliche Beziehungen herzustellen, in einem längeren Prozess erlernen. Aebli (1975, S. 11) betont dabei, dass das Kind räumliche Beziehungen nicht passiv aus der bloßen Wahrnehmung der Dinge im Raum aufbaue, sondern Schritt für Schritt entdecken und konstruieren würde. Räumliche Vorstellung wird damit nicht als Fähigkeit, sondern als Denkakt verstanden und beschrieben. Im Kindergarten- und Schulalltag stellt sich immer wieder die Frage, wie solche „Denkakte" beobachtet werden können und wie sich bestimmte Antworten und Vorgehensweisen der Kinder verstehen lassen. Dabei interessiert auch, wie die Entwicklung von räumlichem Denken angeregt und unterstützt werden kann. Lohaus u.a. (1999, S. 13) zeigen auf, dass es trotz langjähriger Forschungsarbeit nicht gelungen ist festzulegen, was genau „räumliche Fähigkeiten" ausmacht und welche Aspekte bzw. Teilfähigkeiten zu diesem Konstrukt gehören. Die Autoren (ebd. S. 61) schlagen deshalb vor, nicht nach einzelnen Teilfähigkeiten zu suchen, sondern altersabhängige Besonderheiten beim Lösen von bestimmten Aufgaben zu beschreiben. Dabei soll untersucht werden, mit welchen Aspekten des Räumlichen sich Kinder beschäftigen und wie sie räumliche Information verarbeiten.

Räumliches und geometrisches Denken stehen in enger Beziehung zueinander, sind nur schwer voneinander abzugrenzen und werden häufig auch synonym verwendet. Im Folgenden werden in der Regel beide Begriffe verwendet. Ausnahmen bilden Stellen, wo im Kontext der verwendeten Literatur vor allem von räumlichem Denken gesprochen wird.

Im Rahmen einer Explorationsstudie in einigen Schweizer Kindergärten[1] wurde versucht, räumliches bzw. geometrisches Denken von Vorschulkindern mit Aufgaben aus dem mathe 2000-Geometrietest (Waldow & Wittmann 2001) zu beobachten und zu verstehen. Im Folgenden werden einige Ergebnisse dargestellt und es wird aufgezeigt, wie solche Aufgaben genutzt werden können, um Informationen zum räumlichen bzw. zum geometrischen Denken von Kindern zu erhalten.

2   Der mathe 2000-Geometrietest

Der mathe 2000-Geometrietest (Waldow & Wittmann 2001) wurde entwickelt, um geometrische Vorkenntnisse von Schulanfängerinnen und Schulanfängern mittels eines Gruppentests zu erfassen. Instrumente zum Erfassen von mathematischen Kompetenzen bei Schulbeginn beinhalten oft vor allem arithmetische Aufgaben oder aber erfordern – wenn es um geometrische Aufgaben geht – das Arbeiten mit Material in Einzelsituationen (z.B. Eichler 2004). Da unter anderem auch das Untersuchen einer größeren Stichprobe interessierte, lag mit diesem Test ein geeignetes Instrument vor, auch wenn durch die Testform Papier-Bleistift inhaltliche Einschränkungen in Kauf genommen werden mussten. Der Test beinhaltet 13 Aufgaben, welche sich auf die sieben Grundideen der Elementargeometrie beziehen. Die Aufgaben wurden nach Vorschlägen von E. Ch. Wittmann gegenüber der ersten Testversion leicht angepasst und werden kurz beschrieben (vgl. auch Waldow & Wittmann 2001).

Grundidee 1: Geometrische Formen und ihre Konstruktion

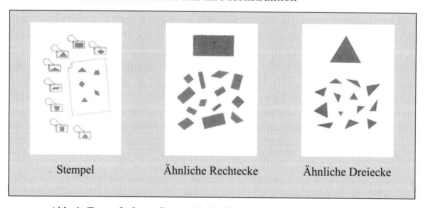

Abb. 1: Testaufgaben „Geometrische Formen und ihre Konstruktion"

- Stempel: Die Kinder sollen jede Form mit dem Stempel verbinden, mit dem sie gedruckt worden ist.

---

[1] In der Schweiz dauert der Kindergarten je nach Gemeinde 1-2 Jahre, die Kinder treten mit 4 bzw. 5 Jahren ein.

- Ähnliche Dreiecke und ähnliche Rechtecke: Die Kinder sollen die Dreiecke bzw. Rechtecke einkreisen, die genau so aussehen, wie das große Dreieck bzw. Rechteck.

Grundidee 2: Operieren mit Formen

- Tangram: Die sieben Tangram-Formen aus der oberen Figur müssen den Formen in der unteren Figur zugeordnet werden.
- Haus: Das Haus in der Vorlage soll möglichst genau abgezeichnet werden.
- Spiegelbilder: Die halben Männchen, die sich in ihren Einzelteilen geometrisch unterscheiden, sollen so verbunden werden, dass sie zusammen ein symmetrisches Männchen bilden.

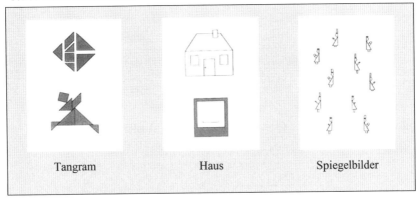

Abb. 2: Testaufgaben „Operieren mit Formen"

Grundidee 3: Koordinaten

- Koordinaten: Die Muster im Raster müssen in das daneben stehende leere Raster übertragen werden.

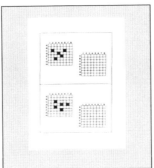

Abb. 3: Testaufgabe „Koordinaten"

Grundidee 4: Maße

- Bohrer: Die Kinder sollen die Bohrer entsprechend ihrer Größe einordnen.
- Messen: Die Kinder erhalten ein Lineal. Sie sollen die Länge der Rechteckseite bestimmen und das Ergebnis in das kleine Kästchen daneben schreiben.

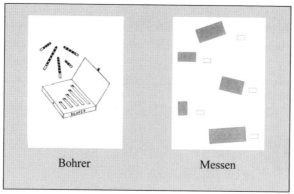

Abb. 4: Testaufgaben „Maße"

Grundidee 5: Geometrische Gesetzmäßigkeiten und Muster

- Muster: Fortsetzen bzw. kopieren von geometrischen Mustern.

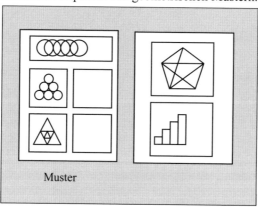

Abb. 5: Testaufgaben „Muster"

Grundidee 6: Formen in der Umwelt

- Formen in der Umwelt: Eine gelbe Kugel, ein blauer Zylinder und ein roter Quader werden präsentiert. Diese Formen sollen im Bild gesucht und entsprechend gefärbt werden.

Abb. 6: Testaufgabe „Formen in der Umwelt"

Grundidee 7: Übersetzung in die Sprache der Geometrie

- Sitzplan: Die Kinder sollen den freien Stuhl finden und den Namen des Kindes, das fehlt, einkreisen.

Abb. 7: Testaufgabe „Sitzplan"

Die Testaufgaben wurden nach Vorschlägen von E. Ch. Wittmann so bewertet, dass durch Teillösungen pro Item 0-5 Punkte erreicht werden konnten. Bei der Aufgabe „Formen in der Umwelt" konnten 15 Punkte erreicht werden. In der Studie von Waldow & Wittmann (Erstklässler bei Schulbeginn) wurden zwei Punkte für eine vollständig richtige Lösung und ein Punkt für eine fast richtige Lösung verteilt. Die neue Beurteilungsform erlaubte einen höheren Differenzierungsgrad beim Bewerten, führt allerdings dazu, dass die Resultate aus der vorliegenden Studie nur bedingt mit den Ergebnissen von Waldow & Wittmann verglichen werden können.

3 Der mathe 2000-Geometrietest: Geometrische Vorkenntnisse von Kindergartenkindern

3.1 Durchführung des Tests und Überblick über die Ergebnisse

Der mathe 2000-Geometrietest wurde mit 89 Kindern im Alter von 4-7 Jahren aus sechs Kindergärten in den Kantonen Bern und Freiburg/CH als Gruppentest durchgeführt. Die Kinder lösten die Aufgaben mit Papier und Bleistift nach den Anweisungen der Kindergärtnerin. Zusätzlich bearbeiteten einige Kinder zu einem späteren Zeitpunkt ausgewählte Aufgaben in Partnerarbeit und wurden dabei videografiert.

Abbildung 8 gibt einen Überblick über die Resultate, aufgeteilt nach den zwei Altersgruppen 4-5-Jährige (erstes Kindergartenjahr) und 6-7-Jährige (zweites Kindergartenjahr).

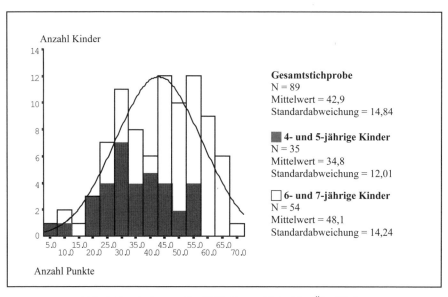

Abb. 8: Ergebnisse mathe 2000-Geometrietest im Überblick

Im Test konnten maximal 75 Punkte erreicht werden. Es zeigte sich einerseits erwartungsgemäß ein deutlicher Unterschied zugunsten der deutlich größeren Gruppe der älteren Kinder, welcher statistisch signifikant ist (t-Test für unabhängige Stichproben; $t = -4{,}56$, $p < 0{,}001$). Andererseits gab es auch eine große Leistungsüberlappung. 28,6% der jüngeren Kinder zeigten Leistungen, welche um den Mittelwert der Gesamtstichprobe oder höher lagen, jeweils zwei Kinder aus beiden Gruppen erreichten eine Punktzahl, die zwei Standardabweichungen unter dem Mittelwert der Gesamtstichprobe lag. Der Blick auf die Mittelwerte der einzelnen Aufgaben zeigt Übereinstimmungen, aber auch Unterschiede zwischen den Altersgruppen, welche im Folgenden dargestellt werden.

3.2 Ergebnisse zu einzelnen Aufgaben

Abbildung 10 und 11 zeigen die Ergebnisse des t-Tests zu den einzelnen Aufgaben. Am besten gelöst wurden die Aufgaben Tangram, Stempel und ähnliche Rechtecke und – wenn auch etwas schlechter – die auch zu dieser Kategorie der geometrischen Formen gehörende Aufgabe „ähnliche Dreiecke". Bei all diesen Aufgaben zur Formunterscheidung ließen sich zwischen den jüngeren und älteren Kindern keine Leistungsunterschiede feststellen (p > 0,05, t-Test für unabhängige Stichproben).

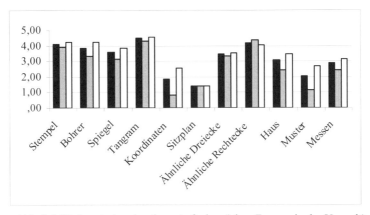

Abb. 9: Mittelwerte der einzelnen Aufgaben (ohne Formen in der Umwelt)

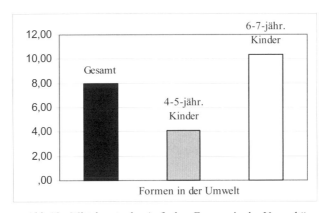

Abb 10: Mittelwerte der Aufgabe „Formen in der Umwelt"

Am schwierigsten für ältere und jüngere Kinder war – auch in Übereinstimmung mit den Resultaten der Untersuchung mit Erstklässlern von Waldow & Wittmann – die Sitzplan-Aufgabe (Mittelwert 1,4), bei welcher es um das Lesen eines Planes ging. Hier konnten keine signifikanten Unterschiede zwischen den Gruppen nachgewiesen werden. Bei allen anderen Aufgaben gab es zwischen den Gruppen der jüngeren und älteren Kindern statistisch signifikante Unterschiede, insbesondere bei den Aufgaben „Bohrer" ($t = -1{,}29$, $p < 0{,}01$), „Koordinaten" ($t = -3{,}67$, $p < 0{,}001$), „Muster" ($t = -4{,}12$, $p < 0{,}001$) und „Formen in der Umwelt" ($t = -7{,}39$, $p < 0{,}001$; jeweils t-Test für unabhängige Stichproben).

Im Folgenden wird reflektiert, welche Anforderungen einzelne Aufgaben beinhalten und was aufgrund von entwicklungspsychologischen Kenntnissen Gründe sein könnten für die unterschiedliche Lösungshäufigkeit bei jüngeren und älteren Kindern. Eine solche Interpretation fehlt häufig in Studien zu geometrischen Vorkenntnissen bzw. erfolgt in erster Linie unter Einbezug geometrischer Konzepte (z.B. Eichler 2004). Zuerst werden deshalb ausgewählte theoretische bzw. entwicklungspsychologische Grundlagen zur Thematik des räumlichen bzw. geometrischen Denkens dargestellt. Weiter soll anhand der Zusammenfassung eines Gesprächs zwischen zwei Kindern illustriert werden, wie diese mit solchen Aufgaben umgehen.

4 Aspekte der Entwicklung räumlichen und geometrischen Denkens

Wie schon eingangs erwähnt wurde, ist es bisher nicht gelungen, den Begriff „räumliche Fähigkeiten" genau zu beschreiben und zu erfassen. Ein Grund mag darin liegen, dass räumliches und geometrisches Denken den Einsatz und die Koordination verschiedener Fähigkeiten und Kompetenzen (Kognition, räumliches Wissen, Zeichnen usw.) erfordert. Im Folgenden wird die Entwicklung von einzelnen für das räumliche – und geometrische – Denken maßgebenden Aspekten, welche in der Fachliteratur immer wieder referiert werden, kurz beschrieben. Anschließend werden einige Resultate der Studie unter Bezug dieser Konzepte diskutiert.

4.1 Kognitive Entwicklung

Das Denken von Vorschulkindern wird seit Piaget als vor-operatorisches Denken beschrieben und ist gekennzeichnet durch Anschauungsgebundenheit, Phänomenzentriertheit und die Tendenz, die Mehrdimensionalität der Wirklichkeit zu verkennen und nur einen bestimmten Ausschnitt daraus zu betrachten (Burgener Woeffray 1996, S. 119, ff.). Räumliches Denken erfordert jedoch ein mehrdimensionales Wahrnehmen der Wirklichkeit, z.B. wenn es darum geht, Teile und das Ganze eines Bildes gleichrangig zu betrachten bzw. verschiedene Objekte gleichzeitig zu betrachten und zueinander in Beziehung zu setzen. Auch wenn ein Stufenmodell zur kognitiven Entwicklung, wie es Piaget erarbeitet hat, kritisch hinterfragt werden muss und „Denkakte" immer auch bereichsspezifisch stattfinden (vgl. Moser Opitz 2008), gilt als unbestritten, dass Kinder – je jünger sie sind – desto stärker dazu neigen, ihre Aufmerksamkeit auf einen Aspekt zu zentrieren und andere Aspekte außer Acht zu lassen. Dies beeinflusst – wie an Beispielen noch aufgezeigt wird – die Bearbeitung von Aufgaben zum räumlichen Denken.

4.2 Perspektivenübernahme und Links-Rechts-Unterscheidung

Als ein für die Entwicklung räumlicher Fähigkeiten besonders wichtiger Aspekt wird die Perspektivenübernahme betrachtet. Es geht hier um die Frage, in welchem Maß es den Kindern gelingt, sich in die Perspektive einer anderen Person zu versetzen und deren Kognitionen, Gefühle und Handlungsbereitschaften zu erschließen und zu verstehen. Im Zentrum steht somit die Fähigkeit, einen anderen Standpunkt einzunehmen. Dabei wird zwischen sozialer und räumlicher Perspektivenübernahme unterschieden (Lohaus u.a. 1999, S. 48). Die räumliche Perspektivenübernahme umfasst die Fähigkeit, sich die räumliche Perspektive einer anderen Person, unter welcher diese ein Objekt sieht, zu vergegenwärtigen. Bei der sozialen Perspektivenübernahme geht es vor allem um die Rekonstruktion des Denkens, Fühlens und Handelns von anderen.

Wichtig für die räumliche Perspektivenübernahme ist nach Lohaus u.a. (1999, S. 49) die Links-Rechts-Differenzierung, da mit diesen Begriffen die Position von Objekten beschrieben werden kann. Lohaus u.a. (ebd.) referieren verschiedene Untersuchungen, die zeigen, dass Kinder schon sehr früh in der Lage sind, die Kategorien „linke Seite", „rechte Seite" zu nutzen. Was sich jedoch erst zu Beginn des Schulalters entwickelt, sind die verbalen Bezeichnungen für links und rechts sowie das Bewusstsein, dass Links-Rechts-Relationen aus der Sichtweise von anderen Personen anders aussehen können. Kinder verfügen somit schon früh über ein Konzept von „Seitigkeit", brauchen jedoch bis zu Beginn des Schulalters Zeit, um die entsprechende Begrifflichkeit zu erwerben und diese auf den Standpunkt anderer Personen anzuwenden.

4.3 Stufen des geometrischen Denkens

Von van Hiele (1986) wurden fünf Stufen des geometrischen Denkens beschrieben. Obwohl das Modell auch kritisiert wird und nicht gründlich empirisch validiert wurde (Clements & Battista 1992, S. 433), ist es eines der am häufigsten verwendeten Modelle, um die Entwicklung des geometrischen Denkens zu beschreiben.

Im Modell werden Stufen bzw. Phasen des Lernprozesses beschrieben, welche Kinder beim geometrischen Lernen durchlaufen. Es wird davon ausgegangen, dass die beschriebenen Stufen insofern hierarchisch sind, als dass die Kinder einen großen Teil der Kompetenzen, die zu einer Stufe gehören, erreicht haben müssen, um die Denkprozesse der nächsten Stufe zu erwerben. Diese Entwicklung kann durchaus sprunghaft geschehen und kann durch Unterricht bzw. durch geeignete Fördermaßnahmen beeinflusst werden (Clements & Battista 1992, S. 430). Konzepte, die auf einer Stufe implizit vorhanden sind, werden auf der nächsten Stufe explizit. Die zwei ersten Stufen, die sich auf Kinder im Kindergarten und anfangs Schulalter beziehen, werden kurz beschrieben.

Niveaustufe 0: „Räumlich-anschauungsgebundenes Denken": Die Kinder erfassen und erkennen geometrische Formen bzw. Objekte. Sei zeigen jedoch die Tendenz, die Objekte als „visuelle Gestalt" zu erfassen. Eigenschaften und Bestandteile, die die Objekte definieren, werden nicht bzw. nur teilweise erkannt. Die Kinder können Formen mit geraden Strichen von solchen mit geschwungenen Linien unterscheiden (z.B. Kreis und Dreieck). Es fällt den Kindern jedoch schwer, innerhalb dieser Kategorien Formen zu differenzieren. So kann beispielsweise eine Ellipse noch schwer von einem Kreis unterschieden werden oder unterschiedlich große Quadrate werden nicht alle als Quadrate erfasst.

Niveaustufe 1: „Visuelles Denken": Kennzeichen dieser Stufe ist die Beschreibung von Objekten nach ihren visuellen Merkmalen und eine feinere Klassifizierung, als sie auf Niveaustufe 0 möglich war. Die Kinder richten ihre Aufmerksamkeit nun auf die Eigenschaften der Objekte oder Formen. Franke (2000, S. 96) nennt als Beispiele zum Arbeiten auf diesem Niveau das Sortieren und Beschreiben von geometrischen Figuren nach ihren Eigenschaften; das Erkennen von Figuren, die teilweise verdeckt sind, oder das Prüfen, ob Figuren bestimmte Eigenschaften besitzen. Die Kinder können somit das Charakteristische eines Objektes erkennen und dieses beschreiben. Dies geschieht allerdings nur prototypisch auf der Ebene der visuellen „Gestalt" und nicht auf der Ebene der geometrischen Eigenschaften. „There is no why, one just sees it", beschreibt van Hiele (1986, S. 83) diese Kompetenz. Das Beschreiben und Analysieren der Objekte oder Figuren im Sinn des Herstellens von Beziehungen zwischen den Eigenschaften eines Objektes und zwischen den Eigenschaften von verwandten Objekten sind Kennzeichen der Niveaustufe 2.

4.4 Zeichnerische Fähigkeiten

Zeichnerische Fähigkeiten stehen in enger Beziehung mit räumlichem Denken. Kinder zeichnen häufig nicht das, was zu sehen ist, sondern immer wiederkehrende Grundformen, welche sie erworben und durch vielfaches Anwenden geübt haben. Diese Grundformen stellen die Basis dar für das individuelle zeichnerische Weiterarbeiten und ermöglichen es den Kindern, die Aufmerksamkeit auf andere Aspekte des Gestaltungsprozesses zu richten (Reiß 1996, S. 47). Dies führt dazu, dass Vorschulkinder dazu neigen, sich an den „Bildern im Kopf" und weniger an der Vorlage zu orientieren. Bis zum Alter von 8 Jahren haben Kinder zudem die Tendenz, Objekte nebeneinander und separat darzustellen, obwohl sie eigentlich wissen, wie überlappende Objekte zu interpretieren sind (Lohaus u.a. 1999, S. 53).

Eichler (2004) weist weiter darauf hin, dass die Fähigkeit zur Handhabung von Werkzeugen (hier des Bleistifts) die Ausführung von geometrischen Aufgaben mitbestimmt.

5 Räumliches Denken beobachten und interpretieren: einige Beispiele

Im Folgenden werden ausgewählte Aufgaben, welche im mathe 2000-Geometrietest besonders gut bzw. besonders schlecht oder von jüngeren und älteren Kindern besonders unterschiedlich gelöst wurden, auf dem Hintergrund der dargestellten theoretischen bzw. entwicklungspsychologischen Überlegungen interpretiert.

5.1 Aufgaben Stempel, Tangram, ähnliche Rechtecke, ähnliche Dreiecke

(Dreiecke und Rechtecke erkennen und zuordnen)

Am besten gelöst wurden diejenigen Aufgaben, die in erster Linie das Unterscheiden und Erkennen von geometrischen Figuren beinhalten. Hier konnten auch keine Leistungsunterschiede zwischen jüngeren und älteren Kindern gefunden werden. Die meisten der 4-7-jährigen Kinder konnten somit geometrische Formen sehr gut unterscheiden (vgl. auch Clements u.a. 1999; Höglinger & Senftleben 1997) und verfügten damit über Fähigkeiten geometrischen Denkens, welche der Stufe 1 im Modell von van Hiele entsprechen.

5.2 Aufgabe Bohrer

(Bohrer entsprechend ihrer Größe ordnen)

Die Bohreraufgabe gehört – insgesamt gesehen – zu den am besten gelösten Aufgaben (Mittelwert = 3,88). Die jüngeren Kinder lösten diese Aufgabe jedoch signifikant schlechter als die älteren Kinder. Die Aufgabe beinhaltet das Herstellen einer einfachen Reihenbildung. Diese Fähigkeit umfasst einen Aspekt der Kompetenz, mehrere Dinge gleichzeitig „im Blick" zu haben und sich von der bloßen Anschauung zu lösen. Nach zur Oeveste (1987, S. 93) entwickelt sich diese Fähigkeit mit ungefähr 5 Jahren. Die signifikant schlechteren Leistungen der jüngeren Kindergruppe können somit dadurch erklärt werden.

Bei der Testdurchführung konnte zudem öfter beobachtet werden, dass die jüngeren Kinder nicht alle Zuordnungen machten. Sie ordneten z.B. vier Bohrer richtig zu, übersahen jedoch den fünften. Dies kann ebenfalls damit zusammenhängen, dass die jüngeren Kinder noch Schwierigkeiten hatten, mehrere Aspekte gleichzeitig zu betrachten. Hier müsste überprüft werden, ob die Aufgabe handelnd besser gelöst worden wäre. Allenfalls wäre in diesem Zusammenhang auch der Einfluss der Konzentrationsfähigkeit von jüngeren und älteren Kindern zu überprüfen. Dazu liegen jedoch keine Daten vor.

5.3 Aufgabe Koordinaten

(Muster in Karoraster übertragen)

Die Koordinatenaufgabe war die am zweit schlechtesten gelöste Aufgabe (Mittelwert = 1,89). Dieses Ergebnis wurde stark beeinflusst von der geringen Lösungshäufigkeit bei den jüngeren Kindern. Wichtig für das Lösen der Koordinatenaufgabe ist die Orientierung an der Horizontalen und der Vertikalen – hier gekennzeichnet mit Zahlen und Buchstaben – und damit das „Zusammendenken" von zwei Perspektiven bzw. das Wahrnehmen des Ganzen und seiner Teile.

Hier zeigten sich bei der Testdurchführung zwischen den jüngeren und älteren Kindern unterschiedliche Vorgehensweisen. Letztere orientierten sich bewusst an der horizontalen Achse, indem sie die Positionen der Zahlenreihe betrachteten und von dort aus vertikal abzählten (siehe Bsp. Lea, Abb. 11a). Dieser Prozess wurde zum Teil durch lautes Sprechen verbal begleitet, wie folgendes Beispiel aus einer Partnerarbeit zeigt: „Bei der Zwei das Dritte und bei der Vier das Vierte. Nachher bei der Fünf, bei der Fünf ist es das fünfte (Karo)." Die jüngeren Kinder gingen häufig anders vor (Bsp. Tim, Abb. 11b, obere Abbildung). Sie orientierten sich am „Gesamtbild", indem sie ein Feld als Ausgangspunkt bestimmten und dann davon ausgehend die Nachbarkaros (korrekt) zählend einzeichneten. Da das Ausgangsfeld manchmal falsch gewählt war, stimmte wohl das Muster an sich, nicht jedoch dessen Position innerhalb des Rasters. Abb. 11b zeigt, dass Tim zwei Vorgehensweisen verwendete. Einmal zählte er korrekt von oben her ab und kam zu einer richtigen Lösung, einmal wählte er ein falsches Feld als Ausgangspunkt.

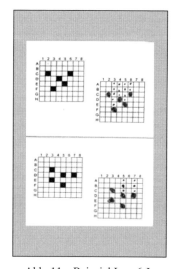

Abb. 11a: Beispiel Lea, 6 J.

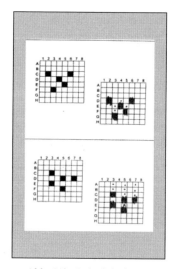

Abb. 11b: Beispiel Tim, 5 J.

Die unterschiedlichen Vorgehensweisen der beiden Altersgruppen lassen sich zum einen mit den Niveaustufen von van Hiele erklären. Die jüngeren Kinder schienen sich noch stärker als die älteren an der „Gesamtgestalt" zu orientieren, wie dies auf Stufe 0 im van Hiele-Modell beschrieben wird. Zum anderen kann das Ergebnis aber auch durch die größere Zahlen- und Buchstabenkenntnis der älteren Kinder beeinflusst sein, welche das Lösen der Aufgabe erleichtert. Allerdings wurden kaum Zahlen und Buchstaben als Orientierungshilfen benutzt, sondern in erster Linie die Zahlen in der Horizontalen.

5.4 Aufgabe Muster

(Abzeichnen von sich überlappenden Kreisen, abzeichnen einer Figur bestehend aus mehreren Dreiecken, Treppe weiterführen usw.)

Das Abzeichnen der Muster gehörte zu den schwierigsten Aufgaben des Tests. Zudem zeigten sich große Leistungsunterschiede zwischen jüngeren und älteren Kindern.

Diese Aufgabe erfordert Denkprozesse des Niveaus 1 nach van Hiele, bei welchen Eigenschaften und Bestandteile von Objekten erkannt und zueinander in Beziehung gesetzt werden müssen. Zudem können nicht mehr die „Bilder im Kopf" gezeichnet werden, sondern es wird die Orientierung an einer Vorlage gefordert. Den jüngeren Kindern fiel dies schwerer als den älteren Kindern.

In Abb. 12 zeigen sich weiter an den Beispielen der jüngern Kindern deutlich die Schwierigkeiten beim Darstellen von Überlappungen. Einige Kinder zeichneten gar keine Überlappungen, andere stellten zusammenhängende Kreise dar, welche Überlappungen beinhalten, jedoch noch nicht (ganz) der Vorlage entsprechen.

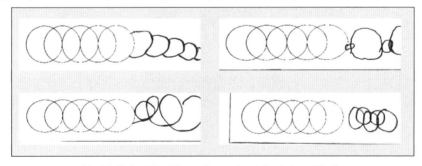

Abb. 12: Beispiele „Muster" von vier 4-5-jährigen Kindern

5.5 Sitzplatz

(Aufgrund von Angaben in einem Plan erkennen, welches Kind nicht an seinem Platz sitzt)

Die Sitzplatzaufgabe ist die am schlechtesten gelöste Aufgabe, sowohl in der hier untersuchten Stichprobe als auch in der Stichprobe mit Erstklässlern von Waldow & Wittmann. Dies mag einerseits daran liegen, dass zum Lösen der Aufgabe Lesekompetenzen (Lesen der Namen) gefordert sind. Andererseits erfordert die Aufgabe in hohem Maß Perspektivenübernahme bzw. das Koordinieren verschiedener Perspektiven. Zudem müssen Raumbegriffe angewendet werden. Wie in Kapitel 4 dargestellt wurde, festigen sich diese erst im Verlaufe des ersten Schuljahres. All diese Faktoren können zum hohen Schwierigkeitsgrad der Aufgabe beigetragen haben.

6 Gemeinsam Objekte abzeichnen: Versuche zur räumlichen und sozialen Perspektivenübernahme

Räumliches und geometrisches Denken entwickelt sich, indem sich Kinder aktiv mit entsprechenden Aufgaben befassen – auch in der Auseinandersetzung mit Kameradinnen und Kameraden. Anhand der Beschreibung einer Partnerarbeit zur Aufgabe „Dreiecke abzeichnen" soll dies veranschaulicht werden. Julia (6) und Lars (6) hatten die Aufgabe, die Figur in Abb. 13 in Partnerarbeit abzuzeichnen[2]. Lars schlug vor, oben auf das Blatt zuerst das kleine Dreieck a zu zeichnen und darunter dann die anderen Dreiecke.

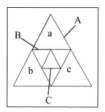

Abb. 13: Vorlage „Dreiecke"

Julia, die den Stift hatte, ging jedoch nicht auf den Vorschlag von Lars ein, sondern zeichnete die Figur, die in Abbildung 14 dargestellt ist. Sie wollte daraufhin in deren Mitte nochmals ein kleines Dreieck zeichnen. Das weist darauf hin, dass ihre Zeichnung die Dreiecke A und B darstellte und sie nun noch C zeichnen wollte.

---

[2] Die Vorlage wurde ohne Buchstaben präsentiert, diese dienen hier nur der Kennzeichnung des Vorgehens der Kinder.

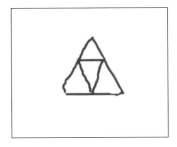 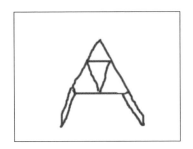

Abb. 14: Julias Darstellung   Abb. 15: Ergänzungen von Lars

Lars intervenierte und sagte, die Zeichnung sei nicht so, wie er es gemeint hätte. Er zeigte auf die kleinen Dreiecke a, b, c in der Vorlage und wies darauf hin, dass diese zusammen das große Dreieck A bilden würden. Julia konnte die Sichtweise von Lars nicht nachvollziehen. Dieser versuchte darauf, sein Vorgehen der Sichtweise von Julia anzupassen und schlug vor, an den Seiten von Julias größerem Dreieck in Abbildung 14 noch drei kleine Dreiecke zu zeichnen, um so die Figur fertig zu stellen. Er setzte somit Julias Figur den Dreiecken B und C der Vorlage gleich und wollte a, b und c dazu zeichnen. Julia sagte: „Ich weiß nicht, was du meinst." Lars nahm daraufhin den Stift und versuchte, seinen Vorschlag zeichnerisch umzusetzen (Abb. 15), was jedoch misslang. Er sagte: „Das ist nicht so gut rausgekommen. Das ist noch ganz schön schwierig. Das ist nicht so gut rausgekommen."

Wie lässt sich diese Situation interpretieren? Die Äußerungen und Vorschläge von Lars lassen schließen, dass er die verschiedenen kleinen Dreiecke zueinander in Beziehung setzen konnte und auch das daraus entstehende große Dreieck sah und somit über ein Konzept der Figur und ihrer Teile zu verfügen schien. Auch Julia schien eine klare Vorstellung der darzustellenden Figur zu haben. Sie verfolgte jedoch ein anderes Konzept als Lars und führte dieses nach dessen Intervention nicht weiter. Die Kinder merkten, dass sie von unterschiedlichen Perspektiven ausgingen, es gelang ihnen jedoch nicht, sich darüber zu verständigen bzw. im Sinn der sozialen Perspektivenübernahme das Denken des Anderen zu rekonstruieren. Ein Grund dafür könnte darin liegen, dass den Kindern die Begriffe dazu fehlten (vgl. Lohaus u.a. 1999, S. 45). Julia gelang es auch nicht, die räumliche Perspektive von Lars zu übernehmen. Lars schien es zumindest teilweise möglich zu sein, Julias Vorstellung nachzuvollziehen. Sein Versuch, Julias Dreiecke zu ergänzen, weist darauf hin.

7 „Räumliche und geometrische Denkakte" beobachten und unterstützen

Die dargestellten Beispiele, Untersuchungsergebnisse und Entwicklungslinien machen deutlich: Kinder entwickeln schon im Vorschulalter erstaunliche Fähigkeiten im Bereich des räumlichen und geometrischen Denkens (vgl. auch Eichler 2004; Höglinger & Senftleben 1997; Grassmann 1996). Es kann zudem angenommen werden, dass einige der Aufgaben – wenn sie auf der Handlungsebene vorgelegt worden wären – noch besser gelöst worden wären. Die Analyse der Ergebnisse zu einzelnen Aufgaben des mathe 2000-Geometrietests auf der Grundlage von theoretischen bzw. entwicklungpsychologischen Konzepten weist darauf hin, dass die Fähigkeit zu einer mehrdimensionalen Betrachtungsweise von Situationen und zur Perspektivenübernahme eine besonders wichtige Rolle spielt. Die Leistungsüberlappungen zwischen den beiden untersuchten Altersgruppen weisen jedoch darauf hin, dass sich solche Fähigkeiten nicht nur abhängig vom Lebensalter entwickeln, sondern dass bereichsspezifische, d. h. erfahrungsabhängige Aspekte eine Rolle zu spielen scheinen.

Die Szene, welche das Abzeichnen der Dreiecke beschreibt, macht deutlich, dass solche Aufgaben hohe Anforderungen bezüglich der räumlichen und sozialen Perspektivenübernahme stellen. Die beiden Kinder gingen die Aufgabe mit unterschiedlichen „Konzepten" an und hatten eine unterschiedliche Betrachtungsweise. Sie nahmen dies wohl wahr, es gelang ihnen jedoch nicht, sich ohne Hilfe über diese divergierenden Sicht- und Vorgehensweisen zu verständigen bzw. den „Standpunkt" des anderen nachzuvollziehen. Das macht deutlich, dass Denken und somit auch räumliches und geometrisches Denken durch aktive Auseinandersetzung des Individuums mit der Sache, aber auch durch kognitive Konflikte angeregt werden kann (vgl. auch Lüdtke & Eichler 2003). Letzteres geschieht dann, wenn die eigene Sichtweise plötzlich nicht mehr zu einer anderen Sichtweise oder zu einer Situation passt und wenn eine neue Lösung gefunden werden muss. Damit Kinder solche Situationen erfolgreich bewältigen können, brauchen sie Unterstützung. Diese kann z.B. so aussehen, dass sich die Kindergärtnerin respektive die Lehrperson ins Gespräch einbringt, durch geschicktes Fragen und Paraphrasieren die Diskussion der Kinder lenkt und diese immer wieder ermuntert, nachzufragen und ihr Vorgehen und ihre Sichtweisen zu verbalisieren und mitzuteilen. „Ich sehe es so. Wie siehst du es?" „Ich mache es so. Wie machst du es? Was ist gleich bei unseren Vorgehensweisen? Was ist unterschiedlich?" „Zeichne du mal für dich allein", usw.

Zur Förderung solcher „räumlichen Denkakte" braucht es auch geeignete Aufgaben. Dies können Beispiele sein, wie sie der mathe 2000-Geometrietest enthält, Aufgaben, wie sie von Eichler (2004) und Lüdtke & Eichler (2003) entwickelt wurden, aber auch offene „Warum-Fragen", wie sie im eingangs zitierten Beispiel mit den runden und eckigen Häusern verwendet worden sind. Solche Fragen bieten – wie eine zweite Aussage von Simon zeigt – hervorragende Gelegenheiten, räumliches und geometrische Denken und räumliche Begriffbildung anzuregen und gleichzeitig mehr über „räumliche Denkakte" von Kindern zu erfahren.

Kindergärtnerin: „Warum sind Tassen rund und nicht eckig?"

Simon: „Weil sonst alles neben dem Mund hinunter rinnt."

Literatur

Aebli, Hans (1975): Einführung. In: Piaget, Jean / Inhelder, Bärbel: Die Entwicklung des räumlichen Denkens beim Kinde. Stuttgart: Klett, S. 11-13.

Burgener Woeffray, Andrea (1996): Grundlagen der Schuleintrittsdiagnostik. Kritik traditioneller Verfahren und Entwurf eines umfassenden Konzepts. Bern/Stuttgart/Wien: Haupt.

Clements, Douglas H., Swaminathan, Sudha, Hannibal Mary A. Z. & Sarama, Julie (1999): Young children's concept of shape. In: Journal for Research in Mathematics Education. 30. Jg. S. 192-212.

Clements, Douglas H. / Battista, Michael T. (1992). Geometry and spatial reasoning. In. Grouws, Douglas A. (Hrsg.): Handbook of research in mathematics teaching and learning. New York: Macmillan, S. 420-464.

Eichler, Klaus-Peter (2004): Geometrische Vorerfahrungen von Schulanfängern. In: Praxis Grundschule. Heft 2, S. 12-20.

Franke, Marianne (2000): Didaktik der Geometrie. Heidelberg/Berlin: Spektrum Akademischer Verlag.

Grassmann, Marianne (1996): Geometrische Fähigkeiten der Schulanfänger. In: Grundschulunterricht. 43. Jg., Heft 5, S. 25-27.

Höglinger, Susanne / Senftleben, Hans-Günter (1997): Schulanfänger lösen geometrische Aufgaben. In: Grundschulunterricht. 44. Jg., Heft 5, S. 36-39.

Lohaus, Arnold, Schumann-Hengsteler, Ruth & Kessler, Thomas. (1999): Räumliches Denken im Kindesalter. Göttingen u.a.: Hogrefe.

Lüdtke, Sabine / Eichler Klaus-Peter (2003). Zur Entwicklung des räumlichen Vorstellungsvermögens im Arithmetikunterricht der Klasse 1. In: Grundschulunterricht 6, S. 49-51.

Moser Opitz, Elisabeth (2008): Zählen – Zahlbegriff – Rechnen. Theoretische Grundlagen und eine empirische Untersuchung zum mathematischen Erstunterricht. 3. Aufl. Bern/Stuttgart/Wien: Haupt.

Piaget, Jean / Inhelder, Bärbel (1975): Die Entwicklung des räumlichen Denkens beim Kinde. Stuttgart: Klett.

Reiß, Wolfgang (1996): Kinderzeichnungen. Wege zum Kind durch seine Zeichnung. Neuwied/Kriftel/Berlin: Luchterhand.

Van Hiele, Pierre M. (1986): Structure and insight. A theory of mathematics education. Orlando: Academic Press.

Waldow, Nicole / Wittmann, Erich Christian (2001): Ein Blick auf die geometrischen Vorkenntnisse von Schulanfängern mit dem mathe 2000-Geometrie-Test. In: Weiser, W. / Wollring, B. (Hrsg.): Beiträge zur Didaktik der Mathematik für die Primärstufe. Hamburg: Verlag Dr. Kovac, S. 247-261.

Zur Oeveste, Hans (1987): Kognitive Entwicklung im Vor- und Grundschulalter. Eine Revision der Theorie Piagets. Göttingen u.a: Hogrefe.

Kerensa Lee[1]

Freie mathematische Eigenproduktionen: Die Entfaltung entdeckender Lernprozesse durch Phantasie, Ideenwanderung und den Reiz unordentlicher Ordnungen

Welche Mathematik erfinden Kinder, die einen Beutel voller Centstücke bekommen? Welche Themen entstehen mit einer großen Menge gleicher Holzwürfel, einem Berg von hunderten von Eislöffeln oder tausend Quadraten, wenn der Auftrag heißt selber Mathematik zu erfinden?

Abb. 1: „... hier ist eine Million drin oder unendlich viele!"

In diesem Beitrag geht es um „freie mathematische Eigenproduktionen" mit „gleichem Material in großer Menge". Der methodisch-didaktische Rahmen dieses Konzeptes „Kinder erfinden Mathematik" und das Arbeitsmaterial anregend großer, ungeordneter Mengen jeweils gleicher Elemente sind im ersten Teil vorgestellt. Im zweiten Teil wird ein Blick auf entstehende Produkte und klassische Themen von Kindern im Vor- und Grundschulalter[2] geworfen. Durch die in jeder Lerngruppe vorkommende „Ideenwanderung" verdeutlichen sich Bedeutung und Effizienz der Nachahmung für Lernprozesse. Das angebotene Arbeitsmaterial ist ein Denkwerkzeug, es kann dazu dienen über die Handlungsebene mathematische Erkenntnisse zu gewinnen. Beim Erfinden lässt sich ein zirkulärer Prozess des „Perfektionierens" beschreiben, bestehend aus Phasen des Kreierens, Durcharbeitens und Entdeckens. Im letzten Teil geht es um Übertragungsmöglichkeiten dieses Konzeptes in die Praxis.

---

[1] Früher: Kerensa Lee Hülswitt.
[2] Die Untersuchungen sind Teil meines Forschungsprojektes an der Universität Bremen. In diesem Aufsatz dargelegte Thesen werden des Weiteren im Rahmen meiner Dissertation (2007) dargestellt. Die hier verwendeten Fotos stammen aus zwei Vorschulgruppen einer Kindertagesstätte und einer Grundschulklasse (1. u. 2. Schuljahr).

1 Mathematik als eigene Tätigkeit erfahrbar machen – Konstruieren statt Rezipieren

1.1 Mathematische „Eigenproduktionen" – „(…) dass die Schüler selbst entscheiden, wie sie vorgehen oder wie sie ihr Vorgehen und dessen Ergebnisse darstellen." (Selter 1994)[3]

Individuelle Denkprozesse und Lösungswege erhalten in der Mathematikdidaktik im deutschsprachigen Raum seit den 90er Jahren zunehmend Aufmerksamkeit. Bezug nehmend auf Ansätze aus den Niederlanden, der Schweiz, Großbritannien, den USA sowie auf den Fachbereich Deutsch prägte insbesondere Selter den Begriff „Eigenproduktion" im Mathematikunterricht. „Es handelt sich dabei um Selbstkonstruktionen, die ihren Ausdruck in mündlichen und schriftlichen Äußerungen finden." Die Schüler sollen „(…) möglichst häufig die Gelegenheit erhalten (…), ihre individuellen kognitiven Strukturen auszubauen, deren Teilbereiche selbstgesteuert einsetzen und somit ihren Lernprozess produktiv mitgestalten." (Selter 1994). Als wesentliches Kriterium benennt er die Dokumentation des Vorgehens/des Ergebnisses oder die Vorgehensweise als solche und unterscheidet vier Typen von Eigenproduktionen:

- Aufgaben, die durch das eigene Erfinden, auch in Anlehnung an vorgegebene Aufgaben(formate), entstehen,
- das Lösen von Aufgaben durch informelle Vorgehensweisen,
- das Beschreiben und Begründen von Auffälligkeiten und
- das Verschriftlichen des Lehr-/Lernprozesses.

1.2 „Freie mathematische Texte und mathematische Konferenzen" – das Ziel, „(…) den Geist im Zustand einer dauerhaften Gärung zu halten" (Le Bohec 1994)[4]

In den 80er Jahren entstand in der Freinet-Bewegung in Frankreich eine Arbeitsgruppe zur Ausweitung der „natürlichen Methode" und des „freien Ausdrucks" (Freinet, 2000) auf das Lernen von Mathematik (Le Bohec 1997). Analog zu „freien Texten" im Bereich Sprache regte Le Bohec die Erstellung "freier mathematischer Texte" an (Glänzel, H. 1997). Die Kinder werden aufgefordert, selbst Mathematik auf einem leeren Blatt zu „erfinden". Neben der Schaffung eines (zu Beginn meist sehr einfachen) Produktes ist das besondere Kennzeichen dieses Ansatzes die Gestaltung der mathematischen Konferenz. Das Kind präsentiert sein Mal-, Schreib-, Zeichen-, Zahl- oder Faltprodukt unkommentiert. Die Gruppe erhält den Auftrag darin Mathematik zu suchen. Erst nach diesem Austausch erläutert der Erfinder/die Erfinderin die ursprüngliche Absicht. Durch diese Form der Kommunikation können

---

[3] S. 60.
[4] S. 16.

sich für beide Seiten mathematische Anregungen für weitere Arbeitsschritte ergeben. Die Lehrerin hat dabei die Rolle der Mentorin. Als Gruppenmitglied kann sie ebenfalls Anregungen für mathematische Fragen einbringen. Dies erfolgt mit der Absicht, den Blick auf die mathematischen Aspekte der Kinderprodukte zu werfen. Auch in der Praxis von Freinetpädagog/innen in Deutschland ergaben sich insbesondere durch den Austausch mit Le Bohec neue Ansätze für die Gestaltung des Mathematikunterrichts (Glänzel, A. 1994). Freie mathematische Texte unterscheiden sich von den durch Selter definierten Eigenproduktionen insofern, dass auf Aufgaben(formate) und auf eine Vorgabe von Themen beim Erstellen freier Texte konsequent verzichtet wird. Das Produzieren als solches ist nicht in erster Linie an das Ziel gebunden, Aufgaben darzustellen und verschiedene Lösungswege gemeinsam zu reflektieren. Es geht vorrangig darum, mathematisches Denken anzuregen und hierfür ein Ausdrucksfeld zu eröffnen. Dabei können auch Aufgaben und gemeinsame Lösungen gefunden werden, der individuelle Prozess steht jedoch im Vordergrund. Le Bohecs Ansatz ist ein erster systematischer Versuch, das Freinetpädagogische Prinzip der natürlichen Methode auf den Mathematikunterricht zu übertragen (Hagstedt 1994).

1.3 Freie mathematische Eigenproduktionen – der innere Dialog Phantasien abzubilden und Ordnungen zu erstellen

Angeregt durch Erfahrungen mit „freien mathematischen Texten" und mit dem Ziel, die Handlungsebene zu integrieren, entstand aus der Idee, eine große Anzahl Pfennigstücke als Anregung für mathematische Erfindungen zu nutzen, das Prinzip des „gleichen Materials in großer Menge" (Hülswitt 2004, Strobel 2002). Es ist als solches nicht auf eine Leistungs- bzw. Altersgruppe begrenzt. Das klassische Materialangebot sind gleiche Holzwürfel (mit oder ohne Augen), kleine Fliesen, Holzquadrate, reguläre Dreiecke, Wäscheklammern (beschriftet mit den Ziffern von 100-999), Murmeln, runde Plättchen, Eislöffelchen, jeweils in einer Menge von Hunderten oder Tausenden. Es lassen sich unterschiedliche kleine, sinnlich anregende Gegenstände verwenden, welche durch ihre Eigenschaften einen Freiraum für mathematische Bezüge bieten. Um eine Verknüpfung von Arithmetik und Geometrie zu ermöglichen, müssen die Elemente die natürlichen Zahlen repräsentieren. Daher erfüllen diese immer das Kriterium der „Gleichwertigkeit".[5] Die Elemente können – müssen jedoch nicht – identisch sein: Unterschiedliche Vor- und Rückseiten, Beschriftungen oder Farben bieten Möglichkeiten des Sortierens. Der Reiz des Ordnens und das Entwickeln von Strukturen werden gerade durch die Schlichtheit und die spezifischen Merkmale (Wertigkeit/Form) des Materials befördert. Es können verschiedene Materialien nebeneinander, Materialien mit bestimmten Eigenschaften

---

[5] Zur Erläuterung: Ein Turm, der einen Wert von zehn Cent hat, ist also um genau eine Einheit höher als ein Turm im Wert von neun Cent. Durch eine Ungleichheit der Formen (z.B. Kastanien, ungleiche Korken, Muscheln) wären keine sicheren Erkenntnisse möglich (z.B. Rückschlüsse auf Anzahl durch Gewicht u. Länge, Winkelberechnungen).

(z.B. nur runde Formen) oder auch ein einzelnes Material angeboten werden. Dies bedeutet, je nach Gruppengröße und eingesetztem Material (sehr kleines Material braucht größere Anzahl) werden einige 100 oder einige 1000 Elemente benötigt. Die verfügbare Menge darf allerdings auch nicht ins »Unfassbare« expandieren: Die Chance, die große Menge als Ganze ordnen und sortieren zu können, sollte für die Gruppe bestehen, da eine zu große Menge wiederum nicht dazu einladen wird, diese Mühe auf sich zu nehmen.

Abb. 2: „Zehn-Cent-Türmchen"   Abb. 3: Frage der Kinder an die Gruppe: „Wie viel Euro ist das?"

Eine zu große Menge, z.B. ein Pool voller bunter Bälle, reizt Kinder zu einer sinnlichen Begegnung. Den einzelnen Elementen an sich wird jedoch keine Aufmerksamkeit geschenkt, da beispielsweise ein Sortieren nach Farben nicht zu bewältigen wäre. Gleiche Materialien, die sich zu gut verbauen lassen, z.B. Legosteinchen, lassen sich der Erfahrung nach nicht gut für das Erfinden einsetzen. Das Kind will mit ihnen andere Prozesse erleben.

Neben dem Werkzeug des gleichen Materials gibt es weitere Hilfsmittel, um Vorhaben und Ideen der Kinder zu unterstützen. Entsteht beispielsweise in einer Vorschulgruppe aus dem Kreis das Thema „Uhren", so können diese durch zusätzliche Hilfsmittel weiter erschlossen werden. Jedes der angebotenen Hilfsmittel, z.B. Unterlagen, Kreppklebeband, Messbänder, Taschenrechner bezieht sich jedoch auf die gestalteten Produkte.

Zum Konzept der Studie „Freie Eigenproduktionen mit gleichem Material in großer Menge"

Das Erstellen und Entwickeln kindlicher Eigenproduktionen als individueller Lernprozess bildete bei der Praxisdurchführung mit Gruppen im Rahmen meiner qualitativen Studie den Schwerpunkt. Im Mittelpunkt stand die Frage, welche Mathematik Kinder über ein Materialangebot dieser Art finden können und wie sich Erfindungsprozesse gestalten. Neben Untersuchungen mit Gruppen von Vorschulkindern in einem Kindergarten in NRW wurde von mir die Hauptstudie von Januar 2002 – Juni 2004 mit einer Klasse in Niedersachsen über drei Semester bis zum Ende des zweiten Schuljahres durchgeführt. Im Rahmen dieser Studie bekamen die Kinder in einer Doppelstunde pro Woche und an zwei Workshoptagen pro Halbjahr die Möglichkeit, „Mathematik zu erfinden". Den regulären Mathematikunterricht führte die Klassenlehrerin durch, wobei es keine Verknüpfung der beiden Unterrichtsangebote gab. Da es sich in diesem Forschungsprojekt ausschließlich um kindliche Eigenproduktionen handelt, welche durch das eigene Erfinden, jedoch ohne Anlehnung an vorgegebene Aufgaben(formate) – wie z.B. das Einbringen von Kernideen (vgl. Gallin & Ruf) durch die Lehrkraft – entstehen (vgl. unter 1.1, Selter), bezeichne ich diese als „freie Eigenproduktionen". Die Kinder erhalten durch das Materialangebot Impulse, welche bei dem Arbeitsauftrag der freien Texte nicht gegeben werden. Übertragen wurden die von Le Bohec konzipierten Erfinder/innen-Runden in Form freiwilliger Kommunikationsangebote für Kinder, die ihre Eigenproduktionen vorstellen möchten bzw. sich für die Produkte anderer interessieren. Die restliche Gruppe arbeitet weiter an ihren Vorhaben. Jedem Kind steht ein „Forscher/innen-Heft" zur Verfügung, in das es Eintragungen zu seiner Arbeit machen kann. Sozialformen und die Dauer der Beschäftigung mit einem bestimmten Thema sind frei wählbar.

2   Selbstbildung zulassen – Mathematik erfinden dürfen

Bei der Beobachtung von Menschen, die mit dem „Denkwerkzeug" des gleichen Materials in großer Menge arbeiten, zeigen sich verschiedene Phänomene, welche typisch sind für diese Lernform. Sie lassen Rückschlüsse auf entdeckende Lernprozesse zu.

2.1   Die Ideenwanderung – Lernen durch Nachahmen und Variieren

Eines dieser Phänomene ist die „Ideenwanderung", welche durch Nachahmung von Handlungen, das Nachbilden von Produkten und das Variieren eines Produktes stattfindet. Produkte werden auch über die Kombination verschiedener Ideen kreiert. In Bezug auf das Individuum lässt sich feststellen, dass Produkte je nach Entwicklungsstand vereinfacht, in exakter Form nachgebildet oder weitergeführt werden. In der Gruppe insgesamt entwickeln sich immer perfektere Gestaltungen und Lösungen (z.B. in Bezug auf vollkommene Formen). Diese entstehen nicht unbedingt durch verbale Kommunikation, sondern durch das Registrieren anderer Produkte. Sichtbar wird dies besonders in Vorschulgruppen: Obschon sich der verbale Austausch gegenüber Schulkindern deutlich reduziert, werden die Ideen und auch die Optimierungen von Produkten direkt aufgegriffen, sodass sich z.B. symmetrische Eigenschaften von Farb- und Formgestaltung durchsetzen. Die (Fantasie-)Themen, über die sich eine Gruppe der Mathematik nähern wird und über welche sich Kernideen bilden, sind für Lernbegleiter nicht voraussehbar. Jedoch entstehen durch die mathematischen Eigenschaften der eingesetzten Elemente bereits in den ersten beiden

Schuljahren sehr häufig die Themen Muster, (vollkommene) Formen (insbes. Dreieck und Quadrat), Körper (insbes. Pyramiden und Würfel), Bandornamente, Parkette, die Mitte, Abbildungen (z.B. Verkleinerungen), Kombinatorik, Bündeln, Schätzen, Eigenschaften natürlicher Zahlen (wie gerade/ungerade, Quadratzahlen), Addition und Multiplikation.

Abb. 4: Nachahmen und Variieren

Bereits in einer ersten Arbeitsphase werden die Ideen anderer Kinder aufgegriffen und variiert, wie folgendes Beispiel (Abb. 4) zeigt: Zunächst übernimmt Arnd (li.) die Idee von Lars (2. v. re.), unterschiedlich hohe Türme zu bauen. Er präzisiert (im mathematischen Sinne), indem er die Anzahl als Kriterium einbringt und eine geordnete Reihe der Mengen eins bis elf baut. Lars (2. v. re.), der zunächst seine unterschiedlich hohen Türme in einer Linie nebeneinander gestellt hatte, nimmt die Idee seines linken Nachbarn auf und ordnet seine Türme in Kreisform an.

Entstehende Produkte zeigen – je nach Entwicklungsstand des Kindes – unterschiedlich differenzierte Ordnungen.

An einem weiteren beliebten Thema, den Phantasie-Wohnungen, werden in unserer Versuchsklasse die Ideenwanderung und die zunehmende Strukturierung der Objekte deutlich: Nach einem ersten „Katzenhaus" entstehen viele Wohnungen und Zimmer mit unterschiedlichen Parkettierungen. Als in der Klasse eine weitere Idee – das mathematische Thema „Mittelpunkt" – hinzukommt, wird auch diese in die Wohnungsgestaltung aufgenommen (s. Abb. 6). Auch werden zunehmend quadratische Räume gestaltet.

Abb. 5: Das erste „Katzenhaus"   Abb. 6: Das Thema „Mittelpunkt"

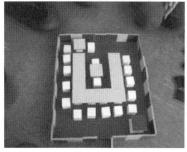 

Abb. 7: Klassenzimmer 1   Abb. 8: Klassenzimmer 2

Die Darstellung des ersten Klassenraumes ist noch fiktiv, jedoch ist für jedes Kind der Klasse plus Lehrerin genau ein Würfel verwendet. Diese Idee wird weiter entwickelt: Als nächstes entsteht ein Modell des echten Klassenzimmers (Abb.8). Zu sehen sind alle im Raum aufgestellten Tische (im Modell zwei Holzquadrate pro Tisch, davon ein Lehrerinnenpult mit Würfel als Stuhl) und ein kleiner Beistelltisch, die Tafel, ein Regal (zusätzlich mit Globus/dargestellt als Würfel) und – aus Centstücken gelegt – die verschiedenen Produkte, an denen die Kinder der Klasse (zumeist auf dem Fußboden sitzend) gerade arbeiten. Diese Abbildung des Klassenraumes bedeutet die Öffnung eines neuen Themas: Darauf weist auch das Gespräch mit einem weiteren Kind hin, das hinterfragt, ob der Klassenraum tatsächlich jeweils 12 Fliesen als Seitenlängen hat.

2.2 Der Perfektionierungsprozess – handelnd lernen heißt kreieren, durcharbeiten und entdecken

Neben der Ideenwanderung als soziale Komponente lässt sich auch die individuelle Ideeentwicklung des Erfindens als ein Perfektionierungsprozess beobachten, welcher sich in drei Phasen Kreieren – Durcharbeiten – Entdecken gestaltet. Jede dieser Phasen weist besondere Merkmale auf – sowohl in Bezug auf die Aktionen der Lernenden als auch auf die Produkte an sich. Der Perfektionierungsprozess ist jedoch nicht linear zu verstehen, sondern als ein zirkulärer Prozess.

2.2.1   Das Kreieren – die große Menge und erste Ordnungen mit ihren Elementen

Mit Kreieren ist ein „gestaltendes Tun" gemeint, das keine besondere (kognitive) Herausforderung für das Individuum bedeutet. Die Produkte entstehen über die Phantasie und die Assoziationen mit speziellen Eigenschaften der Elemente. Im Vordergrund steht der Plan, ein bestimmtes Produkt zu erstellen, oder aber der Handlungsimpuls selbst. Eine ausreichend große aber auch erfassbare Menge vieler gleicher Elemente löst zunächst einen haptischen Reiz aus. Auch bei Erwachsenen zeigt sich der Impuls, die große Menge zu fassen, zu verschieben, aus der ungeordneten Menge eine übersichtliche Fläche zu machen, die Menge zu verteilen, sich eine eigene Menge zu sichern. Es entstehen erste Produkte, in denen die Menge als Ganze benutzt wird.

Abb. 9: Sofies erster geschobener Kreis   Abb. 10: Das Fassen der großen Menge

Das klassische Ursymbol des Kreises und seines Mittelpunktes (Jung 2003) entstand bei Sofie (6 Jahre, KiTa) als eines der ersten, mit Armen und Händen geschobenen Bilder. Der von innen geleerte Kreis wurde durch einen Mittelpunkt aus einzelnen getürmten Centstücken vollendet. Die Freude am entstandenen Bild wird sogleich abgelöst von der Lust, in die Menge zu fassen, sie zu bewegen und neue Bilder entstehen zu lassen. Durch ähnliche Bewegungen entstand auch bei Timm (6 Jahre, KiTa) der Kreis. In das durch seine Bewegung geleerte Kreisinnere legt er aus einzelnen Elementen einen kleinen Kreis.

Abb. 11: Timms Kreis

Am Beispiel dieser beiden Kinder ist sichtbar, dass in der Phase des Kreierens die Gestaltung der Produkte sowohl handlungsbestimmt als auch produktorientiert ist:

Während der Kreis zunächst zufällig über das Greifen, das Verschieben entsteht, sind die einzelnen Centstücke mit der Absicht angeordnet, die genaue Mitte zu bilden. Der Handlungsimpuls, die Menge zu fassen und zu bewegen wiederum sorgt bei Sofia dann für die Zerstörung des erstellten Produktes. Die speziellen Eigenschaften der einzelnen Elemente eines Materials gewinnen beim Arbeiten zunehmend an Bedeutung. So sind Centstücke geprägt durch ihre geometrische Form, den Wert eins, ihr Ländersymbol und ihre Bedeutung in der Lebenswelt. Sehr häufig entstehen klassische Bildthemen und -symbole wie der Kreis (auch dargestellt als Sonne, Blume, Stern), die Mitte, die Linie, das Kreuz, das Haus, das Dreieck, das Herz, der Baum, der Schmetterling. Ältere Kinder und Erwachsene legen zusätzlich auch Ziffern und Schriftzeichen, z.B. in Form des eigenen Namens.

Abb. 12: Straße als Lücke zwischen zwei Anhäufungen und die Nachstellung eines 1-Centstückes

Durch die Teilung in zwei etwa gleiche Mengen (Abb.12) entstand zunächst eine „Straße". Danach wurde aus einzelnen Elementen die Ziffer 1 gelegt und eingekreist, um „das Ein-Centstück" abzubilden.

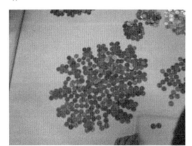 

Abb. 13: Micheles Sonne   Abb. 14: Micheles Zeichnung

In der Zeichnung (Abb. 14) von Michele (6 Jahre, KiTa) sehen wir einige der gelegten Bilder: die Sonne (s. auch Abb. 13), ein einfaches Haus aus Dreieck und Rechteck mit Kreuz. Dargestellt ist außerdem ein Pappteller mit Centstücken. Die etwa 50 Kreise sind ungeordnet, überlappen jedoch nicht. In der unteren Hälfte ist die Größe der gemalten Centstücke etwa gleich, in der oberen Hälfte sind einige Kreise deutlich größer. Der Kreis in der Mitte und die Ecken des Vierecks fallen durch ihre dunklere Einfärbung auf.

Abb. 15: Micheles Thema: Dreiecke

Durch das von Michele als nächstes gelegte Bild aus Centstücken, dem hierzu gezeichneten Haus und dem anschließend angefertigten Dreieck (s. Abb. 15), lässt sich eine erste Entwicklung innerhalb der Phase des Kreierens und ein möglicher Übergang in das Durcharbeiten eines bestimmten Themas erkennen: Zunächst entstand ein einfaches Haus (mit einem einzelnen Centstück als Türklinke), welches dann in weitere Dreiecke unterteilt bzw. am linken Rand erweitert wurde. Die Dreiecke sind jeweils mit einzelnen Elementen gefüllt. Die erste Zeichnung entspricht dem ursprünglich gelegten Haus. Danach faltete Michele ein Dreieck, welches sie durch Farbe weiter gestaltete. Nach Einfärben des äußeren Randes teilte sie es farblich in vier etwa gleichgroße Dreiecke auf. Daraus entstanden weitere Dreiecke. Ausgemalt sind das große mittlere Dreieck, ein kleines Dreieck in der Spitze und ein kleines Randstück. Sichtbar ist, dass durch das Legen des Phantasiebildes „Haus" das Interesse an der Form Dreieck entsteht. Jedoch wird auch das erst gelegte Haus gezeichnet, da das Kind eine Verbindung zu seiner ursprünglichen Idee hat. Die Form des Dreiecks hat Michele jedoch genügend fasziniert, um auch den Vorgang des Unterteilens in kleinere Dreiecke auf der ikonischen Ebene zu wiederholen. Die Abbildung ist auf eine abstraktere Ebene gelangt, sie stellt nicht länger das Haus dar, sondern ist auf das Thema Dreieck reduziert, das sie – falls keine weiteren Impulse über andere Ideen oder neue Hilfsmittel (wie z.B. Becher) „stören" – wahrscheinlich noch weiter durcharbeiten wird.

Bei Kindern im Vorschulalter und Anfangsunterricht fällt auf, dass sie wichtige Eigenschaften der Elemente beim Ordnen erst nacheinander berücksichtigen (vgl. Piaget 1974). So wird die Farbgestaltung (z.B. bei zweifarbigen Holzquadraten) oder das Symbol (Bild/Zahlseite bei Centstücken, Augenzahl bei Würfeln) erst geordnet, wenn die Formgestaltung des Produktes vorliegt. Schon in der Phase des Kreierens weisen erste Produkte symmetrische Eigenschaften auf.

In dieser Phase ist der Mensch sowohl flexibel als auch störanfällig. Die Lernumgebung prägt das Tun in sehr starker Form, da Impulse (z.B. zusätzliche Hilfsmittel wie Becher zum Einfüllen, Waagen oder weitere Materialien wie Buntstifte und Klebstoff) viel Beachtung finden und Vorhaben verändern. Viele verschiedene Themen werden aufgegriffen und wieder fallen gelassen, wobei sich jedoch häufig zeigt, dass Themen, welche sich bei der Ideenwanderung durchsetzen, bereits in der ersten oder zweiten Arbeitsphase entstehen. In der Phase des Kreierens ergeben sich oft mathematische Probleme oder Themen, indem strukturelle Eigenschaften, die zufällig über die Gestaltung auffallend wurden, in den Vordergrund rücken.

2.2.2   Das Durcharbeiten – mit Elementen Ordnungen finden

Im Unterschied zu dem „gestaltenden Tun" beim Kreieren ist das Durcharbeiten vorzustellen als ein „fokussiertes Gestalten". Im Mittelpunkt des Arbeitens steht ein bestimmtes Thema, welches über entstehende Produkte sichtbar wird. Der Plan kann die Erstellung eines Produktes mit bestimmten mathematischen Merkmalen sein. Ein sehr häufiges Thema von Vor- und Grundschulkindern ist das Gestalten eines Mittelpunktes. Dies ist am Beispiel von Svenjas Pyramiden zu sehen:

Abb. 16-18: Svenjas Pyramiden mit Quadratmittelpunkt

Svenja verfolgt den Plan eine „„… große Pyramide, die als obersten Stein genau einen Würfel hat – und nicht eine, die eigentlich mit einem Vierer oben zu Ende ist..." zu konstruieren. Sie hat noch nicht entdeckt, dass bei Quadratpyramiden aus nicht versetzt gebauten Würfeln hierzu eine ungerade Anzahl Würfel in jeder Reihe (bzw. Quadratfläche) benötigt wird, da sonst kein Quadrat den Mittelpunkt bildet. Sie wendet die Strategie an, ein Quadrat mit fehlendem Stein als Mitte zu konstruieren. Bei den aufbauenden Flächen sichert sie diese Mitte optisch durch einen extra

Stein in der Mitte. Nachdem ihr die 9x9 Pyramide gelungen ist, versucht sie die nächst kleinere. Ohne dieses Mal auf die Mitte zu achten, legt sie 8x8 Würfel als Grundfläche, auf die sie mit der nächsten Fläche von 6x6 Würfeln aufbaut. Es beginnt ein langer Prozess des Nachdenkens und Ausprobierens, eine „richtige Mitte" zu gestalten.

Das Durcharbeiten ist eine sich verdichtende Konzentrationsphase, in welcher ein bestimmter Plan verfolgt wird, dem sich mitunter über einen langen Zeitraum auf verschiedene Weise, z.B. auch über das Benutzen unterschiedlicher Materialien, genähert wird. In dieser Phase ist der Mensch im jeweiligen Arbeitsprozess weniger flexibel und weniger störanfällig in Bezug auf weitere Impulse (z.B. durch Hilfsmittel) als in der Phase des Kreierens. Zwar werden gemeinsame Handlungen vollzogen, die Kinder vertiefen sich jedoch individuell. Auch wenn sie mit Partner/in zusammen handeln, findet beim Problemlösen nicht unbedingt ein Austausch statt. Arbeitspartner führen mitunter nur Aufträge aus, ohne den Plan durchschaut zu haben. Durchkreuzungen des Plans – welche sich z.B. als strukturelle Fehler für das Kind, das einen Plan hat, erweisen – werden als Störungen empfunden. Das Kind zieht sich mitunter in die Einzelarbeit zurück, um das Produkt „... genau so zu machen, wie ich es will." Gelingt das Finden der Lösung in der Phase des Durcharbeitens nicht, werden die Produkte wieder zerstört oder oft auch geschmückt mit weiterem Material, zusätzlichen Bauverzierungen, Bildern oder sonstigen Dingen ergänzt, als müsse von der noch unvollkommenen Struktur abgelenkt werden.

Abb. 19: Lutz' Dreieckspitze

Bei Lutz (6 Jahre, KiTa) gibt es ebenfalls wegen eines fehlenden Mittelsteins ein mathematisches Problem. Seine „Pyramide" ist waagerecht von unten nach oben gebaut, die Würfel plan, also genau aufeinander stehend. Auf die Reihe mit vier Würfeln setzt er zwei Würfel. Als er seine Spitze mit einem Stein bilden will, schiebt er diesen auf der Zweierreihe hin und her. Schließlich entscheidet er sich, ihn auf die Mitte der beiden zu stellen. An seinem Blick und dem Schieben lässt sich ahnen, dass dies für ihn keine perfekte Lösung ist. An dieser Stelle verlässt er das

Problem und fängt an, seine Eigenproduktion zu schmücken, indem er noch einen Vorbau konstruiert.

Manchmal lässt sich beobachten, dass sich Kinder nach einer anstrengenden Phase des „Durcharbeitens" erst einmal ablenken müssen und wieder kreieren. So werden, wie auch zu Beginn des Arbeitens, häufig „Reproduktionen" eigener Ideen erstellt, welche keine Anstrengung mehr bedeuten. Auch werden Bilder gemalt, mit denen die erstellten Produkte geschmückt werden. Auffallend ist jedoch, dass in der weiteren Arbeit das Kernthema wieder aufgegriffen wird.

2.2.3 Das Entdecken – das Bilden einer neuen Ordnung

Beim Entdecken gelingt dem Kind das Finden seiner Lösung für das zuvor aufgetauchte Problem. Ist der Plan, den das Kind verfolgte, mit viel Mühe verbunden, ist die Lösungsfindung ein intensives Erlebnis. Zu beobachten ist eine sich vertiefende Konzentration, in welcher die Aufmerksamkeit nicht mehr nach außen gerichtet ist. Das Kind ist vertieft in ein bestimmtes Vorhaben. Auffallend ist, dass Kinder – auch im Vorschulalter – über lange Zeiträume vertieft sein können, wenn das Finden der Lösung ein wirkliches Anliegen ist. Es kann sich bei dem Gestalten mit dem gleichen Material z.B. um das Erkennen einer von dem Kind bislang nicht erfassten Struktur handeln. Bei Kindern vom Vorschulalter bis zum zweiten Schuljahr ist das Gestalten regulärer Formen eine klassische Entdeckung. Hier zeigt sich zunächst die noch lineare Denkweise, sodass das Erfassen der multiplikativen Struktur noch nicht gelingt. Sehr häufig legen Kinder, die eigentlich Quadrate legen wollen (z.B. um eine quadratische Pyramide zu bauen), „Beinah-Quadrate". Gemeint sind damit Rechtecke, deren Seitenlängen sich genau um einen Stein unterscheiden. Sie entstehen z.B. aus 5 x (5 + 1) Quadraten, da der Eckstein bei den angrenzenden Seiten nicht doppelt gezählt wird. Nur bei der Länge von zwei und drei Steinen gelingt das Legen der Quadrate, da hier eine visuelle Entscheidung vorgenommen wird. Das erste „richtige" Quadrat mit gleich langen Seiten stellt eine solche Erfindung dar, wenn dies über das Verstehen des Kindes gelingt. Eigene Erfindungen bleiben von Kindern häufig auch über Jahre erinnert, da das Schaffen dieser wirkliche Leistungen bedeutet.

3 Möglichkeiten für die Praxis

Es geht bei diesem Ansatz nicht darum, ausschließlich selbst erfinden zu lassen oder nur noch mit Materialien mit dem Kennzeichen der Gleichwertigkeit zu arbeiten. Das Konzept kann vielmehr als ein Baustein dazu beitragen, das Lernen von Anfang an als Prozess zu initiieren, in welchem die Mathematik auch als individuell-subjektives Wissen Ausdruck findet. Neben den Möglichkeiten, die sich daraus für das kindliche Lernen ergeben, kann auch die Lehrerin Einblicke in individuelle Lernentwicklungen bekommen. Auch im Offenen Unterricht (vgl. Peschel 2002) stellt sich die Frage, welche Gründe es geben kann, dass Kinder das eigene Lernpotential in Bezug auf die angebotenen fachlichen Möglichkeiten nicht nutzen. In der Praxis spielen Faktoren wie die individuelle (Lern)situation, die Lernumgebung, die Klassenkonstellation, die Bezüge der Lehrerin (zur Gruppe, zum Fach, zum Lernangebot, zu offenen Lernformen) eine Rolle. Bei den Kindern, die im Rahmen des Forschungsprojektes nur wenig Herausforderung suchten und sich auffallend häufig in Phasen des Kreierens befanden, ergaben sich auch Erklärungen durch das Betrachten folgender Aspekte:

- Welche Formen des schulischen Lernens kennt das Kind im übrigen Unterricht? Vertieft es sich generell bei anderen Unterrichtsangeboten in Aufgaben, die eine Herausforderung darstellen?
- Ist das Kind damit vertraut, Leistungen zu erbringen, welche nicht direkt messbar und mit anderen vergleichbar sind?
- Welche Vorstellungen hat das Kind von dem Fach Mathematik? Werden Handlungs- und Bildebene als minderwertig eingeordnet?
- Ist das Nachahmen und die Anregung durch Produktideen anderer eine minderwertige Handlung?
- Welche Themen hat das Kind bislang verfolgt? An welchen Stellen wird der Arbeitsprozess beendet?

Hier ist situativ zu entscheiden, welche Möglichkeiten es gibt, das Kind zu unterstützen. Der Prozess des Vertiefens in mathematische Fragen ist nicht abhängig vom Leistungsstand, sodass es auch Kindern, die Defizite in diesem Bereich aufweisen, durchaus gelingen kann, an ihren Fragen intensiv zu arbeiten und sich in entdeckende Lernprozesse zu begeben. Die Produkte sind für das Kind mit der Phantasiewelt durchmischt und fallen nicht zwangsläufig unter das Kriterium „richtig/falsch", welches traditionell dazu führt, sich für oder gegen das eigene Mathematikbetreiben zu entscheiden. Da sich Handeln als ein Konstruieren erweisen kann, aus welchem sich neue Denkschritte ergeben, ist es keine minderwertige Tätigkeit.

Abb. 20: Rebeccas "Beinah-Quadrat"

Für Kinder mit Rechenschwierigkeiten kann dies eine Chance bieten sich über das Schaffen von Ordnungen innere Bilder mathematischer Strukturen zu schaffen.

Erfahrungsgemäß haben Gruppen ein großes Interesse am Angebot freie Eigenproduktionen zu erstellen. In welcher Form ein solches Konzept in den eigenen Unterricht integriert werden kann, hängt sicher auch vom eigenen Zugang zu einer solchen Form des Lernens ab. Angeboten werden kann es als Workshop (Mathetag oder Projektwoche), Unterrichtsreihe, wöchentlicher oder auch monatlicher Baustein, Station im Rahmen von Werkstattunterricht oder Freiarbeit. Es empfiehlt sich jedoch zunächst gemeinsam eine Einführung in das Material und die Durchführung von Erfinder/innen-Runden.

Literatur

Gallin, Peter & Ruf, Urs (1991): Sprache und Mathematik. Zürich: Verlag Lehrerinnen und Lehrer Schweiz.

Glänzel, Angela (1994): Von Rätselzahlen, dicken Bäumen und der Unendlichkeit. In: Die Grundschulzeitschrift, 8. Jg., H. 74.

Glänzel, Hartmut (1997): Verstehen heißt erfinden – natürliche Methode in der Primarstufe. Vortrag anlässlich der MUED-Sommertagung 1996. In: Fragen und Versuche, Heft 82, Freinet-Kooperative, Bremen.

Hagstedt, Herbert (1994): Kann die Mathematikdidaktik so frei sein wie die Mathematik? In: Die Grundschulzeitschrift, 8. Jg., H. 74.

Hülswitt, Kerensa Lee (2004): Verstehen heißt erfinden: Eigenproduktionen mit gleichem Material in großer Menge. In: Scherer, Petra / Bönig, Dagmar (Hrsg.), Mathematik für Kinder – Mathematik von Kindern. Frankfurt/Main: Arbeitskreis Grundschule.

Jung, Carl Gustav (2003): Der Mensch und seine Symbole. Walter Verlag, Düsseldorf und Zürich.

Le Bohec, Paul (1994): Der freie mathematische Text - die natürliche Methode. In: Die Grundschulzeitschrift, 8. Jg., H. 74, S. 15-16.

Le Bohec, Paul (1997) : Verstehen heißt wiedererfinden. Natürliche Methode und Mathematik. Bremen: Pädagogik-Kooperative, Reihe Moderne Schule.

Piaget, Jean / Inhelder, Bärbel / Szeminzska, Alina (1974): Die natürliche Geometrie des Kindes. Stuttgart: Ernst Klett Verlag.

Peschel, Falko (2002): Offener Unterricht – Idee, Realität, Perspektive und ein praxiserprobtes Konzept zur Diskussion. Teil I: Allgemeindidaktische Überlegungen. Teil II: Fachdidaktische Überlegungen. Baltmannsweiler (Schneider Verlag Hohengehren).

Selter, Christoph (1994): Eigenproduktionen im Arithmetikunterricht der Primarstufe. Wiesbaden: Deutscher Universitäts-Verlag.

Strobel, Anton (2002): Kommunikation der Sinne. Mathematik in der Freinetpädagogik. In: Prediger, Susanne u.a. (Hrsg.). Mathematik und Kommunikation. Mühltal: Verlag Allgemeine Wissenschaft.

Heike Hahn & Regina Dorothea Möller

**Förderung durch materialgeleitetes Lernen im Mathematikunterricht –
Ein Projekt für Lehramtsstudierende an der Universität Erfurt**

1 Anliegen des Projektes

Diagnose und verschiedene Möglichkeiten der Förderung im Mathematikunterricht werden aktuell vehement diskutiert. Kernpunkt ist der Anspruch einer an den individuellen Lerngegebenheiten jedes Kindes ausgerichteten Förderung im Lernprozess. Der Individualität mit den jeweils ganz persönlichen Motivationslagen und Lernkompetenzen der Kinder wird dabei große Aufmerksamkeit gewidmet. Daraus resultieren gegenüber früheren Lehrverhältnissen erhöhte Anforderungen an die Lehrenden.

Die Aktualität dieses Themas wird durch die Wahrnehmung und zunehmende Akzeptanz eines immer breiteren Leistungsspektrums von Kindern in einer Lerngruppe erhöht. Traditionell sind sie in einer Klasse oder – heutzutage häufiger – in einer jahrgangsgemischten Stammgruppe zusammengefasst. Die entstehende Heterogenität von Lerngruppen fordert im Unterricht implizit den Anspruch, ein Förderkonzept mit individuellen und die Kompetenz fördernden Übungsbausteinen zur Stärkung der Entwicklungsmöglichkeiten jedes Kindes bereitzuhalten.

Um Studierende des Lehramtes für die Grundschule an der Universität Erfurt auf die Bewältigung der Herausforderung zur Gestaltung eines differenzierten und förderorientierten Mathematikunterrichtes vorzubereiten, entschieden wir uns, im Wintersemester 2004/05 ein Projekt zur Diagnose und Förderung leistungsschwacher Kinder durch ein mit Hilfe von geeignetem Material angeleiteten Lernen im Mathematikunterricht durchzuführen.

Die Entscheidung wurde durch verschiedene Leitideen zur Lehrerausbildung ausgelöst. Besonders wichtig ist unserer Auffassung nach die Fähigkeit der Studierenden, diagnostisches Wissen mit didaktisch-methodischen Überlegungen zur Unterrichtsgestaltung kombinieren und variieren zu können, um diese auf die jeweils spezifischen Gegebenheiten beim Kind – im Kontext der unterrichtlichen Situationen – abzustimmen.

Unter diesem Blickwinkel wurde das Projekt von unterschiedlichen Zielperspektiven getragen:

– Neben fachwissenschaftlichen und fachdidaktischen Kenntnissen haben in der Lehrerausbildung diagnostisches Wissen und entsprechende Fähigkeiten ein immer größeres Gewicht. Sie sind deshalb so bedeutungsvoll, weil eine förderorientierte Unterrichtsgestaltung der Diagnose von Lernvoraussetzungen und des aktuellen Verständnisses des jeweiligen Lerninhaltes beim Kind bedarf. Unter diesem Gesichtspunkt bestand das Ziel unseres Projektes darin, Studierende bewusst auf die

Entwicklung ihrer diagnostischen Fähigkeiten aufmerksam zu machen und ihnen zu verdeutlichen, dass dies ein Prozess ist, der sich mit zunehmender Erfahrung mehr und mehr vervollkommnet. Grundlage dafür bildet sowohl bei Studierenden als auch bei Lehrkräften eine solide fachliche und fachdidaktische Ausbildung, auf deren Basis die Inhalte im Unterricht behandelt werden. Der Entwicklungsprozess diagnostischer Kompetenzen lässt sich nach unseren Erfahrungen wie folgt beschreiben: Je sicherer eine (angehende) Lehrkraft während des Unterrichtsprozesses fachliche oder fachdidaktische Entscheidungen treffen bzw. Vorgehensweisen begründen kann, umso stärker kann sie ihre Aufmerksamkeit auf die Beobachtung des Vorgehens oder die Analyse der Erklärungen eines Schülers bzw. einer Schülerin fokussieren. Diese liefern ihrerseits wichtige Informationen zum aktuellen Lernstand und begründen weitere Entscheidungen zur Unterstützung des Lernprozesses.

– Wenn die Lehrer/innenausbildung dem Anspruch verpflichtet ist, die Studierenden zu befähigen, eine Abgestimmtheit zwischen didaktisch-methodischen Überlegungen zur Unterrichtsgestaltung und diagnostischem Wissen herzustellen, dann sind solide Kenntnisse in beiden Gebieten erforderlich. Für diese Ausbildung erachten wir es als wichtig, sich zunächst auf ausgewählte, wichtige Inhaltsbereiche zu konzentrieren, an denen exemplarisch Erfahrungen mit den Wechselbeziehungen zwischen fachlichen und fachdidaktischen Aspekten einerseits und diagnostischen Gesichtspunkten andererseits gewonnen werden können. Bezogen auf den Mathematikunterricht scheint uns die gesicherte Kenntnis fundamentaler mathematischer Ideen[1] eine Möglichkeit der Fokussierung zu sein, denn sie sind für ein erfolgreiches Lernen von Mathematik grundlegend. In unserem Projekt realisiert sich diese Forderung in der Auswahl der Förderschwerpunkte.

In dem Projekt wurden insbesondere zwei Akzente betont:

Zur Umsetzung der zuvor genannten Ziele ging es um die Diagnose und Förderung leistungsschwacher Schüler/innen, also solcher, denen die erfolgreiche Bearbeitung aktueller Lerninhalte im Mathematikunterricht aus verschiedenen Gründen nicht gelang.

Um die Leitidee zur Lehrer/innenausbildung – die wir eingangs kurz beschrieben haben – in angemessener Weise transportieren zu können, schien uns eine Förderung der Schüler/innen mittels gut geeignetem Material aussichtsreich. Sie sollte sich auf wenige, ausgewählte Schwerpunkte beziehen, die im Mittelpunkt der Grundschulmathematik stehen. Studierenden wollten wir somit die Chance eröffnen, materialgeleitetes Lernen als eine didaktisch-methodische Variante zur Lernunterstützung praktisch zu erleben. Die in den vorausgegangenen Lehrveranstaltungen vertretene These, dass ein Verständnis für fundamentale mathematische Sachverhalte aufgrund

---

[1] In der Literatur werden verschiedene Konzepte zur Strukturierung fundamentaler mathematischer Ideen (z.B. bei Heinrich Winter oder Hans Werner Heymann) vorgeschlagen. Übereinstimmend werden als fundamentale Ideen die Stellenwertdarstellung von Zahlen und der Algorithmus genannt, auf die wir uns bezogen haben (Winter 2004; Heymann 1996, S. 180).

vielseitiger Erfahrungen von Handlungen mit konkretem Material und einer begleitenden Dokumentation des Handlungsablaufes entwickelt werden kann, sollte im Projekt anhand verschiedener Inhalte unter Beweis gestellt werden. Es kam uns insbesondere darauf an, den Studierenden bewusst zu machen, dass ein umfassendes und vertieftes Verständnis eines Sachverhaltes eines intermodalen Transfers[2] zwischen verschiedenen Repräsentationsstufen bedarf. Wir wollten ihnen deutlich machen, dass die – leider immer noch verbreitete – didaktische Vorstellung eines linearen Unterrichtskonzeptes vom handelnden Zugang über eine ikonische zu einer symbolischen Darstellung nur einen Teil eines Verstehenskonzeptes ausmacht, das erst vervollkommnet und abgerundet werden kann, wenn verschiedenste Varianten von Wechselbeziehungen zwischen den Repräsentationsebenen vorgenommen werden[3]. Erst die Tätigkeiten oder Handlungen zum Wechsel der Repräsentationsebenen fördern ein wirkliches Verstehen eines Lerngegenstandes.

Auf der Suche nach einer Grundschule, mit der wir dieses Projekt verwirklichen konnten, stießen wir bei der Analyse von Schulkonzepten verschiedener Praktikumsschulen auf die Puschkinschule Erfurt, in deren Programm die Förderung lernschwacher Schüler/innen zu einem Schwerpunkt erhoben worden ist. In einem Gespräch mit der Schulleiterin stellten wir Grundzüge des Projektes und Anliegen des Fachpraktikums dar. Die Schulleiterin nahm den Projektvorschlag gerne auf, passte er doch in die aktuellen Entwicklungsvorhaben der Schule, die sich momentan in einem Prozess der Umgestaltung von einer Halbtagsschule zu einer gebundenen Ganztagsschule befindet. Im Rahmen dieses schulspezifischen Entwicklungsvorhabens sind Fördermaßnahmen für leistungsschwache Schüler/innen vorgesehen, die als Einzelmaßnahmen oder in flexiblen Gruppen während der Ganztagsbetreuung beabsichtigt sind (Richter & Walter 2005, S. 26-27).

Während des Wintersemesters 2004/05 konnten zwei Gruppen mit jeweils vier Studierenden wöchentlich eine Stunde mit Kindern der dritten bzw. vierten Klassen im Rahmen der Förderangebote individuell oder in Kleingruppen zu mathematischen Inhalten arbeiten. Nach Absprache mit den unterrichtenden Mathematiklehrerinnen sollte es in diesen Stunden um eine Verständnisförderung fundamentaler mathematischer Inhalte wie

- Bündelung und Stellenwertprinzip als grundlegende Charakteristika unseres Zahlensystems
- Verständnis der Grundrechenoperationen und ihrer Anwendung bei unterschiedlich großen Zahlen und

---

[2] Der Begriff des intermodalen Transfers geht auf Heinrich Bauersfeld zurück, der damit die Übertragung ein und desselben mathematischen Inhaltes von einer Repräsentationsstufe in die andere verstand (Bauersfeld 1972, S. 244).

[3] In der Psychologie von Jerome S. Bruner spielt die Handlung eine zentrale Rolle. Aus seiner Sicht ist die Handlung zwar die elementarste Darstellungsform, aber Bruner betont zugleich, dass „die Wechselwirkung ihrer Anwendungen [gemeint sind die enaktive, die ikonische und die symbolische Darstellung – Anm. d. Verf.] ... ein Hauptmerkmal des intellektuellen Lebens" bleibt (Bruner 1971, S. 21).

- Einsicht in verschiedene Rechenwege, besonders bei den schriftlichen Rechenverfahren

durch anschauungsgebundenes und handelndes Vorgehen mit Hilfe von Material gehen.

2 Lernunterstützung durch eine auf Material basierende Förderung – fachliche Perspektiven

Ansprüche an das Arbeitsmittel

Vorrangig sollten sich Diagnose und Förderung – wie die o.g. Schwerpunkte zeigen – auf das Verständnis grundlegender mathematischer Inhalte konzentrieren, wie die Entwicklung und Festigung des Zahlverständnisses sowie von Rechenfähigkeiten. Das Anliegen der Projektkonzeption bestand darin, durch die Betonung fundamentaler mathematischer Ideen mit den Kindern vertiefte, abstraktere Vorstellungen von Mathematik zu gewinnen, die zur Verständnisförderung auf der symbolischen Ebene – also dem Rechnen mit Zahlen – beitragen. Dazu schien uns ein materialgebundenes Vorgehen geeignet, indem die mit dem Material vorgenommenen Handlungen eine anschauliche Vorstellungsgrundlage[4] schaffen, die nach und nach verinnerlicht wird. Insbesondere sollte sich das Projekt von dem Förderansatz des Lösens von Aufgaben abheben. Stattdessen sollten Materialhandlungen und ihre begleitende Dokumentation durch Sprache und Schrift im Zentrum stehen, um die Förderung des Grundverständnisses für Zahlen und Rechenoperationen zum Hauptanliegen der Lernunterstützung zu machen. Dazu war es nötig, ein Material auszuwählen, mit dem einerseits die fundamentalen mathematischen Sachverhalte gefördert und mit dem andererseits den Handlungen entsprechende Repräsentations- und Darstellungsformen vorgenommen werden konnten. Nur diese Übereinstimmung von Handlung und begleitender Notation durch bildhafte oder symbolische Darstellungen lässt einen variantenreichen Wechsel zwischen den verschiedenen Repräsentationsstufen zu, der für eine Verständnissicherung erforderlich ist. Als Material, das den formulierten Ansprüchen unseres Erachtens am nächsten kommt, wählten wir den Schulabakus (Johann & Matros 2001, S. 20ff.).

Ansprüche an die Handlungen

Ziel der Forderung eines intermodalen Transfers zwischen verschiedenen Repräsentationsstufen ist es, die Übergänge zwischen den einzelnen Ebenen der Lerntätigkeit in verschiedene Richtungen zu ermöglichen. Nur so kann gesichert werden, dass die Kinder beim Lösen einer Aufgabe, die ja meist in der symbolischen Form gestellt

---

[4] Schipper beschreibt im Artikel „Arbeitsmittel für den arithmetischen Anfangsunterricht" den Materialanspruch so: „Nicht die Materialien selbst sind Auslöser solcher Lernprozesse, entscheidende Bedeutung haben vielmehr die Handlungen an ihnen." (Schipper 1996, S. 26)

wird, eigenständig in die ikonische oder enaktive Ebene wechseln, wenn sie deren Nutzen für den Prozess des Aufgabenlösens erlebt haben oder zumindest die symbolische Darstellung auf gesicherten Vorstellungen der sie begründenden Handlungen beruht. Ansonsten besteht die Gefahr, dass das formale Zeichensystem der Mathematik – eben ihre Ziffern- und Symbolsprache – eine von den Kindern selbst interpretierte Zusammenstellung bzw. ein nach eigenen Regeln vorgenommenes Lavieren mit Zahlen bleibt. Um diesem mechanistischen Ansatz vorzubeugen, ist es erforderlich, den Handlungen und ihren bildhaften Darstellungen gebührenden Raum im Unterricht zu widmen und vor allem ihre inhaltliche Abgestimmtheit zu berücksichtigen (Lauter 1991, S. 71). Der wechselseitige und abgestimmte Bezug der unterschiedlichen Repräsentationsstufen ist deshalb von so hoher Bedeutung, weil er im Lernprozess mögliche Irritationen vermeidet, die dann entstehen könnten, wenn Handlung und Darstellung nicht aufeinander bezogen und miteinander verknüpft sind. Solche Irritationen oder Verständnisbarrieren können beispielsweise beim Verständnis unseres Stellenwertsystems der Zahlen entstehen, wenn die Bündelung von zehn Einern zu einem Zehner – und der damit verbundene Wechsel von zehn Plättchen im Einerfeld zu einem Plättchen im links daneben liegenden Feld – nicht verinnerlicht ist. Beim schriftlichen Verfahren der Subtraktion könnte das Erfassen des Algorithmus beispielsweise dadurch gehindert werden, dass bei einer Handlung mit Material das Wegnehmen veranschaulicht, beim Rechnen in der symbolischen Ebene jedoch eine Sprechweise des Ergänzens – also des additiven Hinzufügens – gewählt wird. In beiden Fällen passen Handlung und Symbolik nicht zueinander.

Die Fokussierung auf diesen Ansatz erscheint uns wichtig, da in der Praxis symbolische Darstellungsformen oft einen höheren Stellenwert haben als Handlungen oder bildliche Darstellungen. Es wird angenommen, dass eine zügige Bearbeitung von Aufgaben auf symbolischer Ebene zeigt, dass ein mathematischer Lerninhalt verstanden wurde. Die Bevorzugung der symbolischen Repräsentation führt auch dazu, dass die Beziehungen zwischen verschiedenen Repräsentationsformen im Unterricht häufig zu wenig beachtet werden.

3 Fallbeispiele aus dem Förderprojekt

Mit den beiden Fallbeispielen möchten wir die Ansprüche an das Fachpraktikum illustrieren. Zugleich möchten wir explizieren, dass es uns noch nicht im gewünschten Maße gelungen ist, die skizzierten Anforderungen umzusetzen. Einerseits sehen wir dies in den begrenzten Erfahrungen von Studierenden im fachdidaktischen Bereich begründet, variantenreiche Vorgehensweisen und Erklärungen für eine Sache parat zu haben und einem Schüler/einer Schülerin anzubieten; andererseits ist uns als Ausbildenden immer wieder bewusst geworden, dass das Verständnis der Studierenden für fundamentale mathematische Ideen und die darauf beruhende fachliche

Versiertheit letztlich die professionellen Entscheidungen im Prozess der Förderung begründen[5].

Der Fall Saskia

Saskias[6] Mathematikleistungen bescherten ihr häufig Misserfolgserlebnisse, was dazu führte, dass sie das Fach nicht mochte. Sie kam in den Förderunterricht, um alle Rechenoperationen noch einmal zu üben. Die Studentin begann, mit Saskia am Schulabakus[7] zu addieren. Aufgaben ohne Übertrag, bei denen die Plättchen auf den einzelnen Feldern zusammengeschoben und das Ergebnis abgelesen wird, bereiteten der Schülerin keine Schwierigkeiten. Als nächstes stellte die Studentin eine Aufgabe mit Übertrag (116 + 128). Saskia legte die Aufgabe mit Plättchen und fing wie gewohnt an, diese auf jedem Feld zusammenzuschieben. Die Frage nach dem Ergebnis blieb zunächst unbeantwortet. Als die Studentin nach dem Problem fragte, erklärte die Schülerin, dass es die vierzehn Plättchen auf dem Einerfeld seien.

Studentin: *Woraus setzt sich vierzehn zusammen?*
Schülerin: *In der Zahl steckt ein Zehner.*

Die Schülerin nahm nun zehn Plättchen aus dem Einerfeld und begann, sie in das Zehnerfeld zu legen. Dabei wurde sie von der Studentin unterbrochen.

Studentin: *Dass du die zehn Plättchen aus dem Feld [zeigt auf das Einerfeld] wegnimmst, ist schon mal richtig. Aber kannst du die zehn Plättchen so in das Zehnerfeld legen?*
Schülerin: *Wenn ich sie hier wegnehme [meint die Plättchen aus dem Einerfeld] gehören sie in das nächste [meint das Zehnerfeld].*

Die Studentin legte Saskia folgendes Bild vor und fragte sie, was sie sehe.

---

[5] Wir danken den Studentinnen Nora-Teresa Putz und Verena Roth dafür, dass sie uns ihre Schülerbeispiele zur Verfügung gestellt haben.
[6] Der Name wurde geändert, um die Anonymität der Schülerin zu wahren.
[7] Als Schulabakus wurden quadratische Pappkärtchen in der Größe 12 x 12 cm und Legeplättchen zur Verfügung gestellt. Den Schüler/innen wurde erklärt, dass dem Abakus das Stellenwertsystem zugrunde liegt und in den Feldern mit Hilfe einer entsprechenden Anzahl von Plättchen die Zahlen veranschaulicht werden (Johann & Matros 2001, S. 30ff.).

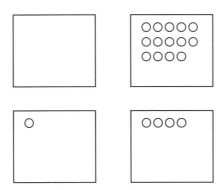

Abb. 1: Darstellung einer Plusaufgabe mit Plättchen

Schülerin: *Es liegen oben und unten vierzehn.*
Studentin: *Ja, und welche Zahl hast du schneller erkannt?*
Schülerin: *Die untere. Oben habe ich erst gezählt.*
Studentin: *Und wie kann das sein: die gleiche Zahl und unterschiedliche Bilder?*
Schülerin: *Weil hier [zeigt auf die obere Abbildung] zehn Plättchen weggenommen sind und dafür ein Plättchen [zeigt auf die untere Abbildung] in das andere Feld gelegt wurde.*
Studentin: *Wir müssen immer zehn Einer zu einem Zehner bündeln. Dafür wandert ein Plättchen in das nächste Feld.*

Dann kehrten sie zur Aufgabe zurück und lösten sie durch Legen am Abakus. Dass der Wechsel der zehn Einerplättchen in ein Zehnerplättchen auf der symbolischen Ebene als Übertrag notiert wird, hätte an dieser Stelle dem Förderprinzip des intermodalen Transfers entsprochen.

Der Fall Matthias

Matthias[8], ein Schüler aus der dritten Klasse, nahm an der Förderung teil, weil er – so seine Lehrerin – mit Subtraktionsaufgaben Schwierigkeiten habe. Sie hatte beobachtet, dass er manche Aufgaben richtig, andere wiederum falsch löste, ohne jedoch an den Fehlern ein Fehlermuster oder ein bestimmtes Prinzip zu erkennen. Einige Male hatte die Lehrerin Matthias gebeten, sein Rechnen zu beschreiben. Seine Äußerungen lieferten ihr keine hinreichende Erklärung für sein teilweise fehlerhaftes Vorgehen. Also kam Matthias zur Förderung mit dem Ziel, Subtraktionsaufgaben zu üben. An dieser Stelle begann die Arbeit einer Studentin. Zunächst gab sie dem Schüler die Aufgabe, 557 – 372 zu rechnen. Sie bat ihn zu erklären, wie er rechnet:

---

[8] Der Name wurde geändert, um die Anonymität des Schülers zu wahren.

„Zwei plus fünf ist gleich sieben, schreibe fünf hier unten hin. Jetzt muss ich sieben plus wie viel ist gleich fünfzehn rechnen, weil wir bei den großen Zahlen das immer so machen, dass wir aus der fünf eine fünfzehn machen. Dann sind es acht. [Er schreibt acht hin.] Dann müssen wir eine eins zu den anderen Zahlen schreiben. [Er überlegt, ob er die Merkzahl zum Minuenden oder zum Subtrahenden schreiben soll.] Jetzt muss ich – glaub ich – vier plus eins gleich fünf rechnen und die eins noch schreiben."

An Matthias' Erklärung ist zu erkennen, dass er mit den Zahlen rechnet, ohne wirklich verstanden zu haben, was er beim Übertrag der schriftlichen Subtraktion tut. Diese Verständnislücke sollte mit der Förderung geschlossen werden. Die Studentin erklärte dem Schüler, dass sie die Aufgabe noch mal rechnen und dabei ein Material nutzen wollen. Sie zeigte ihm einen Schulabakus und erläuterte seine Funktionsweise. Außerdem erinnerte sie den Schüler daran, dass Subtraktionsaufgaben nicht nur durch Ergänzen gelöst werden können[9].

Danach ließ die Studentin den Schüler die Aufgabe mit Hilfe des Materials legen. Der Minuend wurde mit blauen Plättchen, der Subtrahend mit roten Plättchen gelegt. Ein Auszug aus dem Gespräch gibt einen Einblick in das weitere Vorgehen.

Studentin: *So viele rote Plättchen, wie liegen, musst du von den blauen wegnehmen.*
Schüler: *Das geht nicht. Hier liegen zu wenig Plättchen [zeigt auf die fünf Plättchen des Minuenden].*
Studentin: *Was machst du jetzt?*
Schüler: *Ich muss aus der fünf eine fünfzehn machen.*
Studentin: *Warum?*
Schüler: *Das machen wir so bei solchen Zahlen.*
Studentin: *Wie kannst du das machen?*
Schüler: *[schaut auf das Material und zuckt nach einiger Zeit mit den Schultern]*
Studentin: *Wir können aus dieser fünf eine fünfzehn machen, wenn wir zehn Plättchen dazulegen. Und wenn wir zehn Zehner hier oben dazu tun [zeigt auf die Plättchen des Minuenden], müssen wir einen Hunderter – das sind ja zehn Zehner – hier unten dazulegen [zeigt auf die Plättchen des Subtrahenden], damit es wieder stimmt.*

Dass Matthias dieses Vorgehen nicht nachvollziehen konnte, zeigte seine Nachfrage „Wo kommen denn diese zehn Plättchen [er meint die hinzugelegten Plättchen des Minuenden] jetzt her?"

Matthias hatte die Erweiterungstechnik zur Behandlung des Übertrages nicht verstanden. Ihm war nicht klar, dass das gleichsinnige Erweitern von Minuend und

---

[9] Während des Projektes wurde mit den Schüler/innen mehrfach erörtert, dass Subtraktionsaufgaben durch Ergänzen mit der plus-Sprechweise oder durch Abziehen bzw. Wegnehmen mit der minus-Sprechweise gelöst werden können.

Subtrahend am Ergebnis nichts verändert. Mehrfach bemühte sich die Studentin, ihm dies an Beispielen zu erklären. Matthias fragte jedoch jedes Mal nach, wo denn die zehn Plättchen herkommen, schließlich würden sie nicht zur Aufgabe gehören. Diese unbeantwortete Frage beschäftigte ihn so sehr, dass die Studentin den Förderunterricht an dieser Stelle beendete und Matthias den Ausblick gab, in der kommenden Stunde die Aufgabe nochmals zu rechnen.

Nachdem in der Student/innen-Gruppe über obiges Beispiel reflektiert und verschiedene Alternativen für das weitere Vorgehen aufgezeigt wurden, entschied sich die Studentin dafür, dem Schüler eine andere Übertragstechnik zu vermitteln. Sie entschloss sich, ihm das Entbündeln zu zeigen. Im Rückblick auf ihr Vorgehen schreibt sie: „Auf der einen Seite hoffte ich, ihm so zeigen zu können, dass wir zehn Plättchen auch von innerhalb bekommen können, auf der anderen Seite fürchtete ich, dass ich Matthias mit dem anderen Weg verwirren würde." Sie zeigte ihm das Prinzip des Entbündelns, was Matthias offensichtlich einleuchtete und was er verstand, denn er löste in der Förderstunde noch einige Subtraktionsaufgaben auf diese Weise richtig.

Auf der handlungsorientierten Ebene scheint der Schüler das Vorgehen verstanden zu haben, allerdings ist bei diesem Beispiel die Handlung begleitende Dokumentation noch nicht thematisiert worden, die im speziellen Fall eine andere Notation des Übertrages mit sich bringt.

4 Zusammenfassung und Ausblick

Beide Fälle zeigen, wie komplex und vielschichtig das Herangehen an Diagnose und Förderung ist, wenn eine materialorientierte Lernunterstützung erfolgen und zudem das Prinzip des intermodalen Transfers berücksichtigt werden sollen. In beiden Fällen ist zu erkennen, dass der Bezug zwischen Handeln und Beschreiben bzw. Aufschreiben noch nicht hinreichend beachtet wurde, was jedoch für ein Erreichen des Förderzieles – entsprechend der von uns aufgezeigten Prämissen – notwendig gewesen wäre.

Insgesamt lässt sich einschätzen, dass die Studierenden mit dem Projekt ein Gespür erlangt haben, wie differenziert Förderprozesse angelegt sein können. Sie konnten erfahren, dass eine förderorientierte Unterrichtsgestaltung des Zusammenspiels von fachlichem, fachdidaktischem und diagnostischem Wissen bedarf. In der Begleitung und Reflexion des Projektes ist Studierenden und Ausbildenden ebenfalls bewusst geworden, dass der Erwerb diagnostischer Kompetenzen ein Prozess ist, der in der ersten Phase der Ausbildung begonnen und durch weitere Unterrichtserfahrungen allmählich vervollkommnet wird. Darüber hinaus wurde die Bedeutung guter fachlicher Professionalität als Basis fundierten Vorgehens im Zuge der Förderung deutlich.

Literatur

Bauersfeld, Heinrich (1972): Materialien zum Mathematikunterricht in der Grundschule. Frankfurt: Arbeitskreis Grundschule.

Bruner, Jerome S. / Olver, Rose R. / Greenfield, Patricia M. (1971): Studien zur kognitiven Entwicklung. Stuttgart: Klett.

Heymann, Hans Werner (1996): Allgemeinbildung und Mathematik. Weinheim und Basel: Beltz.

Johann, Michael / Matros, Norbert (2001): Wechselspiele: kreatives Rechnen am Schulabakus. Landau: Knecht-Verlag.

Lauter, Josef (1991): Fundament der Grundschulmathematik. Donauwörth: Auer-Verlag.

Richter, Karin / Walter, Christina (2005): Neues Schulkonzept + neuer Studiengang = neue Partnerschaft. In: Grundschule, 37. Jg., Heft 4, S. 26-28.

Schipper, Wilhelm (1996): Arbeitsmittel für den arithmetischen Anfangsunterricht. In: Grundschulzeitschrift, Heft 96, S. 26-41.

Winter, Heinrich: Fundamentale Ideen in der Grundschule. In: www.grundschule.bildung-rp.de/gs/mathematik/winter-idden.html (26.08.2004).

II. Bereichspezifische Diagnostik und Lernförderung im Elementar- und Primarbereich

Interdisziplinäre Sachbildung

Meike Wulfmeyer

Bildung für Nachhaltige Entwicklung mit Kindern

1   Einleitung

Bildung für Nachhaltige Entwicklung (BNE) ist sowohl curricular als auch als Unterrichtsprinzip eine Herausforderung für alle Bildungsbereiche.

Während für die Sekundarstufen zahlreiche Umsetzungsvorschläge vorliegen, beginnen Elementar- und Primarbereich erst nach und nach Implementierungsmöglichkeiten zu entwickeln. Eine wichtige Frage hierbei ist, inwiefern *BNE* institutionell, strukturell und curricular an Bestehendes anschließt und an welchen Stellen Erweiterungen sinnvoll sind. Entscheidend ist jedoch auch, dass *BNE* an die Vorstellungen und Wahrnehmungen von Kindern, an ihre Konstrukte hinsichtlich des Verhältnisses von Mensch und Natur anschließt und ihr Interesse sowie ihre Handlungsbereitschaft aufgreift. Hier ist besonders der Sachunterricht gefordert, der Kinder entlang verschiedener Perspektiven (vgl. GDSU 2002) unterstützt, Kompetenzen zu entwickeln. Eine Möglichkeit zur Etablierung von *BNE* in der Primarstufe wird in Abschnitt 4 der Ausführungen mit der Einrichtung einer sog. nachhaltigen Schüler/innen-Firma an einer Grundschule vorgestellt. In den Abschnitten 2 und 3 werden historische und bildungstheoretische Gedanken zur *BNE* entfaltet.

2   Das Leitbild Nachhaltige Entwicklung

Seit der Konferenz der Vereinten Nationen für Umwelt und Entwicklung (UNCED) 1992 in Rio de Janeiro gilt *Nachhaltige Entwicklung* (Sustainable Development) als Leitbild internationaler Umwelt- und Entwicklungspolitik[1]. Bei dieser sog. ‚Rio-Konferenz' unterzeichneten 178 Regierungen das Aktionsprogramm *Agenda 21*, in dem weltweite Maßnahmen für die Umwelt-, Entwicklungs-, Sozial- und Wirtschaftspolitik aufgeführt wurden (vgl. Deutscher Bundestag 1998, S. 27). Zuvor hatte die 1983 von den UN gegründete Weltkommission für Umwelt und Entwicklung unter der Leitung der norwegischen Ministerpräsidentin Gro Harlem Brundtland von der 83. UN-Vollversammlung den Auftrag bekommen, Zukunftsperspektiven der Erde und Möglichkeiten der Gestaltung dieser Zukunft zu erarbeiten. 1987 liegt der aufsehenerregende Bericht ‚Unsere gemeinsame Zukunft' vor (vgl. Hauff 1987), in dem der Begriff *Sustainable Development* als Leitlinie für eine Entwicklung geprägt wird. Im Mittelpunkt steht die Intention, die natürlichen Lebensgrundlagen zu erhalten. Zentrales Ziel ist der gerechte Ausgleich zwischen den

---

[1] Seinen Ursprung hat der Begriff *Nachhaltigkeit* Ende des 18. Jahrhunderts in der Forstwirtschaft. Hier bezeichnet er die dauerhafte wirtschaftliche Nutzung eines Waldes durch kontrollierte, an der Regenerationsrate bemessene Abholzung dieser (erneuerbaren) Ressource.

Generationen sowie zwischen den Ländern des Nordens und den Ländern des Südens, also zwischen Entwicklungsländern und Industriestaaten.

Prinzipien Nachhaltiger Entwicklung sind *Globalität*, also die Anerkennung von Verflechtungen in weltweitem Rahmen, und *Retinität*. Das Prinzip der *Retinität*[2] fordert die Anerkennung der gegenseitigen Abhängigkeiten von ökologischen mit ökonomischen und sozio-kulturellen Entwicklungen und zielt auf eine Gesamtvernetzung dieser für nachhaltige Entwicklung maßgeblichen Dimensionen.

Während die *ökologische Dimension* auf die begrenzte Belastbarkeit und Regenerationsfähigkeit der natürlichen Umwelt hinweist und nach der Tragfähigkeit ökologischer Systeme fragt, zielt die *ökonomische Dimension* auf eine ökologisch und sozial verträgliche wirtschaftliche Entwicklung und beschäftigt sich mit dem Erhalt und einem möglichen Ersatz der als Kapital angesehenen natürlichen Ressourcen (vgl. Enquete-Kommission 1994). Gerade der Verbrauch knapper und endlicher Rohstoffe soll nach und nach verringert werden, was im Hinblick auf Industrieländer einen neuen Blick auf Wirtschaftswachstum und Konsummuster fordert.

Mit der *sozio-kulturellen Dimension* von Nachhaltiger Entwicklung werden primär verschiedene Aspekte von Gerechtigkeit diskutiert. Bei der *intergenerativen* Gerechtigkeit geht es – in einer Art ökologischem Generationenvertrag – um die langfristige Sicherung natürlicher Lebensgrundlagen für nachfolgende Generationen (vgl. Mayer 1998, S. 33). Im Rahmen der Diskussionen um *intragenerative* Gerechtigkeit wird eine Verteilungsgerechtigkeit, also die im globalen Kontext gerechte Verteilung natürlicher Ressourcen innerhalb einer Generation gefordert. Zur Erreichung dieser Ziele müssen die drei Dimensionen im Sinne der *Retinität* als vernetzte Einheit betrachtet und im Kontext einer weltweiten Verantwortungsgemeinschaft (*Globalität*) gesehen werden (vgl. Wulfmeyer 2006, S. 19 ff.).

Durch verschiedene Strategien, innerhalb derer sich wiederum ökonomische mit ökologischen und sozio-kulturellen Aspekten vernetzen, soll nachhaltige Entwicklung implementiert werden: Unter dem Stichwort *Effizienz* wird eine Optimierung der Nutzung der Natur angestrebt, was zur Erstellung zahlreicher Studien über die mögliche Produktivitätssteigerung der Ressourcen (beispielsweise durch Innovationen im Bereich von Technologie und Logistik) führt. Durch die *Konsistenzstrategie* sollen die Stoff- und Energieflüsse sowohl quantitativ als auch qualitativ der Regenerationsfähigkeit der Umwelt angepasst werden, was beispielsweise durch die verstärkte Nutzung nachwachsender Rohstoffe in Kombination mit der sogenannten *Permanenzstrategie* gelingt. Damit ist die Erhöhung der Dauerhaftigkeit von Produkten gemeint. Mit der *Suffizienzstrategie* wird gemeinhin ein Wandel von Konsumverhalten und Lebensstil anvisiert. Sie führt zu einer neuen Definition von Lebensqualität, die sich über eine gewisse Genügsamkeit in Bezug auf materielle Güter und eine Höherbewertung immaterieller Dinge definiert. Die enge Verwobenheit der

---

[2] Dieser Begriff kann abgeleitet werden von *Retina* (Netzhaut des Auges), verweist also auf die Vernetzung unterschiedlicher Perspektiven, Interessen und Herangehensweisen.

verschiedenen Dimensionen und Ziele von Nachhaltiger Entwicklung wird von Sachs wie folgt pointiert: Die „'Effizienzrevolution' bleibt richtungsblind, wenn sie nicht von einer 'Suffizienzrevolution' begleitet wird" (Sachs 1994, S. 36).

In ihrem Kapitel 36 widmet sich die o.g. *Agenda 21* den verschiedenen Bildungsbereichen. Hier heißt es: „Bildung ist eine unerlässliche Voraussetzung für die Förderung einer nachhaltigen Entwicklung und der Verbesserung der Fähigkeit der Menschen, sich mit Umwelt- und Entwicklungsfragen auseinanderzusetzen" (BMU o.J., S. 261). Ein Wandel hin zu einem ökologischen und ethischen Bewusstsein sowie Werten und Einstellungen, Fähigkeiten und Verhaltensweisen, die mit dem Leitbild vereinbar sind, gilt als Aufgabe sowohl formaler als auch nicht-formaler Bildung. Der globale Aspekt der Bildung wird durch den Hinweis deutlich, dass ein Umwelt- und Entwicklungsbewusstsein zum frühestmöglichen Zeitpunkt überall auf der Welt angebahnt werden soll und allen Bevölkerungsgruppen jeden Alters der Zugang zu umwelt- und entwicklungsbezogener Bildung gewährleistet werden muss. Hierbei wird hervorgehoben, dass jedes Land eigene Prioritäten, Bedürfnisse und Möglichkeiten hat, die entsprechenden Programme festzulegen und eventuell Strategien zu aktualisieren, um den Nachhaltigkeitsgedanken auf allen Ebenen des Bildungswesens adressatenorientiert zu etablieren.

Mit dem Kapitel 25 ist Kindern und Jugendlichen in der *Agenda 21* ein gesonderter Abschnitt gewidmet, in dem unterstrichen wird, dass sie diejenigen sind, die in besonderer Weise von Umweltveränderungen betroffen sein werden. Daher müssen sie im Hinblick auf die Gestaltung der Zukunft an Entscheidungsprozessen zu Umwelt- und Entwicklungsfragen beteiligt werden, damit nicht nur ihre besonderen Interessen berücksichtigt, sondern auch ihre Verantwortungsbereitschaft gestärkt wird (vgl. BMU o.J., S. 222 ff.).

In Folge des auch als *Rio+10*-Konferenz genannten Weltgipfels für Nachhaltige Entwicklung im Jahr 2002 in Johannesburg haben die UN für die Jahre 2005 bis 2014 die Dekade für *Bildung für Nachhaltige Entwicklung* ausgerufen[3]. *Bildung für Nachhaltige Entwicklung* (*BNE*) wird als wichtige Gemeinschaftsaufgabe gesehen, an der alle Bildungseinrichtungen teilnehmen sollen. Im Hinblick auf dieses Ziel geht es darum, dass die Akteure sich vernetzen, damit tatsächlich ein Transfer bisheriger Anstrengungen und Erfolge auf weitere Praxisfelder erfolgen kann. Dazu bedarf es der Kommunikation des Konzeptes sowohl in der Öffentlichkeit als auch in verschiedenen Bildungseinrichtungen. Hierbei sind in Erweiterung eines eher auf die Sekundarstufe ausgerichteten Programms der Bund-Länder-Kommission für Bildungsplanung und Forschungsförderung (BLK), dem BLK-Programm ‚*21*', mit dem BLK-Programm *Transfer 21* erstmals auch Grundschulen und sogar Kindergärten, Kindertagesstätten u.Ä., also der Primar- und Elementarbereich, einbezogen. Die

---

[3] Für die UN-Dekade *Bildung für Nachhaltige Entwicklung 2005-2014* wurde die UNESCO als „Lead Agency" international mit der Koordination beauftragt. Die Umsetzung der Dekade steht in Deutschland unter der Schirmherrschaft des Bundespräsidenten Horst Köhler.

Impulse zur Thematisierung Nachhaltiger Entwicklung und des Verhältnisses zwischen Mensch und Natur im Rahmen von *BNE* kommen jedoch nicht grundsätzlich aus den Bildungs-, sondern häufig aus den Umweltministerien. Das ist möglicherweise der Grund dafür, dass *BNE* und die Arbeit mit und an der *Agenda 21* in den Bildungsplänen der Bundesländer für den Elementarbereich zwar durchaus implizit erkennbar, jedoch selten konzeptionell verankert sind (vgl. Stoltenberg 2005, S. 31).

3 Bildung unter dem Leitbild Nachhaltige Entwicklung

3.1 Grundsätzliche Überlegungen

Für die Entfaltung der Nachhaltigkeitsidee ist Bildung eine wesentliche Voraussetzung, um „Aufgeschlossenheit der Bevölkerung gegenüber Umwelt- und Entwicklungsfragen und ihre Beteiligung an der Lösungsfindung zu steigern und ein Bewusstsein für die eigene Verantwortung für die Umwelt sowie eine bessere Motivation und ein stärkeres Engagement für eine nachhaltige Entwicklung zu fördern. (...) Ziel ist die Förderung einer breit angelegten Bewusstseinsbildung als wesentlicher Bestandteil einer weltweiten Bildungsinitiative zur Stärkung von Einstellungen, Wertvorstellungen und Handlungsweisen, die mit einer nachhaltigen Entwicklung vereinbar sind." (BMU 2000, S. 264)

Seit Mitte der 1990er Jahre wurden konzeptionelle und didaktische Orientierungen für *Bildung für Nachhaltige Entwicklung* (*BNE*) ausgeformt, in denen die zwei Säulen *Umweltbildung* und *entwicklungspolitische Bildung* (vgl. BMBF 2002) integrativ den curricularen Rahmen für *BNE* ausmachen. Bei *BNE* handelt es sich keineswegs lediglich um eine Modifizierung der bekannten Umweltbildungskonzepte (vgl. Wulfmeyer 2006, S. 14 ff.); vielmehr erweitert Umweltbildung in Zeiten der Globalisierung nur dann den Horizont, wenn sie die Gesamtheit der *Einen Welt* in den Blick nimmt und aus dem Fundus der menschlichen Kultur schöpft und so „auf die Verbesserung der menschlichen Lebensverhältnisse" (Seitz 2001, S. 36) zielt. Während die traditionelle Entwicklungspädagogik für sich beansprucht, diese Vernetzung stets berücksichtigt zu haben (vgl. Scheunpflug 2001, S. 92), so wird sie von Seiten der Umweltbildung seit Anfang der neunziger Jahre als Paradigmenwechsel gewertet. Sollen Kinder die Entwicklung der (Welt-)Gesellschaft besser verstehen, scheint das Verstehen globaler Prozesse ein entscheidendes Lernziel zu sein. Voraussetzung ist es allerdings, lokale und regionale Aspekte in die Diskussion mit einzubeziehen, um deren Vernetzung mit globalen Aspekten *antizipieren* und verstehen zu können (vgl. Shiva 1994, S. 176). Das Leitbild der nachhaltigen Entwicklung bildet hier einen Rahmen für eine veränderte Bildung, die die Komplexität und die Dynamik der sich verändernden Welt in den Blick nimmt (vgl. Wulfmeyer 2004a)[4].

---

4 Kleine Kinder finden ihren Handlungsspielraum vermutlich zunächst im lokalen Bereich, ohne allerdings den erweiterten Raum und die Folgen des individuellen Tuns aus den Augen zu lassen.

Die BLK formuliert in ihrem *Orientierungsrahmen* für verschiedene Bildungsbereiche wesentliche Gestaltungsgrundsätze als didaktische Prinzipien und Schlüsselqualifikationen (vgl. BLK 1998, S. 27 ff.): System- und Problemorientierung, Verständigungs- und Wertorientierung, Kooperationsorientierung, Situations-, Handlungs- und Partizipationsorientierung, Selbstorganisation sowie Ganzheitlichkeit.

Der BLK-Orientierungsrahmen liefert entscheidende Grundlagen für das BLK-Programm ‚21' (BKL 1999), an dem bis 2004 fast 200 Schulen in 15 Bundesländern teilgenommen haben (vgl. BLK 2004). Im Gutachten zum Programm (BLK 1999) werden inhaltliche, methodische und organisatorische Konkretisierungen für die Verankerung von *BNE* im schulischen Bereich dargelegt. Im Rahmen von Schulbildung werden die drei Module *Interdisziplinäres Wissen*, *Partizipatives Lernen* sowie *Innovative Strukturen* als Unterrichts- und Organisationsprinzipien gefordert (vgl. BLK 1999, S. 67 ff.; S. 85). Die Gestaltung von Bildungsprozessen soll sich an den Faktoren *Kognition*, *Reflexion* und *Antizipation* messen (vgl. WBGU 1996) und die Vernetzung der ökologischen und ökonomischen mit der sozialen Dimension soll im Sinne der Retinität als Schlüsselprinzip für eine veränderte Bildung anerkannt werden. Neue Inhalte und Organisationsformen sowie die Einbeziehung des außerschulischen Umfeldes können Grundpfeiler partizipatorischer Konzepte sein, durch die ein nachhaltiges Schulleben für Schülerinnen und Schüler an Glaubwürdigkeit und Bedeutsamkeit gewinnt[5].

3.2 Ziele von Bildung für Nachhaltige Entwicklung

Als übergeordnetes Ziel von *BNE* gilt die *Gestaltungskompetenz* für Nachhaltige Entwicklung, die nicht nur eine Zukunftsorientierung, sondern besonders auch die Handlungsmöglichkeiten für Einzelne hinsichtlich verantwortlichen Handelns und Gestaltens einer (global) zukunftsfähigen Gesellschaft betont (vgl. BLK 1999, S. 18). Gestaltungskompetenz umfasst im Sinne von Antizipation und Partizipation z.B. Modellierungs- und Entscheidungskompetenz und beinhaltet Teilkompetenzen in verschiedenen Bereichen (vgl. Harenberg 2001, S. 107; de Haan 2002, S. 15 f.):

- die Kompetenz, zukunftsgerichtet und vorausschauend zu denken,
- die Kompetenz, u.a. im Hinblick auf Problemlösungen interdisziplinär zu arbeiten,
- Partizipationskompetenzen sowie Planungs- und Umsetzungskompetenzen,
- die Fähigkeit zu weltoffener Wahrnehmung, zu Empathie und Solidarität,

---

5 Inhaltlich orientiert sich BLK ‚21' u.a an den Syndromen globalen Wandels, die im Gutachten „Welt im Wandel" des ‚Wissenschaftlichen Beirats der Bundesregierung Globale Umweltveränderungen' (WBGU) von 1996 identifiziert werden. Strukturiert in drei Syndromgruppen werden hier 16 Syndrome benannt, die Fehlentwicklungen in der Mensch-Umwelt-Beziehung beschreiben und hierbei sowohl die globale Reichweite als auch die Retinität berücksichtigen (vgl. WBGU 1996).

- Verständigungskompetenz und Fähigkeit zur Kooperation,
- die Kompetenz, sich und andere motivieren zu können,
- die Kompetenz zur distanzierten Reflexion über individuelle und auch kulturelle Leitbilder.

Diese Teilkompetenzen schließen sich an die im Perspektivrahmen Sachunterricht der Gesellschaft für Didaktik des Sachunterrichts (GDSU) beschriebenen drei Kompetenzbereiche des *deklarativen* Wissens über Fakten und Sachverhalte, des *prozeduralen* Wissens, auf dem Fertigkeiten beruhen, und des *metakognitiven* Wissens, also dem Wissen, das der Kontrolle und Steuerung von Lern- und Denkprozessen dient, an (vgl. GDSU 2002). Zudem korrespondieren sie mit den bei Rost, Lauströer & Raack (vgl. 2003) aufgeführten Bereichen *Wissen, Handeln* und *Bewerten* sowie der im Kompetenzbegriff von Weinert beschriebenen *Problemlösefähigkeit* (vgl. Weinert 2002).

Für die Weiterentwicklung von *BNE* sowie für die Ausweitung des Konzeptes auf die Primarstufe ist das BLK-Programm *Transfer 21*[6] bedeutsam, in dem das BLK-Programm ,21' bis 2008 weitergeführt wird. Ziel ist es, *Bildung für Nachhaltige Entwicklung* an 4500 Schulen, darunter auch Grundschulen, zu etablieren. Auch die von den Vereinten Nationen ausgerufene *Dekade ‚Bildung für Nachhaltige Entwicklung* (2005-2014)'[7] verspricht weitere Impulse nicht nur für innovative Projekte, sondern vor allem für die zunehmende Verankerung von *BNE* auf breiter Basis.

Das auch auf die Primarstufe ausgerichtete Programm *Transfer 21* schließt direkt an die Bildungsinhalte der Elementarstufe an, die Kindern das erste institutionalisierte Bildungsangebot offeriert. In einigen Bundesländern werden ökologische Leitlinien für Kindertagesstätten bereits in der Praxis umgesetzt und auch sog. Agenda-Kindergärten, die sich an Leitlinien der Nachhaltigen Entwicklung und der *Agenda 21* orientieren, etablieren sich zunehmend.

In der Primarstufe kann der Sachunterricht, dessen zentrale didaktische Kriterien Lebensweltorientierung und Interdisziplinarität sind, als Kernfach für *Bildung für Nachhaltige Entwicklung* (*BNE*) gelten, die ebenfalls interdisziplinäre, mehrdimensionale Herangehensweisen an Themen fordert.

3.3 Bildung für Nachhaltige Entwicklung im Sachunterricht der Grundschule

Sollen Schülerinnen und Schüler die Entwicklung der Weltgesellschaft besser verstehen, so scheint das Nachvollziehen globaler Prozesse ein entscheidendes Lernziel zu sein. Durch die Konzentration auf die globale Perspektive besteht allerdings die Gefahr, dass lokale Belange ignoriert werden und sich so der konkrete Handlungsspielraum einzelner eher verengt als erweitert. Voraussetzung ist es daher, auch im

---

[6] Vgl. www.transfer-21.de.
[7] Vgl. www.dekade.org.

Sinne der Demokratie, lokale und regionale Anliegen in die Diskussion mit einzubeziehen, um deren Vernetzung mit globalen Aspekten antizipieren und reflektieren zu können (vgl. Wulfmeyer 2005).

Für die Primarstufe ist dieser Anspruch sicherlich eine Herausforderung, die nach einem Unterricht verlangt, der globale Entwicklungen und Vernetzungen berücksichtigt und offenlegt, gleichzeitig allerdings den Fragehorizont und die Handlungsmöglichkeiten der Kinder einbezieht.

Ein solches Konzept stellt Fragen nach den wirtschaftlichen und sozialen Möglichkeiten sowie der ökologischen Dimension des Lebens. Seitz sieht in diesem Zusammenhang im globalen Lernen eine Herausforderung: „Globales Lernen ist der Versuch, den Anspruch einer weltbürgerlichen Erziehung, die der weltweiten Humanisierung der menschlichen Lebensverhältnisse verpflichtet ist, unter den Bedingungen einer globalisierten Welt zu erneuern" (Seitz 2001, S. 37). Auch für den Sachunterricht kann dies eine wichtige Innovationsaufgabe bedeuten. Doch um anstehende Probleme der zusammenwachsenden Welt bewältigen zu können, reicht es nicht aus, bisherige Inhalte auszudehnen, denn die Lösung liegt nicht in der quantitativen, sondern in der qualitativen Veränderung von Bildung.

Vor dem Hintergrund von *BNE* kann besonders der Sachunterricht Kindern ökonomische, ökologische und soziale Grundlagen des Zusammenlebens erschließen und sie so für das Zusammenwirken dieser Dimensionen sensibilisieren. Dies geschieht am eindrucksvollsten, wenn Kinder ihre Kenntnisse, Fertigkeiten und Kompetenzen an Sachproblemen aus ihrer Lebenswelt erproben können. Über das Moment der Vermittlung und Veranschaulichung hinaus steht also reflektiertes Handeln im Mittelpunkt des Lernens im Sachunterricht. So fördert *BNE* bereits in der Schuleingangsphase das Erkennen und Erproben von Partizipationsmöglichkeiten im Hinblick auf eine bereichsspezifische Gestaltungskompetenz.

Im Sinne einer zeitgemäßen Sachunterrichts-Konzeption soll eine Vermittlung zwischen der Sache und dem Kind stattfinden. Mit der Auswahl von Unterrichtsinhalten im Rahmen von *BNE* muss es gelingen dazu beizutragen, dass Kinder die Mehrdimensionalität von Vorgängen im Sinne der *Retinität* durchschauen, Vorgänge kritisch hinterfragen und im Rahmen ihrer eigenen Wirklichkeit auf aktuelle Geschehnisse und Prozesse übertragen können. Ziel ist es also, elementare Inhalte mit allgemeinbildender Relevanz zu finden, die zur Erschließung der Welt beitragen und anhand derer exemplarisch Kenntnisse und Kompetenzen erworben werden können, die gleichzeitig vielfältige Transfermöglichkeiten offerieren.

Handlungsorientierte Lehr-Lernarrangements tragen in diesem Zusammenhang zur Entwicklung von Kompetenzen auf verschiedenen Ebenen bei. Über Sach- und Methodenkompetenzen hinaus werden überfachliche soziale und personale Kompetenzen angestrebt, z.B. Schlüsselqualifikationen wie die Bereitschaft und Fähigkeit zu Teamarbeit und zu Kommunikation (vgl. Wulfmeyer 2004b). Kompetenzen entwickeln sich also im Sinne des Perspektivrahmens Sachunterricht im deklarativen, prozeduralen und metakognitiven Bereich (vgl. GDSU 2002).

Hinsichtlich der Frage, wie sich eine Bildung präsentieren sollte, die dem Leitbild Nachhaltige Entwicklung gerecht wird, sei erneut auf das Retinitätsprinzip verwiesen, das die inhaltliche Reduzierung auf ökologische Belange verwirft und stattdessen Konzepte der entwicklungspolitischen Bildung und des globalen Lernens in Kombination mit Umweltbildung zu einer *Bildung für Nachhaltige Entwicklung* vereint. Darüber hinaus verlangt der Bildungsbegriff generell nach kritisch-reflektierender, eigenverantwortlicher und selbstbestimmter Annäherung an Bildungsinhalte.

Die Interpretierfähigkeit und -bedürftigkeit der *Agenda 21* führt zu uneinheitlichen Vorstellungen der Implementierung, wenngleich ein Konsens bezüglich der Begriffe besteht, die den Anspruch des Leitbildes konstituieren. Dennoch ist die Diskussion über Konzepte von *BNE* und über deren Umsetzung in der Praxis noch längst nicht abgeschlossen. Entscheidend ist generell, dass es sich bei ‚Nachhaltigkeit' nicht lediglich um ein weiteres (Querschnitt-)Thema im Rahmen der herkömmlichen Umweltbildung handelt. *BNE* kommt vielmehr die Aufgabe zu, eine Schulkultur zu entwickeln, die Lernformen bereithält, in denen Denken und Handeln zusammenfinden, und die gleichzeitig ihre Aufgabe in der reflexiven Auseinandersetzung mit sozialen, ökonomischen und ökologischen Fragen der globalen Entwicklung und der Zukunft sieht (vgl. Strobl 2001, S. 15).

BNE fordert und fördert zudem die Auseinandersetzung mit der eigenen kulturellen Perspektivität und ist daher nicht von inter- resp. transkultureller Bildung zu trennen (vgl. Hauenschild & Wulfmeyer 2005). Das Verständnis der wechselseitigen Abhängigkeiten lokaler und globaler Perspektiven ist zudem die Voraussetzung für die Entwicklung vielfältiger wirkungsvoller Handlungsmöglichkeiten.

Angesichts der Anforderungen der sog. Konsumgesellschaft an Kinder bekommt die ökonomische Dimension von *BNE* einen besonderen Stellenwert, auch wenn ökonomische Geschehnisse und Entscheidungen niemals auf den Bereich der Ökonomie reduziert bleiben, sondern mit ökologischen und sozio-kulturellen Entwicklungen vernetzt sind (vgl. Wulfmeyer 2005). Ein gutes Beispiel für die Einbindung von Kindern in ökonomische Abläufe ist u.a. die Gestaltung von Kiosken oder Läden, wie sie z.B. im BLK-Programm *Transfer 21* in Form sog. *SchülerInnenfirmen*[8] vorgeschlagen wird, in denen betriebswirtschaftliche Vorgänge erfahren und erprobt werden. Ökonomie gehört zum Kerncurriculum der Grundschule, das allerdings nicht nur inhaltlich, also vom Gegenstand ausgehend, zu organisieren ist, sondern auch von den Kindern ausgehen und anschlussfähig an ihre Deutungen von Welt, an ihr Vorwissen sein muss.

---

[8] Vgl. hierzu auch www.transfer-21.de.

4 Didaktisch-methodische Ausblicke für die Unterrichtspraxis

Nachhaltige Entwicklung als Leitbild für eine innovative Bildung, die im Angesicht globaler Veränderungen Umwelt- und Entwicklungsthemen koordiniert, verlangt eine Anerkennung der Vernetzung von ökologischen, sozio-kulturellen und ökonomischen Dimensionen der Umwelt (*Retinität*) und zielt auf ein Globalisierungsbewusstsein, das – ohne die lokale Perspektive und die unterschiedlichen Lebensbedingungen und Möglichkeiten der Menschen zu ignorieren – dem Prinzip der Gerechtigkeit untergeordnet ist. *BNE* „thematisiert einen Such-, Entwicklungs- und Dialogprozess – kurz: einen gesellschaftlichen Lernprozess. [...] Das Konzept formuliert einen Gesamtrahmen und verbindet darin Umweltbildung, Eine-Welt-Pädagogik, politische Bildung, kulturelle Bildung und technologische Bildung, es ist also fächerübergreifend-komplex angelegt" (Reißmann 1998, S. 69).

BNE ist somit nicht nur ein Unterrichtsthema, sondern vielmehr ein Unterrichtsprinzip, das eine Umgestaltung der inhaltlichen, methodischen und institutionellen Lehr-Lernplanung erfordert. Kindern lediglich die Entwicklung und die inhaltlichen Schwerpunkte des Leitbildes zu erläutern wird dem Anliegen nicht gerecht. Daher sei erneut auf die Unterrichts- und Organisationsprinzipien im Rahmen des BLK-Programms *Transfer 21* verwiesen (vgl. Abschnitt 2.1 sowie BLK 1999, S. 67 ff.), die sich in die drei Module *Interdisziplinäres Wissen, Partizipatives Lernen und Innovative Strukturen* gliedern. Im Sinne des Anspruches von *BNE, Interdisziplinäres Wissen* zu fördern, sollten z.B. Sachunterrichtsthemen so strukturiert sein, dass die Komplexität von Sachverhalten im Sinne der *Retinität* offengelegt wird und dass regionale und globale Verflechtungen transparent werden[9]. Zudem ist es im Hinblick auf die Anbahnung einer Gestaltungskompetenz der Kinder unerlässlich, *Partizipation* zu ermöglichen und zu fördern. Zur verantwortlichen Mitgestaltung der Zukunft brauchen Kinder Handlungsspielräume, in denen sie in der Gemeinschaft auf der Basis von Eigeninitiative Erfahrungen machen sowie Planungs- und Umsetzungskompetenzen entwickeln können. Auch auf institutioneller Ebene sollte das Leitbild der *Nachhaltigen Entwicklung* als roter Faden dienen, der im Rahmen von Schulprogrammen und Schulprofilen *Innovative Strukturen* ermöglicht.

---

[9] Mögliche Themen sind u.a. Gesundheit und Ernährung, Ökologischer Rucksack von Nahrungsmitteln, Ökologischer Fußabdruck, Konsum und Arbeit, Regionale und globale Produkte, Kleidung, Mobilität, Stadt und Land, Natur und Naturschutz, Leben in der Einen Welt, Inter- und Transkulturalität.

Allgemeines Lernziel	Unterrichts- und Organisationsprinzipien	Aspekte
Gestaltungskompetenz für Nachhaltige Entwicklung	*Interdisziplinäres Wissen*	Syndrome globalen Wandels Nachhaltiges Deutschland Umwelt und Entwicklung Mobilität und Nachhaltige Entwicklung Gesundheit und Nachhaltige Entwicklung
	Partizipatives Lernen	Gestaltung einer nachhaltigen Stadt Die Region als nachhaltiges Lernfeld Partizipation im Rahmen der lokalen Agenda Entwickeln von Nachhaltigkeitsindikatoren
	Innovative Strukturen	Schulprofil „nachhaltige Entwicklung" Nachhaltigkeitsaudit Schülerfirmen und nachhaltige Ökonomie Externe Kooperationen

vgl. BLK 1999, S. 67f.

Es wird deutlich, dass *BNE* an Lehr-Lernarrangements bestimmte Ansprüche stellt, die sich auf verschiedenen Ebenen befinden, was sich am Praxisbeispiel einer sog. *Nachhaltigen Schule,* die einen großen Schwerpunkt auf Montessori-Pädagogik gelegt hat, illustrieren lässt: In der Ganztagsgrundschule in ökologischer Bauweise[10] mit jahrgangsübergreifenden Klassen wird vorrangig im Werkstatt-Unterricht gelernt. Die Kinder haben individuelle Arbeitspläne, in denen sie auch im Hinblick auf *BNE*-Themen handlungsbetonte, oft multisensorische Aufgaben bekommen, die sie selbstständig und in selbst gewählten Gruppen bearbeiten können. Zur Zeit wird eine *SchülerInnenfirma* in Form eines Cafes geplant, in dem die Kinder regionale Produkte aus nachhaltiger Landwirtschaft verarbeiten und verkaufen. Anhand dieses Vorhabens lassen sich die o.g. Module gut identifizieren: Im Rahmen des Moduls *Interdisziplinäres Wissen* arbeiten Kinder und Lehrkräfte inhaltlich vorrangig zu der Frage ‚Was ist Nachhaltigkeit und was bedeutet sie für uns?'. Weitere Themenfelder sind ‚Umwelt und Entwicklung' und besonders ‚Gesundheit und Nachhaltige Entwicklung'. Im Sinne des *Partizipativen Lernens* entwickeln die Lerngruppen am Beispiel ihres Vorhabens *Cafe* ‚Indikatoren für Nachhaltige Entwicklung' und erarbeiten, wie sie in ihrem Betrieb nachhaltig wirtschaften können. Zu diesem Zweck befassen sie sich besonders mit der Region und ihren Möglichkeiten, denn es sollen regionale und saisonale Produkte verkauft werden. In fließendem Übergang geht es im Sinne *Innovativer Strukturen* um ‚Schülerfirmen und nachhaltige Ökonomie',

---

[10] Sie entspricht fast dem Standard eines Passivhauses, Lehrerinnen und Hortmitarbeiter planen gemeinsam einen Neubau in Strohballentechnik. Die kleine Mensa wird täglich mit Mittagessen aus einem Bio-Restaurant beliefert.

wobei z.B. in Form von Lieferverträgen mit ökologischen bzw. nachhaltigen Betrieben auch neue ‚externe Kooperationen' eingegangen werden.

Es wird deutlich, dass Themen im Hinblick auf das Leitbild Nachhaltige Entwicklung nicht vollständig neu ‚erfunden' werden müssen, doch sie werden neu beleuchtet und aufbereitet. Das zentrale Prinzip der *Retinität* und damit der Förderung eines Umgangs mit Komplexität sowie einer zeitlich und geografisch erweiterten Sichtweise sind hier ebenso entscheidend wie die Förderung der kindlichen Entscheidungs- und Partizipationsmöglichkeiten, um den Umgang mit Mehrdeutigkeiten und Konflikten auf der Basis entwickelter Werthaltungen sowie Gestaltungskompetenz bereits in jungem Alter zu fördern.

Literatur

BMBF – Bundesministerium für Bildung und Forschung (2002): Bericht der Bundesregierung zur Bildung für eine nachhaltige Entwicklung. Berlin.

Bundesministerium für Umwelt, Naturschutz und Reaktorsicherheit BMU (o.J.): Umweltpolitik. Konferenz der Vereinten Nationen für Umwelt und Entwicklung im Juni 1992 in Rio de Janeiro. Dokumente. Agenda 21. Bonn.

Bundesministerium für Umwelt, Natur und Reaktorsicherheit BMU (Hrsg.) (2000): Umweltbewusstsein in Deutschland 2000. Ergebnisse einer repräsentativen Bevölkerungsumfrage. Berlin.

Bund-Länder-Kommission für Bildungsplanung und Forschungsförderung BLK (1998): Bildung für eine nachhaltige Entwicklung – Orientierungsrahmen. Materialien zur Bildungsplanung und Forschungsförderung, Heft 69. Bonn.

Bund-Länder-Kommission für Bildungsplanung und Forschungsförderung BLK (1999): Bildung für eine nachhaltige Entwicklung – Gutachten zum Programm von Gerhard de Haan und Dorothee Harenberg, Freie Universität Berlin. Materialien zur Bildungsplanung und Forschungsförderung, Heft 72. Bonn.

Bund-Länder-Kommission für Bildungsplanung und Forschungsförderung BLK (2004): Bildung für eine nachhaltige Entwicklung („21"). Abschlussbericht des Programmträgers zum BLK-Programm. Materialien zur Bildungsplanung und Forschungsförderung, Heft 123. Bonn.

Deutscher Bundestag (Hrsg.) (1998): Konzept Nachhaltigkeit. Vom Leitbild zur Umsetzung. Bonn.

Enquete-Kommission „Schutz des Menschen und der Umwelt" des Deutschen Bundestages (Hrsg.) (1994): Die Industriegesellschaft gestalten – Perspektiven für einen nachhaltigen Umgang mit Stoff- und Materialströmen. Bonn.

GDSU – Gesellschaft für Didaktik des Sachunterrichts (2002): Perspektivrahmen Sachunterricht. Bad Heilbrunn: Klinkhardt.

Haan, Gerhard de (2002): Die Kernthemen der Bildung für eine nachhaltige Entwicklung. In: Zeitschrift für internationale Bildungsforschung und Entwicklungspädagogik, 25, S. 13-20.

Harenberg, Dorothee (2001): Bildung für nachhaltige Entwicklung – Entdeckungen im schulischen Alltag und gemeinsames Reformbemühen. In: Gärtner, Helmut / Hellberg-Rode, Gesine (Hrsg.): Umweltbildung und nachhaltige Entwicklung. Band 1: Grundlagen. Baltmannsweiler: Schneider Verlag Hohengehren, S. 103-118.

Hauenschild, Katrin / Wulfmeyer, Meike (2005): Transkulturelle Identitätsbildung – ein Forschungsprojekt. In: Datta, Asit (Hrsg.) Transkulturalität und Identität: Bildungsprozesse zwischen Exklusion und Inklusion. Frankfurt a.M.: Verlag für interkulturelle Kommunikation (IKO), S. 183-201.

Hauff, Volker (Hrsg.) (1987): Unsere gemeinsame Zukunft. Der Brundtland-Bericht der Weltkommission für Umwelt und Entwicklung. Greven. Eggenkamp Verlag.

Mayer, Jürgen (1998): Die Rolle der Umweltbildung im Leitbild nachhaltiger Entwicklung. In: Beyer, Axel (Hrsg.): Nachhaltigkeit und Umweltbildung. Hamburg: Krämer, S. 25-49.

Reißmann, Jens (1998): „Nachhaltige, umweltgerechte Entwicklung". Chance für eine Neuorientierung der (Umwelt)Bildung – Entwurf eines Rahmenkonzepts. In: Beyer, Axel (Hrsg.): Nachhaltigkeit und Umweltbildung. Hamburg: Krämer, S. 57-100.

Rost, Jürgen / Lauströer, Andrea / Raack, Ninja (2003): Kompetenzmodelle einer Bildung für Nachhaltigkeit. In: Praxis der Naturwissenschaften – Chemie in der Schule, 52, S. 10-15.

Sachs, Wolfgang (1994): Globale Umweltpolitik im Schatten des Entwicklungsgedankens. In: Sachs, Wolfgang (Hrsg.): Der Planet als Patient. Über die Widersprüche globaler Umweltpolitik. Berlin/Basel/Boston: Birkhäuser, S. 15-42.

Scheunpflug, Annette (2001): Die globale Perspektive einer Bildung für nachhaltige Entwicklung. In: Herz, Otto / Seybold, Hansjörg / Strobl, Gottfried (Hrsg.): Bildung für nachhaltige Entwicklung. Globale Perspektiven und neue Kommunikationsmedien. Opladen: Leske & Budrich, S. 87-99.

Seitz, Klaus (2001): Globales Lernen - Herausforderungen für schulische und außerschulische Bildungsarbeit. In: Verband Entwicklungspolitik deutscher Nichtregierungsorganisationen e.V. VENRO (Hrsg.): Bildung 21. Lernen für eine gerechte und zukunftsfähige Entwicklung. Dokumentation des Kongresses vom 28.-30.09.2000 in Bonn, S. 36-43.

Shiva, Vandana (1994): Einige sind immer globaler als andere. In: Sachs, Wolfgang (Hrsg.): Der Planet als Patient. Über die Widersprüche globaler Umweltpolitik. Berlin/Basel/Boston: Birkhäuser, S. 173-183.

Stoltenberg, Ute (2005): Bildung für eine nachhaltige Entwicklung in Kindergärten. INFU-Diskussionsbeiträge 27/05. Institut für Umweltkommunikation Lüneburg.

Strobl, Gottfried (2001): Schritte zu einer Bildung für nachhaltige Entwicklung. In: Herz, Otto / Seybold, Hansjörg / Strobl, Gottfried (Hrsg.): Bildung für nachhaltige Entwicklung. Globale Perspektiven und neue Kommunikationsmedien. Opladen: Leske & Budrich, S. 13-25.

UNESCO (2005): United Nations Decade of Education for Sustainable Development 2005-2014. International Implementation Scheme (IIS). Paris.

WBGU Wissenschaftlicher Beirat der Bundesregierung (1996): Globale Umweltveränderungen: Welt im Wandel. Wege zur Lösung globaler Umweltprobleme. Jahresgutachten 1995. Berlin/Heidelberg.

Weinert, Franz E. (2002): Vergleichende Leistungsmessung in Schulen – eine umstrittene Selbstverständlichkeit. In: ders. (Hrsg.): Leistungsmessungen in Schulen. Weinheim: Beltz. 2. Aufl., S. 17-31.

Wulfmeyer, Meike (2004a): Ökonomische Bildung in Zeiten von Globalisierung. In: Kaiser, Astrid / Pech, Detlef (Hrsg.): Basiswissen Sachunterricht. Band 6: Die Welt als Ausgangspunkt des Sachunterrichts. Baltmannsweiler: Schneider Verlag Hohengehren, S. 125-131.

Wulfmeyer, Meike (2004b): Sich gegenseitig zu Erfolg verhelfen: Kooperatives Arbeiten in Gruppen. In: Kaiser, Astrid / Pech, Detlef (Hrsg.): Basiswissen Sachunterricht. Band 5: Unterrichtsplanung und Methoden. Baltmannsweiler: Schneider Verlag Hohengehren, S. 187-193.

Wulfmeyer, Meike (2005): Ökonomie mit Kindern - Ein Konzept zum handlungsorientierten Lernen in der Grundschule. In: www.widerstreit-sachunterricht.de/Ausgabe Nr. 4/März.

Wulfmeyer, Meike / Hauenschild, Katrin (2006a): Der selbstorganisierte Schülerladen - ein Projekt zur ökonomischen Bildung im Sachunterricht. In: Cech, Diethard / Fischer, Hans-Joachim / Knörzer, Martina / Schrenk, Marcus (Hrsg.): Zum Bildungswert des Sachunterrichts. Bad Heilbrunn: Klinkhart, S. 67-76.

Wulfmeyer, Meike / Hauenschild, Katrin (2006b): Ökonomische Bildung in der Grundschule oder: Wie Kinder handlungsorientiert Wirtschaft machen. Didaktische Perspektiven und Beispiele für die Praxis. Hannover: Pelikan Verlag (in Druck).

Wulfmeyer, Meike (2006): Bildung für Nachhaltige Entwicklung im globalen Kontext. Frankfurt a.M.: IKO Verlag für Interkulturelle Kommunikation.

Simone Seitz

Diagnostisches Handeln im Sachunterricht

Diagnostisches Handeln ist eine zentrale Dimension sachunterrichtlicher Lehrer/innenprofessionalität. Dass es hierbei nicht damit getan ist, *den* Lernstand der Klasse zu erfassen, um den Sachunterricht hierauf didaktisch abstimmen zu können, sondern mit heterogenen Lernausgangslagen und Lernweisen zu rechnen ist, zählt mittlerweile zu den unumstrittenen Grundüberzeugungen des Faches. Kinder im Grundschulalter bringen Wissensressourcen und Lernkompetenzen von höchster Unterschiedlichkeit in den Sachunterricht mit (vgl. Hempel 2002). Es liegt in der Verantwortung der Lehrer/innen, dies zu erkennen und zu berücksichtigen, was eine positive Anerkennung von Heterogenität impliziert.

Angesichts dessen wird Heterogenität in der Grundschule aktuell zunehmend strukturell verankert, u.a. mit Formen der Flexiblen Schuleingangsphase und der Möglichkeit zur Beschulung ‚auffälliger' Kinder im Gemeinsamen Unterricht. Dies bedeutet für Lehrer/innen im Sachunterricht eine Erweiterung ihrer diagnostischen Aufgaben auf Bereiche, die lange Zeit vorwiegend in Integrationsklassen (gemeinsamer Unterricht ‚behinderter' und ‚nichtbehinderter' Kinder) und – mit anderer Konnotation – in Sonderschulen von Bedeutung zu sein schienen, etwa bezüglich Fragen nach passenden Lernangeboten für Kinder mit erheblichen Lern- oder Verhaltensschwierigkeiten. Der Anteil diagnostischen Handelns für Kinder mit spezifischen Problemen oder Besonderheiten lässt sich aber nicht von der generellen diagnostischen Fundierung und Begleitung der Unterrichtsplanung für alle Kinder einer Lerngruppe trennen, denn die Unterstützung dieser Kinder sollte integraler Teil der gesamten Planung des Sachunterrichts sein (vgl. Seitz 2005). Sachunterrichtslehrer/innen werden damit gegenwärtig insgesamt mit einer Vielfalt von Lernausgangsbedingungen und Lernweisen konfrontiert, mit der sie diagnostisch und didaktisch kompetent umgehen müssen, ohne im Unterricht Strukturlosigkeit zu produzieren (vgl. Prengel 1999).

Vor diesem Hintergrund wird im vorliegenden Beitrag sowohl den gruppenbezogenen sowie den individuumsbezogenen diagnostischen Anteilen des Sachunterrichts nachgegangen. Einführend wird auf Verständnisweisen der Vielfalt von Lernvoraussetzungen eingegangen.

1   Nach den Hintergründen von Lernvoraussetzungen fragen

Diagnostik kann generalisierend konzipiert und eingesetzt werden, um zu allgemeinen Aussagen zum Lernen und zur Entwicklung eines Kindes zu gelangen, oder aber spezifischer eingesetzt werden, um zu einem bestimmten Entwicklungs- oder Lernbereich eines Kindes Einschätzungen geben zu können. Generalisierend wird Diagnostik in der Schule vor allem als Hilfe zur Selektion und Allokation eingesetzt, d.h. um Entscheidungen über Schulzuweisungen zu treffen, etwa nach dem vierten Schuljahr. Problematisch ist hieran, dass mit solchen allgemeinen Aussagen über ein Kind kaum die individuellen Lern- und Leistungsbesonderheiten abgebildet werden können, diagnostische Aussagen auf dieser Ebene aber zugleich große Bedeutung für die Lern- und Bildungschancen der Betroffenen haben.

Als sonderpädagogisches Instrument ist diese Form der Diagnostik zudem mit Funktionalismen der Ausdifferenzierung der Sonderpädagogik als eigenständige Disziplin und Profession verkettet. So wurde mittels diagnostischer Instrumente festgelegt, ob ein Kind in eine sonderpädagogische Institution ‚gehört' oder nicht. Mit dieser diagnostischen Bewertung wurden – und dies gilt bis heute – die Chancen für die gesamte Bildungslaufbahn in und nach der Schule zumeist direkt bei Schulbeginn oder in den ersten Schuljahren festgelegt. So verstandene sonderpädagogische ‚Zuweisungsdiagnostik' produziert allerdings eine prekäre Situation, denn sie gibt zwar vor, die Grundlage für eine angemessene Förderung zur Verfügung zu stellen, führt aber, wenn sie mit einem erzwungenen Schulwechsel verbunden ist, letztlich zu einer Verringerung des Bildungsangebots und damit zu einer Verminderung der Lern- und Entwicklungschancen für die betroffenen Kinder. So werden Inhalte des Sachunterrichts in Förderschulen mit den Schwerpunkten Lernen oder Geistige Entwicklung in der Regel zeitlich später und in stark reduzierter Form angeboten. Aspekte historischen und politischen Lernens etwa, beides grundlegende Lernbereiche sozialwissenschaftlichen Sachunterrichts, sind curricular in Förderschulen mit dem Schwerpunkt Lernen erst in der Sekundarstufe, in Förderschulen mit dem Schwerpunkt Geistige Entwicklung zumeist gar nicht vorgesehen (vgl. Seitz 2005). Besonders problematisch hieran ist der Umstand, dass es sich bei den von solchen Bildungsbeschränkungen Betroffenen in der Regel um ohnehin schon benachteiligte Kinder handelt. So zeigen aktuelle Studien zum Förderbereich Lernen, dass Faktoren, die als Indikatoren einer schwachen sozialen und ökonomischen Ausgangslage gelten (u.a. niedriger Bildungsstand der Eltern, geringer Bücherbestand im Elternhaus) positiv mit der Wahrscheinlichkeit korrelieren, dass ein Kind als ‚sonderpädagogisch förderbedürftig' etikettiert wird (vgl. Wocken 2000; 2006). Das eigentliche Problem in Bezug auf Kinder mit problematischen Ausgangsbedingungen ist somit nicht die Durchführung diagnostischer Maßnahmen an sich, denn eine gelungene diagnostische Studie kann viele wertvolle und differenzierte Hinweise für die konkrete Planung pädagogischer Maßnahmen und angemessener Lernangebote in spezifischen Lernbereichen liefern, sondern deren mögliche Verkoppelung mit schulischen Zuweisungsentscheidungen.

Für Lehrer/innen im Sachunterricht ist es daher wichtig zu verstehen, dass die Verschiedenheit der Lernausgangslagen, die sie beobachten, immer auch als Spiegel ungleicher sozialer und ökonomischer Ausgangsbedingungen gelesen werden kann. Denn je nachdem ob ein Kind – am Extrem deutlich gemacht – die Wochenenden in der Regel hauptsächlich auf sich allein gestellt, mit auf Gewalt basierenden Spielen am Computer und in einem engen, anregungsarmen Wohnumfeld oder ob es diese zusammen mit Familie und Freund/innen mit Ausflügen in Museen, Theatern oder Bewegung in der Natur bzw. im eigenen Garten verbringt, wird es anders geartete Wissens- und Erfahrungsressourcen in den Unterricht einbringen können. Eine ‚schwache' Startposition in der Aneignung von sachunterrichtsbezogenen Kompetenzen und Wissensanteilen ist demnach nicht einfach ein individuelles Problem der ‚Begabung' einzelner Schüler/innen, sondern kann Ausdruck schwieriger Umfeldbedingungen für die Lern- und Persönlichkeitsentwicklung eines Kindes sein. Dies muss aber nicht unbedingt bedeuten, dass das Kind in Verhältnissen von ökonomischer Armut und/oder sozialer Vernachlässigung lebt, sondern kann auch heißen, dass es trotz optimaler familiärer Unterstützung etwa durch Kommunikationsschwierigkeiten mit seiner Umwelt in seiner Entwicklung behindert wird. Diagnostische Ansätze mit integrationspädagogischer Ausrichtung zeichnen sich daher durch eine systemische Perspektive aus (vgl. Eberwein & Knauer 1998). Eine Kind-Umfeld-Analyse etwa (vgl. Sander 2002) fragt nicht danach, wo das Defizit des Kindes liegt, um hieran anzusetzen, sondern danach, wie das Umfeld gestaltet sein muss, um dem Kind mit seinen individuellen Ausgangsbedingungen optimale Entwicklungs- und Lernmöglichkeiten zu eröffnen.

Sachunterrichtslehrer/innen sind damit insgesamt in der Verantwortung, mit den ungleichen Startchancen der Schüler/innen in einer Weise umzugehen, die einerseits kompensatorische Elemente enthält, andererseits aber Kinder mit optimalen Ausgangsbedingungen nicht in ihrer Entwicklung bremst. Eine anerkennende Grundhaltung den Kindern in ihrer Verschiedenheit gegenüber (vgl. Prengel 2005) kann dabei als Kern eines ‚heterogenitätsfreundlichen' Sachunterrichts gesehen werden.

Nach diesen einführenden Gedanken wird nun spezifischer nach diagnostischem Handeln im Sachunterricht gefragt. Dies kann in zwei Schwerpunkte gegliedert werden: den Blick auf die Heterogenitätsstruktur der Lerngruppe und auf die individuellen Besonderheiten des einzelnen Kindes. Beides wird im folgenden Abschnitt beleuchtet.

2 Nach der Perspektive der Kinder fragen

Sachunterricht sollte an die heterogenen Lernausgangslagen der Schüler/innen anknüpfen können. In die Herausbildung der individuellen Konstruktionen, die Kinder zu einem Lernfeld oder zu einem Phänomen des Sachunterrichts mitbringen, spielen Faktoren hinein, die sich unterschiedlichen Heterogenitätsdimensionen zuordnen lassen (Geschlecht, Befähigung, Alter, Sprache etc.). Diese Heterogenitätsdimensionen lassen sich allerdings nur analytisch voneinander trennen, denn sie durchkreuzen sich in jeder einzelnen Kinderbiografie „auf einzigartige Weise und jedes Kind entwickelt sich zu einer unverwechselbaren Persönlichkeit" (Prengel 1999, S. 27). Heterogenitätsdimensionen sind außerdem veränderbar und jeweils vom – ebenfalls veränderbaren – Erkenntnishorizont der Beobachter/innen abhängig (vgl. Prengel

2003). Es macht beispielsweise einen Unterschied, ob der Blick einer Lehrerin besonders für interkulturelle Verschiedenheiten oder für Geschlechterdifferenzen sensibilisiert ist. Je nachdem werden unterschiedliche Dimensionen von Heterogenität in den Vordergrund ihres Blicks rücken. Heterogenität ist folglich keine natürliche Eigenschaft ganz bestimmter Lerngruppen, etwa von Integrationsklassen. Vielmehr ist eine Lerngruppe jeweils so heterogen, wie dort gerade Heterogenität ‚gesehen' und wie sie in didaktisch strukturierten Situationen ‚verhandelt' wird. Heterogenität kann damit insgesamt als ein perspektivengebundenes, dynamisches und mehrdimensionales Konstrukt verstanden werden, hinter dem eine Erkenntnisleitung steht, in die unweigerlich auch normative Anteile hineinspielen.

Betrachten wir nun die Heterogenität der Lernausgangslagen vor den bisherigen Ausführungen, so wird deutlich, dass wir nicht davon ausgehen können, Kinder mit ausgewiesenem sonderpädagogischen Förderbedarf brächten grundsätzlich ‚andere' Konstruktionen zu Lernfeldern oder Phänomenen des Sachunterrichts mit in den Unterricht als andere Kinder. Das Geflecht der Vielfalt von Lernvoraussetzungen ist in der konkreten Lerngruppe weit komplexer und jeweils vom Lernfeld abhängig. Der diagnostische Blick sollte daher im Unterricht die gesamte Lerngruppe und ihr bewegliches ‚Verschiedenheitsprofil' zu erfassen suchen, um dann konkret nach den Handlungs- und Lernmöglichkeiten einzelner Schüler/innen innerhalb eines bestimmten Lernangebots zu fragen. Die Reflexionen hierzu können dann im unterrichtlichen Handeln zu einer beobachtenden Haltung gewendet werden, bei der gefragt wird, was die einzelnen Kinder der Lerngruppe aus einem Lernangebot ‚machen'. Denn ein sachunterrichtliches Lernangebot ist nicht einfach ‚da' und für jedes Kind gleich, das sich diesem Angebot stellt, sondern ‚entsteht' in der Auseinandersetzung des einzelnen Kindes jeweils neu und erhält dabei eine eigene Struktur. Dabei geht das Kind von den bereits ausgebildeten individuellen Deutungsmustern und Zugangsweisen zu einem sachunterrichtlichen Problem aus. Diese sind erfahrungsgebunden und unmittelbar in die dynamischen, individualbiografischen und sozial verfassten Lebenswelten ‚eingewoben'. Der Zugang eines Kindes zu einer Problem- bzw. Fragestellung des Sachunterrichts ist damit jeweils durch persönliche Betroffenheiten mitbestimmt. Bezeichnend hierfür ist etwa die spontane Äußerung eines siebenjährigen (Zwillings-)Kindes zum Phänomen „Zeit": „Das Wichtigste an Zeit ist, dass ich sechs Minuten älter bin als mein Bruder." Der Junge verdeutlicht damit die prägende Wirkung des individualbiografischen Faktors „Zwillingskonstellation" für seinen gesamtpersönlichen Zugang zu diesem Lernfeld (vgl. auch Seitz 2005, S. 148ff.) und lässt zugleich die emotionale ‚Einfärbung' der persönlichen Bezüge erkennen, die entscheidend ist für die Motivation zur Auseinandersetzung mit einem sachunterrichtlichen Fragenkomplex. Diese Dimension sollte daher nicht übersehen werden.

In der Beobachtung und Erfassung der Zugänge von Kindern auf eine – dabei entstehende – ‚Sache' im Unterricht ist einschränkend zu bedenken, dass wir dies immer nur aus unserer begrenzten Eigenperspektive tun können. Die Lehrkraft bringt folglich im diagnostischen Beobachtungsprozess unweigerlich mehr oder weniger bewusste Vorannahmen in die Situation ein, die als begrenzende ‚Rahmungen' für ihre Interpretation wirken. Die Kinder wiederum geben durch ihre Vorannahmen (etwa zu den unterrichtsbezogenen Erwartungen an sie) und durch ihre Gestaltung der Unterrichtssituation gleichzeitig ‚Rahmungen' für das Handeln der Lehrkraft und deren Interpretationen vor. Diagnostische Situationen im Sachunterricht sind demnach von allen Beteiligten gleichermaßen gestaltete Ko-Konstruktionen. Wenn also im Sinne einer „verstehenden Diagnostik" (vgl. Kautter 1998) versucht wird, die handlungsleitenden Prozesse eines Kindes respektvoll zu rekonstruieren, so sollte dies immer im Bewusstsein des beschränkten Verstehenshorizonts der Beobachter/innen und unter der Prämisse der subjektiven Sinnhaftigkeit individueller Deutungsmuster der Kinder geschehen.

Zum diagnostischen Blick sollte neben dieser Sensibilität für die individuellen Verschiedenheiten auch ein Gespür für mögliche Entsprechungen hinzukommen, denn neben den individuell unverwechselbaren Besonderheiten im Zugang zum Lernfeld können auch Ähnlichkeiten erwartet werden (vgl. Seitz 2005, S. 157f.; 2006). Es sind folglich auf didaktischer Ebene durchaus Aspekte des Lernfelds zu vermuten, die alle Kinder ansprechen können und nach denen diagnostisch zu fragen ist. Diese Ähnlichkeiten sind nun nicht einfach die ‚simplen' oder ‚basalen' Zugangsweisen, die sich über das vermeintlich ‚lernschwächste' Kind herausfiltern ließen. Vielmehr sind dies die für viele unterschiedliche Lernende ähnlich bedeutsamen, Motivation bildenden Strukturen. Beim Lernfeld Zeit etwa ließen sich solche Strukturen zu Fragen des Zeiterlebens und der biografischen Zeit finden (vgl. Seitz 2005). Solche Aspekte können trotz aller individuellen Verschiedenheit die Zugangsweisen der Kinder in einer grundlegenden Weise verbinden. Daher ermöglichen Entsprechungen dieser Art Kindern im Sachunterricht – vorangehend zu allen Individualisierungen – ihr eigenes Lernen im Gegenüber ‚gespiegelt' zu finden und sich sozial eingebunden mit einem für alle herausfordernden Lernangebot auseinanderzusetzen (Feuser 1998). Sachunterrichtsbezogene Diagnostik sollte folglich den Blick für solche Aspekte ‚schärfen'. Die Lernangebote sollten hierfür so offen gestaltet sein, dass die Kinder diese Momente, die ihnen Begegnung und direkte Kooperation ermöglichen, im Unterricht selbst entdecken und dabei handelnd zeigen können, was für sie der verbindende ‚Kern der Sache' ist (vgl. Seitz 2006). Die so gewonnenen Informationen können dann direkt in die sachunterrichtsbezogene Lernprozessdiagnostik aufgenommen werden.

3 Nach den Lernprozessen im Sachunterricht fragen

Es wurde bereits deutlich gemacht, dass ein Wissen über die ‚Zugehörigkeit' bestimmter Kinder zu einzelnen Förderbereichen für konkrete didaktische Entscheidungen im Sachunterricht keine Hilfen bietet. Auch eine pauschale Zuordnung zu unterschiedlichen ‚Entwicklungsniveaus' wäre für unterrichtliche Konzeptionen nicht ausreichend tragfähig. Ertragreicher als Vorab-Kategorisierungen dieser Art ist daher ein lernprozessdiagnostisches Vorgehen. Offener Sachunterricht braucht ein auf die einzelnen Kinder bezogenes, unterrichtsimmanentes diagnostisches Vorgehen, denn der Bezug zur Sache bildet sich oftmals erst während der Auseinandersetzung mit einer ‚Sache' heraus und verändert sich hierüber (vgl. Koch-Priewe 1995, S. 98). Die (lernprozess-)diagnostischen Anteile sachunterrichtlichen Handelns sind damit integraler Teil des Unterrichts. Es ist folglich nicht das Ziel, über eine möglichst punktgenaue Diagnostik vorab zu bestimmen, welcher Zugang der verbindende Ausgangspunkt für die gesamte Lerngruppe und welcher für einzelne Kinder der individuell ‚passende' sein könnte. Vielmehr gilt es, die diagnostischen Anteile direkt in einen offen strukturierten Unterricht zu implementieren. Sachunterrichtsbezogene Diagnostik ist ein prozessuales, unterrichtsbegleitendes Vorhaben, das die unmittelbare Vernetzung von didaktischem und diagnostischem Können erfordert.

Am ehesten kann dies gelingen, wenn der Einstieg in ein Lernfeld als offenes Handlungsangebot gestaltet wird, anhand dessen die Kinder ihre Motivationen entwickeln und – sprachlich oder handelnd – zeigen können. Sie erhalten hier wichtige Chancen, sich über ihr Vorwissen, ihre Deutungen und ihre emotionalen Bezüge zum Problemfeld bewusst zu werden und dabei Entsprechungen und Unterschiede zwischen sich selbst und anderen Kindern zu entdecken. Für die Lehrerin sind dies zugleich wertvolle Möglichkeiten, Beobachtungen zu den Konstruktionen der Kinder, die in der Auseinandersetzung mit dem Angebot entwickelt bzw. aktualisiert werden, anzustellen und diese für die weitere Unterrichtskonzeption zu nutzen. Diagnostische Elemente fließen hier also am deutlichsten ein. Ausgehend von der Frage, was vor aller Verschiedenheit zunächst alle Kinder mit einer sachunterrichtlichen Fragestellung verbinden könnte, können dann an den Einzelpersönlichkeiten ‚entlang' offene Unterrichtsstrukturen entwickelt werden, die für die Kinder ein motiviertes Lernen möglich machen.

Auch im weiteren Unterrichtsverlauf sollten die Kinder möglichst viele Chancen erhalten, ihre eigenen Deutungen kommunikativ auszuhandeln. Dies kann im Gespräch mit anderen Kindern geschehen, aber auch in Aufschrieben, die die Kinder miteinander austauschen (vgl. Ruf & Gallin 1998a, S. 33ff.). Kinder üben sich hierbei in der Reflexion über ihr eigenes Lernen und werden herausgefordert, sich zu den Lernweisen der anderen in Bezug zu setzen. Es kommt dabei darauf an, die Divergenzen mit dem Denken und Fühlen anderer genauso wie die Konvergenzen erkennen und reflektieren zu lernen. Aus Lehrer/innen werden dabei beobachtende und unterstützende Wegbegleiter/innen, deren eigenes fachliches Interesse an der ‚Sache' sich über die diagnostische Neugier auf das Lernen der Kinder herausbildet und speist.

Lernprozessdiagnostik im Sachunterricht kann damit insgesamt mit der Metapher einer Wegbegleitung individueller „Lernreisen" beschrieben werden. Folgt man diesem Bild, so bietet die Lehrkraft unterschiedliche Reisegebiete innerhalb eines zu entdeckenden Gesamtgebiets – also des Lernfelds – mit spezifischen Beschaffenheiten an, in denen die Kinder sich in ihrem eigenen Tempo individuelle Wege ‚bahnen' und ihre eigenen Routen festlegen können. Dabei kann es durchaus geschehen, dass sie die vorgesehenen Gebiete verlassen und neue Routen erfinden, etwa indem sie höhere Herausforderungen suchen als vermutet oder indem sie sich weit von fachlich angemessenen Vorstellungen zum Problemfeld entfernen. Es obliegt dann der Lehrkraft, dies dem Kind zunächst zu spiegeln und dann zu entscheiden, ob sie sich mit dem Kind zusammen auf ein unbekanntes Terrain begibt, oder ob sie hier mit einem Lernangebot ansetzt, das dem Kind in Form einer vorgeschlagenen alternativen Reiseroute eine Perspektivenerweiterung und damit u.U. eine stärkere Annäherung an fachliche Verständnisweisen ermöglicht („regularisierende Angebote"; Ruf & Gallin 1998a, S. 42ff.; 1998b, S. 147ff.). Die Lehrkraft unterstützt bei ihren Reisebeobachtungen außerdem die Begegnungsmöglichkeiten der Kinder auf ihren unterschiedlichen Reisewegen und ermuntert sie, sich über ihre individuelle Art zu reisen – also zu lernen – auszutauschen.

In der Metapher zeigt sich das Anliegen, lernprozessdiagnostisches Handeln im Sachunterricht direkt an didaktische Entscheidungen anzubinden. Beides wird fundiert durch eine wertschätzende Haltung den Deutungen der Kinder gegenüber. Diese werden zunächst als subjektiv sinnvoll anerkannt, denn sie sind aus einem spezifischen individualbiografischen Zusammenhang heraus entstandene Leistungen der Kinder und unhintergehbarer Ausgangspunkt ihrer Lernwege. In einem zweiten Schritt wird dann gefragt, wie sich diese Ausgangspunkte zu fachlichen Deutungen verhalten, um anhand der Widersprüche und Passungen nach sinnvollen Lernangeboten für die einzelnen und die Gruppe zu suchen. Die Frage lautet dann nicht mehr, was ein Kind noch nicht kann und daher gezielt üben sollte, sondern *was ein Kind zurzeit kann, wie es denkt und fühlt* und *welche hieran anschlussfähigen Entwicklungs- und Lernmöglichkeiten* ihm durch ein Lernangebot eröffnet werden können.

Literatur

Eberwein, Hans / Knauer, Sabine (Hrsg.) (1998): Handbuch Lernprozesse verstehen. Weinheim: Beltz.

Feuser, Georg (1998): Gemeinsames Lernen am gemeinsamen Gegenstand. In: Hildeschmidt, Anne / Schnell, Irmtraud (Hrsg.): Integrationspädagogik. Auf dem Weg zu einer Schule für alle. Weinheim, München: Beltz, S. 19-36.

Hempel, Marlies (Hrsg.) (2002): Lernwege der Kinder. Subjektorientiertes Lernen und Lehren in der Grundschule. 2. unveränderte Auflage. Hohengehren: Schneider Verlag.

Kautter, Hansjörg (1998): Das ‚Thema des Kindes' erkennen. Umrisse einer verstehenden pädagogischen Diagnostik. In: Eberwein, Hans / Knauer, Sabine (Hrsg.): Handbuch Lernprozesse verstehen. Weinheim: Beltz, S. 81-93.

Koch-Priewe, Barbara (1995): Vorerfahrungen von Schülerinnen und Schülern im Unterricht. Skizzen eines Dilemmas am Beispiel des Sachunterrichts. In: Die Deutsche Schule, H. 1, S. 92-102.

Prengel, Annedore (1999): Vielfalt durch gute Ordnung im Anfangsunterricht. Opladen: Leske & Budrich.

Prengel, Annedore (2003): Kinder akzeptieren, diagnostizieren, etikettieren? – Kulturen- und Leistungsvielfalt im Bildungswesen. In: Warzecha, Birgit (Hrsg.): Heterogenität macht Schule. Beiträge aus sonderpädagogischer und interkultureller Perspektive. Münster, New York, München, Berlin: Waxmann, S. 27-39.

Prengel, Annedore (2005): Anerkennung von Anfang an – Egalität, Heterogenität und Hierarchie im Anfangsunterricht und darüber hinaus. In: Geiling, Ute / Hinz, Andreas (Hrsg.): Integrationspädagogik im Diskurs. Auf dem Weg zu einer inklusiven Pädagogik? Bad Heilbrunn: Klinkhardt, S. 15-34.

Ruf, Urs / Gallin, Peter (1998a): Dialogisches Lernen in Sprache und Mathematik. Band I: Austausch unter Ungleichen. Seelze-Velber: Kallmeyer.

Ruf, Urs / Gallin, Peter (1998b): Dialogisches Lernen in Sprache und Mathematik. Band II: Spuren legen – Spuren lesen. Seelze-Velber: Kallmeyer.

Sander, Alfred (2002): Kind-Umfeld-Analyse: Diagnostik bei Schülern und Schülerinnen mit besonderem Förderbedarf. In: Mutzeck, Wolfgang (Hrsg.): Förderdiagnostik bei Lern- und Verhaltensstörungen. Weinheim. Beltz, S. 6-24.

Seitz, Simone (2005): Zeit für inklusiven Sachunterricht. Baltmannsweiler: Schneider.

Seitz, Simone (2006). Inklusive Didaktik: Die Frage nach dem ‚Kern der Sache'. In: Zeitschrift für Inklusion. Online-Magazin, Heft 1. http://www.inklusion-online.net.

Wocken, Hans (2000): Leistung, Intelligenz und Soziallage von Schülern mit Lernbehinderungen. In: Zeitschrift für Heilpädagogik. 51. Jg., H. 12, S. 492-503.

Wocken, Hans (2006): Andere Länder, andere Schüler? Vergleichende Untersuchungen von Förderschülern in den Bundesländern Brandenburg, Hamburg und Niedersachsen (Forschungsbericht). http://bidok.uibk.ac.at/library/wocken-forschungsbericht.html.

Autorinnen und Autoren

Silvia-Iris Beutel, Prof'in Dr. phil. habil., Institut für Allgemeine Didaktik und Schulpädagogik (IADS) der Universität Dortmund. Arbeitsschwerpunkte: Allgemeine Didaktik, Unterrichtsmethoden und Differenzierung, Leistungsbeurteilung, Mädchen- und Frauenbildung, Kinder- und Jugendliteratur. sbeutel@fb12.uni-dortmund.de

Ursula Carle, Prof'in Dr. paed. habil., Dipl.Päd., Fachbereich Erziehungs- und Bildungswissenschaften der Universität Bremen, Arbeitsgebiet Grundschulpädagogik. Forschungsschwerpunkte: Übergang Kindergarten-Grundschule, Schuleingangsphase, Jahrgangsgemischter Unterricht, Inklusion. ucarle@uni-bremen.de

Ursina Christen, Sonderpädagogin, Kindergärtnerin, Kleindietwil/CH. anisru@bluewin.ch

Ulrike Graf, Dr., Lektorin für Pädagogische Diagnostik an der Universität Bremen, Fachbereich Bildungs- und Erziehungswissenschaften. Arbeitsschwerpunkte: Pädagogische Diagnostik, Übergang vom Elementar- zum Primarbereich, Pädagogik und Didaktik der Primarstufe, Professionsorientiertes Studieren, Hochschuldidaktik. grafu@uni-bremen.de

Heike Hahn, Dr., Universität Erfurt, Institut für Grundschulpädagogik und Kindheitsforschung. Arbeitsschwerpunkte: Schriftliche Rechenverfahren im Mathematikunterricht der Grundschule, Lehrereinstellungen zum Mathematikunterricht, Leistungsbeurteilung. heike.hahn@uni-erfurt.de

Kerensa Lee, freiberufliche Tätigkeit im Bereich Mathematik Didaktik („Konzeptdesign ZahlenRÄUME"), Forschungsprojekt „Freie mathematische Eigenproduktionen in Grundschule und Kindergarten" (Universität Bremen, 2002 -2007), Entwicklung des Konzeptes „Kinder erfinden Mathematik". kerensalee@gmail.com

Stefan Jeuk, Dr., Juniorprofessor, Sprachdidaktisches Zentrum, Pädagogische Hochschule Ludwigsburg. Arbeitsschwerpunkte: Spracherwerb und Mehrsprachigkeit, Zweitspracherwerb in Minderheitensituationen, Sprachförderung und Förderunterricht bei Kindern mit Migrationshintergrund, Anfangsunterricht im Fach Deutsch, Lernschwierigkeiten im Anfangsunterricht Deutsch. jeuk@ph-ludwigsburg.de

Cordula Löffler, Prof'in Dr. phil., Fach Deutsch der Pädagogischen Hochschule Weingarten. Arbeitsschwerpunkte: Schriftspracherwerb, Lese-Rechtschreib-Schwierigkeiten, Entstehung und Prävention von Analphabetismus, Spracherwerb. loeffler@ph-weingarten.de

Regina Dorothea Möller, Prof'in Dr., Universität Erfurt, Institut für Grundschulpädagogik und Kindheitsforschung. Arbeitsschwerpunkte: Frühkindliche mathematische Bildungsprozesse, Größen im Mathematikunterricht, fächerübergreifender Mathematikunterricht. regina.moeller@uni-erfurt.de

Elisabeth Moser Opitz, Prof'in Dr. phil., Professur für Differenzielle Didaktik bei Lern- und Entwicklungsstörungen an der Technischen Universität Dortmund. Arbeitsschwerpunkte: Schulische Heterogenität und Integrative Schulung, Bildungsstandards, Rechenschwäche, Diagnostik und Förderung, Fachdidaktik Mathematik. elisabeth.moser@tu-dortmund.de

Sven Nickel, Dr., Sonderpädagoge, Juniorprofessor für Grundschulpädagogik / Lernbereich Deutsch an der Freien Universität Berlin. Gründungsmitglied des Bundesverbandes Alphabetisierung und Grundbildung. Arbeits- und Forschungsinteresse: familienorientiertes Lernen (»Family Literacy«) an der Schnittstelle zwischen kindlichem Lernen und Erwachsenenbildung. s.nickel@fu-berlin.de

Argyro Panagiotopoulou, Prof'in Dr., Universität Koblenz-Landau, Campus Koblenz, Institut für Grundschulpädagogik. Arbeitsschwerpunkte: Erwerb und Förderung von Literalität beim Übergang in die Schule und im Anfangsunterricht; Umgang mit Heterogenität in Theorie und Praxis der Grundschule: Lern- und Bildungsprozesse in mehrsprachigen, altersgemischten, integrativen Gruppen; Verknüpfungsmöglichkeiten zwischen Kindheits- und Grundschulforschung; ethnographische Schul- und Unterrichtsforschung. apgp@uni-koblenz.de

Petra Schulz, Prof'in Dr. phil., Professur für Deutsch als Zweitsprache, Institut für deutsche Sprache und Literatur I, Johann Wolfgang Goethe-Universität Frankfurt am Main. Arbeitsschwerpunkte: Theoretische Linguistik (Syntax und Semantik), Erst- und Zweitspracherwerb, Sprachentwicklungsstörungen, Sprachstandsdiagnose und Sprachförderung, Kognition und Sprache. p.schulz@em.uni-frankfurt.de

Simone Seitz, Prof'in Dr. phil., Juniorprofessur für Inklusive Pädagogik, Fachbereich Erziehungs- und Bildungswissenschaften der Universität Bremen. Arbeitsschwerpunkte: Inklusive Pädagogik und Didaktik, Sachunterricht, Lehrer/innenprofessionalisierung. sseitz@uni-bremen.de

Renate Vonlanthen Perler, Sonderpädagogin, Kindergärtnerin, Wünnewil/CH. renate.vonlanthen@freesurf.ch

Meike Wulfmeyer, PD Dr. phil., Akademische Rätin im Fach Interdisziplinäre Sachbildung/Sachunterricht am FB Erziehungs- und Bildungswissenschaften der Universität Bremen. Arbeitsschwerpunkte: Interkulturelle Bildungsforschung, Lehr-Lernforschung, Grundschuldidaktik, Sachunterricht, Bildung für Nachhaltige Entwicklung, Inter- und Transkulturelle Bildung, Politische und Ökonomische Bildung. wulfmeyer@uni-bremen.de

Neuerscheinung 2008

Das Kind im Blick
Eine gemeinsame Ausbildung für den Elementarbereich und die Grundschule
Hrsg. von **Barbara Daiber** und **Ursula Carle**
2008. ca. 200 Seiten. Kt. ISBN 9783834003950. € 19,–
Entwicklungslinien der Grundschulpädagogik Band 6

„Das Kind im Blick" ist die große Herausforderung an die Ausbildung von Frühpädagoginnen und -pädagogen an der Universität. Wie die neuen Studiengänge an Hochschulen diese Herausforderung umsetzen, skizzieren die Beiträge dieses Bandes. Es werden Ausbildungskonzepte in internationaler Perspektive vorgestellt. Dabei wird deutlich, wie die neuen Studiengänge für die Arbeit im Elementarbereich und in der Grundschule qualifizieren, ohne das Kind aus dem Blick zu verlieren.

Der Band richtet sich an Studierende und Lehrende an Fachschulen, Hochschulen und Universitäten sowie Pädagoginnen und Pädagogen in Kindertagesstätten und Grundschulen. Wer sich über die neuen Ausbildungsstrukturen und Studieninhalte in Deutschland, in der Schweiz, in Italien, England und Schweden informieren möchte, erhält hier einen fundierten Einblick.

Die Herausgeberinnen:

Dr. Ursula Carle ist Professorin für Grundschulpädagogik an der Universität Bremen. Sie ist Wissenschaftliche Leiterin des von der Robert-Bosch-Stiftung geförderten Projekts PIK – Profis in Kitas am Standort Bremen. Ihre Forschungsschwerpunkte: Schuleingangsphase, Übergang Kindergarten – Grundschule.

Barbara Daiber ist Grundschullehrerin und seit vielen Jahren in der Beratung von Einrichtungen der frühkindlichen Bildung tätig. Sie ist in der Projektleitung des Projekts PIK – Profis in Kitas am Standort Bremen engagiert. Ihre Forschungs- und Entwicklungsschwerpunkte: Forschendes Studieren, Entwicklung von Weiterbildungskonzepten.

Schneider Verlag Hohengehren, Wilhelmstr. 13
D-73666 Baltmannsweiler